MedR Schriftenreihe Medizinrecht

Springer
Berlin
Heidelberg
New York
Barcelona
Budapest
Hong Kong
London
Mailand
Paris
Tokyo

Thomas Weber

Der Einfluß des Betreuungsgesetzes auf die freiheitsentziehende Unterbringung

Springer

Dr. Thomas Weber
Rechtsanwalt

Die Deutsche Bibliothek - CIP-Einheitsaufnahme

Weber, Thomas:
Der Einfluss des Betreuungsgesetzes auf die freiheitsentziehende Unterbringung / Thomas Weber. - Berlin ; Heidelberg ; New York ; London ; Paris ; Tokyo ; Hong Kong ; Barcelona ; Budapest : Springer, 1995
(MedR, Schriftenreihe Medizinrecht)
Zugl.: Tübingen, Univ., Diss., 1995

ISBN-13: 978-3-540-60183-8 e-ISBN-13: 978-3-642-79939-6
DOI: 10.1007/978-3-642-79939-6

Zugl.: Tübingen, Univ., Diss., 1995 (D21)

64/2202-5 4 3 2 1 0 - Gedruckt auf säurefreiem Papier

Meiner Frau
und
meinen Eltern

Inhaltsübersicht

Inhaltsverzeichnis

Abkürzungsverzeichnis

A

a.A. .... anderer Ansicht
a.a.O. .... am angegebenen Ort
abl. .... ablehnender
Abs. .... Absatz / Absätze
Abt. .... Abteilung
AcP .... Archiv für die civilistische Praxis
a.F. .... alte Fassung
AG(e) .... Amtsgericht(e) / Arbeitsgruppe
AGBG .... Gesetz zur Regelung des Rechts der Allgemeinen Geschäftsbedingungen (AGB-Gesetz) vom 9.12.1976 (BGBl. I S.3317)
AGBtG .... Ausführungsgesetz(e) des Landes / der Länder zum Betreuungsgesetz

Baden-Württemberg vom 19.11.1991 (GBl. S.693)
Bayern vom 27.12.1991 (GVBl. S.496)
Berlin vom 17.3.1994 (GVBl. S.86)
Brandenburg vom 14.7.1992 (GVBl. S.294)
Bremen vom 25.2.1992 (GBl. S.31)
Hamburg vom 1.7.1993 (GVBl. S.149)
Hessen vom 5.2.1992 (GVBl. S.66)
Mecklenburg-Vorpommern vom 30.12.1991 (GVBl. 1992 S.2)
Niedersachsen vom 17.12.1991 (GVBl. S.366 und 367)
Nordrhein-Westfalen vom 3.4.1992 (GV.NW. S.124)
Rheinland-Pfalz vom 20.12.1991 (GVBl. S.407)
Saarland vom 15.7.1992 (Amtsbl. S.838)
Sachsen vom 10.11.1992 (GVBl. S.539)
Sachsen-Anhalt vom 17.6.1992 (GVBl. S.478)
Schleswig-Holstein vom 17.12.1991 (GVOBl. S.693)
Thüringen vom 19.7.1994 (GVBl. S.905)

ALR .... Allgemeines Landrecht für die Preußischen Staaten von 1794 (zitiert nach §, Teil und Titel)
Alt. .... Alternative
Altenheim .... Das Altenheim
AMG .... Gesetz zur Neuordnung des Arzneimittelrechts (Arzneimittelgesetz) vom 24.8.1976 (BGBl. I S.2445)
Amtsbl. .... Amtsblatt
Anm. .... Anmerkung(en)
AnwBl .... Anwaltsblatt
ArchSozArb .... Archiv für Wissenschaft und Praxis der sozialen Arbeit
arg. .... argumentum
Art. .... Artikel
Aufl. .... Auflage

B

Bad.-Württ. .... Baden-Württemberg(isches)
Bay .... Bayerischen / Bayerischer / Bayerisches
BayObLG .... Bayerisches Oberstes Landesgericht
BayObLGZ .... Sammlung der Entscheidungen des Bayerischen Obersten Landesgerichts
BayVerfGH .... Bayerischer Verfassungsgerichtshof
Bd. .... Band
Bek. .... Bekanntmachung
Bem. .... Bemerkung
ber. .... berichtigt
BezG .... Bezirksgericht
BGB .... Bürgerliches Gesetzbuch vom 18.8.1896 (RGBl. S.195)
BGBl. .... Bundesgesetzblatt
BGH .... Bundesgerichtshof
BGHZ .... Amtliche Sammlung der Entscheidungen des Bundesgerichtshofs in Zivilsachen
BlWohlfPfl. .... Blätter der Wohlfahrtspflege
Bln .... Berlin(er)
BMJ .... Bundesminister(ium) der Justiz
BRAGO .... Bundesgebührenordnung für Rechtsanwälte vom 26.7.1957 (BGBl. I S.861, ber. S.907)
BR-Drucks. .... Drucksache des Deutschen Bundesrates
Brem .... Bremer
BReg .... Bundesregierung
BT-Drucks. .... Drucksache des Deutschen Bundestages
BtBG .... Gesetz über die Wahrnehmung behördlicher Aufgaben bei der Betreuung Volljähriger (Betreuungsbehördengesetz - BtBG) vom 12.9.1990 (BGBl. I S.2025)
BtG .... Gesetz zur Reform des Rechts der Vormundschaft und Pflegschaft für Volljährige (Betreuungsgesetz - BtG) vom 12.9.1990 (BGBl. I S.2002)
BtG-DiskE .... Diskussions-Teilentwurf eines Gesetzes über die Betreuung Volljähriger
BtPrax .... Betreuungsrechtliche Praxis
BVerfG .... Bundesverfassungsgericht
BVerfGE .... Amtliche Sammlung der Entscheidungen des Bundesverfassungsgerichts
BVerwG .... Bundesverwaltungsgericht
BWNotZ .... Zeitschrift für das Notariat in Baden-Württemberg
bzgl. .... bezüglich
BZRG .... Gesetz über das Zentralregister und das Erziehungsregister (Bundeszentralregistergesetz - BZRG) i.d.F. der Bek. vom 21.9.1984 (BGBl. I S.1229)
bzw. .... beziehungsweise

C

CPO .... Civilprozeß-Ordnung vom 30.1.1877 (RGBl. S.83)

D

DAVorm .... Der Amtsvormund
DDR .... Deutsche Demokratische Republik
DDR-EinwG .... Gesetz über die Einweisung in stationäre Einrichtungen für psychisch Kranke (der *DDR*) vom 11.6.1968 (GBl. DDR I S.273)
ders. .... derselbe
d.h. .... das heißt
DIV-Gutachten .... Gutachten des Deutschen Instituts für Vormundschaftswesen
DJT .... Deutscher Juristentag
DRiZ .... Deutsche Richterzeitung
DST .... Deutscher Städtetag

E

EGBGB .... Einführungsgesetz zum Bürgerlichen Gesetzbuche vom 18.8.1896 (RGBl. S.604)
Einf. .... Einführung
Entsch. .... Entscheidung
et al. .... et alibi / et alii
etc. .... et cetera
e.V. .... eingetragener Verein

F

f., ff. .... folgend(e)
FamRÄndG .... Gesetz zur Vereinheitlichung und Änderung familienrechtlicher Vorschriften (Familienrechtsänderungsgesetz) vom 11.8.1961 (BGBl. I S.1221)
FamRZ .... Zeitschrift für das gesamte Familienrecht
FAZ .... Frankfurter Allgemeine Zeitung
FEG .... Gesetz über die Entziehung der Freiheit geisteskranker, geistesschwacher, rauschgift- oder alkoholsüchtiger Personen (*Hessen*) vom 19.5.1952 (GVBl. S.111)

FEVG .... Gesetz über das gerichtliche Verfahren bei Freiheitsentziehungen vom 29.6.1956 (BGBl. I S.599)
FG .... Freiwillige Gerichtsbarkeit
FGB .... Familiengesetzbuch (der *DDR*) vom 20.12.1965 (GBl. DDR 1966 S.1) i.d.F. des Gesetzes zur Änderung des Familiengesetzbuches der DDR (1. Familienrechtsänderungsgesetz) vom 20.7.1990 (GBl. DDR I S.1038)
FGG .... Gesetz über die Angelegenheiten der freiwilligen Gerichtsbarkeit vom 17.5.1898 (RGBl. I S.189) i.d.F. der Bek. vom 20.5.1898 (RGBl. I S.369, ber. S.711)
Fn. .... Fußnote(n)
Frankfurt/M. .... Frankfurt am Main
FrGO .... Entwurf einer Verfahrensordnung für die freiwillige Gerichtsbarkeit
FS .... Festschrift
FuR .... Familie und Recht

G

GBl. .... Gesetzblatt
GG .... Grundgesetz für die Bundesrepublik Deutschland vom 23.5.1949 (BGBl. I S.1)
ggf. .... gegebenenfalls
grds. .... grundsätzlich(er)
GS. .... Preußische Gesetz≈Sammlung
GVBl. .... Gesetz(es)- und Verordnungsblatt
GV.NW. .... Gesetz- und Verordnungsblatt des Landes Nordrhein-Westfalen
GVOBl. .... Gesetz- und Verordnungsblatt

H

Hbd. .... Halbband
HeimG .... Heimgesetz vom 7.8.1974 (BGBl. I S.1873) i.d.F. der Bek. vom 23.4.1990 (BGBl. I S.763)
Hess .... Hessisches
h.M. .... herrschende Meinung
Hmb .... Hamburg(isches)
Hrsg. .... Herausgeber
HS .... Halbsatz

I

i.d.F. .... in der Fassung
i.d.R. .... in der Regel
i.d.S. .... in diesem Sinne
i.Ggs. .... im Gegensatz
i.R. .... im Rahmen
i.S.d. .... im Sinne der / im Sinne des
i.S.v. .... im Sinne von
i.V.m. .... in Verbindung mit

J

JGG .... Jugendgerichtsgesetz i.d.F. der Bek. vom 11.12.1974 (BGBl. I S.3427)
JR .... Juristische Rundschau
Jura .... Juristische Ausbildung
JurBüro .... Das juristische Büro
JuS .... Juristische Schulung
Justiz .... Die Justiz
JWG .... Gesetz für Jugendwohlfahrt i.d.F. der Bek. vom 25.4.1977 (BGBl. I S.633)
JZ .... Juristenzeitung

K

Kap. .... Kapitel
KG .... Kammergericht
KJHG .... Gesetz zur Neuordnung des Kinder- und Jugendhilferechts (Kinder- und Jugendhilfegesetz - KJHG) vom 26.6.1990 (BGBl. I S.1163) i.d.F. der Bek. vom 3.5.1993 (BGBl. I S.637)
KostO .... Gesetz über die Kosten in Angelegenheiten der freiwilligen Gerichtsbarkeit (Kostenordnung) i.d.F. vom 26.7.1957 (BGBl. I S.861, ber. S.960)
KreisG .... Kreisgericht
krit. .... kritischer

L

LFGG .... Landesgesetz über die freiwillige Gerichtsbarkeit (*Baden-Württemberg*) vom 12.2.1975 (GBl. S.116)
LG .... Landgericht
LSA .... Land Sachsen-Anhalt
LS(e) .... Leitsatz / Leitsätze
LWV .... Landeswohlfahrtsverband

M

m. .... mit
m.a.W. .... mit anderen Worten
MDR .... Monatsschrift für Deutsches Recht
m.E. .... meines Erachtens
Meckl.-Vorp. .... Mecklenburg-Vorpommern
MedR .... Medizinrecht
MittBayNot .... Mitteilungen des Bayerischen Notarvereins, der Notarkasse und der Landesnotarkammer Bayern
MMW .... Münchener Medizinische Wochenschrift
MünchKomm .... Münchener Kommentar zum Bürgerlichen Gesetzbuch
m.w.N. .... mit weiteren Nachweisen
m.z.w.N. .... mit zahlreichen weiteren Nachweisen

N

Nds. .... Niedersächsisches
Nds.MVollzG .... Niedersächsisches Maßregelvollzugsgesetz vom 1.6.1982 (GVBl. S.131)
NDV .... Nachrichtendienst des Deutschen Vereins für öffentliche und private Fürsorge
Nervenarzt .... Der Nervenarzt
n.F. .... neue Fassung
NJ .... Neue Justiz
NJW .... Neue Juristische Wochenschrift
NJW-RR .... NJW-Rechtsprechungs-Report Zivilrecht
Nr. .... Nummer(n)
NW. .... Nordrhein-Westfälische(s)
NVwZ .... Neue Zeitschrift für Verwaltungsrecht

O

o.ä. .... oder ähnliches
OLG(e) .... Oberlandesgericht(e)
OVG .... Oberverwaltungsgericht
OVGE .... Amtliche Sammlung der Entscheidungen der Oberverwaltungsgerichte Lüneburg und Münster

P

PABGB .... Preußisches Ausführungsgesetz zum Bürgerlichen Gesetzbuche vom 20.9.1899 (GS. S.177)
PrOVGE .... Amtliche Sammlung der Entscheidungen des Preußischen Oberverwaltungsgerichts
Psychiat. Prax. .... Psychiatrische Praxis
PsychKG .... Psychisch-Kranken-Gesetz(e) des Landes / der Länder

Berlin vom 8.3.1985 (GVBl. S.586)
Bremen vom 9.4.1979 (GBl. S.123)
Hamburg vom 22.9.1977 (GVBl. S.261)
Mecklenburg-Vorpommern vom 1.6.1993 (GVBl. S.528)
Niedersachsen vom 30.5.1978 (GVBl. S.443)
Nordrhein-Westfalen vom 2.12.1969 (GV.NW. S.872)
Sachsen vom 16.6.1994 (GVBl. S.1091)
Sachsen-Anhalt vom 30.1.1992 (GVBl. S.88)
Schleswig-Holstein vom 26.3.1979 (GVOBl. S.251)
Thüringen vom 2.2.1994 (GVBl. S.81)

R

Rdnr. .... Randnummer(n)
RGBl. .... Reichsgesetzblatt
RGRK .... Kommentar von Reichsgerichtsräten und Bundesrichtern zum Bürgerlichen Gesetzbuch
RhPf .... Rheinland-Pfälzisches
R & P .... Recht und Psychiatrie
Rpfleger .... Der Deutsche Rechtspfleger
RpflG .... Rechtspflegergesetz vom 5.11.1969 (BGBl. I S.2065)
RsDE .... Beiträge zum Recht der sozialen Dienste und Einrichtungen
Rspr. .... Rechtsprechung

S

S. .... Seite(n)
Saarl .... Saarländisches
Sächs............................ Sächsisches
Schl.-H. .... Schleswig-Holstein(isches)
SchlHA......................... Schleswig-Holsteinische Anzeigen
SGB VIII .... Sozialgesetzbuch, Achtes Buch: Kinder- und Jugendhilfe vom 26.6.1990 (BGBl. I S.1163)
sog. .... sogenannte(n)
SorgeRG .... Gesetz zur Neuregelung des Rechts der elterlichen Sorge vom 18.7.1979 (BGBl. I S.1061)
SozInf .... Sozialpsychiatrische Informationen
SPD .... Sozialdemokratische Partei Deutschlands
StGB .... Strafgesetzbuch (StGB) i.d.F. der Bek. vom 10.3.1987 (BGBl. I S.945, ber. S.1160)
StPO .... Strafprozeßordnung (StPO) i.d.F. der Bek. vom 7.4.1987 (BGBl. I S.1074, ber. S.1319)
StVollzG .... Gesetz über den Vollzug der Freiheitsstrafe und der freiheitsentziehenden Maßregeln der Besserung und Sicherung - Strafvollzugsgesetz (StVollzG) - vom 16.3.1976 (BGBl. I S.581, ber. S.2088 und 1977 I S.436)

T

T. .... Teil
Thür .... Thüringer

U

u. .... und
u.a. .... unter anderem / und andere
u.ä. .... und ähnliche(n)
UBG .... Gesetz über die Unterbringung psychisch Kranker (Unterbringungsgesetz - UBG) -

Baden-Württemberg vom 11.4.1983 (GBl. S.133) i.d.F. der Bek. vom 2.12.1991 (GBl. S.794)
Saarland vom 10.12.1969 (Amtsbl. 1970 S.22) i.d.F. der Bek. vom 11.11.1992 (Amtsbl. S.1271)

UN .... United Nations

UnterbrG .... Gesetz über die Unterbringung psychisch Kranker und deren Betreuung (Unterbringungsgesetz - UnterbrG) - (*Bayern*) vom 20.4.1982 (GVBl. S.202) i.d.F. der Bek. vom 5.4.1992 (GVBl. S.60)
UntGes .... Landesgesetz über die Unterbringung von Geisteskranken und Suchtkranken (Unterbringungsgesetz - UntGes) (*Rheinland-Pfalz*) vom 19.2.1959 (GVBl. S.91)
usw. .... und so weiter
u.U. .... unter Umständen

V

v. .... vom / von / vor
VersR .... Versicherungsrecht
VGH .... Verwaltungsgerichtshof
vgl. .... vergleiche
VGT .... Vormundschaftsgerichtstag
Vorb./Vorbem. .... Vorbemerkung(en)

Z

z.B. .... zum Beispiel
ZfJ .... Zentralblatt für Jugendrecht
ZGerontol .... Zeitschrift für Gerontologie
ZPO .... Zivilprozeßordnung i.d.F. vom 12.9.1950 (BGBl. I S.533)
ZRP .... Zeitschrift für Rechtspolitik
ZStW .... Zeitschrift für die gesamte Strafrechtswissenschaft
z.T. .... zum Teil
zust. .... zustimmender
zw. .... zwischen

Einleitung

I. Problemstellung

Wie der Titel bereits vorgibt, befaßt sich die vorliegende Arbeit mit der Neuregelung des Rechts der freiheitsentziehenden Unterbringung durch das am 1.1.1992[1] in Kraft getretene Betreuungsgesetz.

Bei dem bereits am 12.9.1990 verabschiedeten "Gesetz zur Reform des Rechts der Vormundschaft und Pflegschaft für Volljährige (Betreuungsgesetz-BtG)",[2] so der offizielle Titel, handelt es sich zunächst - formal betrachtet - im wesentlichen[3] um ein Bündel von Änderungsgesetzen zu schon bestehenden Kodifikationen, wobei gewissermaßen im Mittelpunkt der Reform Änderungen des BGB (Art. 1 BtG) und hier insbesondere die weitgehende Ausmusterung der Vorschriften über die Vormundschaft und Gebrechlichkeitspflegschaft für Volljährige (§§ 1896 bis 1908, 1910, 1920 BGB a.F.)[4] und ihre Ersetzung durch das Rechtsinstitut der Betreuung (§§ 1896 bis 1908i BGB n.F.)[5] stehen.[6] Außerdem wird der Praxis in Art. 5 BtG vornehmlich ein völlig neugestaltetes FGG-Verfahrensrecht (§§ 65 ff., 70 ff. FGG n.F.) präsentiert.

Der Gesetzgeber verfolgte mit dem BtG, dessen Verwirklichung zu den bedeutendsten und tiefgreifendsten Reformen des deutschen Familien- und Personenrechts der letzten Jahre gezählt wird[7], in erster Linie das erklärte Ziel, die Betroffenen - vor dem Hintergrund eines gewandelten Verständnisses von der sozialen Stellung

---

1 Zur partiellen Vordatierung in den neuen Bundesländern siehe unten, sub Kap.1, I 1 c.

2 BGBl. I S.2002-2027.

3 Davon ausgenommen ist allein das in Art. 8 BtG enthaltene "Betreuungsbehördengesetz-BtBG".

4 Durch das BtG (bzw. die AGBtG der Länder) veränderte oder aufgehobene Vorschriften werden im folgenden mit "a.F." gekennzeichnet.

5 Mit der Bezeichnung "n.F." sind die durch das Betreuungsrecht neu eingefügten oder neu gefaßten Normen kenntlich gemacht. Alle übrigen (unverändert gebliebenen) Paragraphen werden ohne Zusatz angeführt.

6 So explizit *Kern*, MedR 1991, 67; vgl. auch etwa *Gernhuber/Coester-Waltjen*, Lehrbuch des Familienrechts, 4. Aufl. 1994, § 76 I 1; *Jensen/Röhlig*, Das neue Betreuungsrecht, 1993, S.9 ff.; *Taupitz*, JuS 1992, 9; *Klie*, Altenheim 1992, 26; *Fischer/Mann*, NJW 1992, 1542.

7 *Schwab*, FS für Paul Mikat, 1989, S.881; *Hellmann*, in: Jaspert (Hrsg.), Betreuungsgesetz und Betreuungsvereine, 1991, S.91; *Zenz*, NDV 1989, 33, 36.

betreuungsbedürftiger Menschen in unserer Gesellschaft - in ihrer Eigenschaft als kranke oder behinderte Mitbürger ernst zu nehmen und ihre Rechte und ihre verfahrensrechtlichen Positionen zu stärken. Befreit von dem Stigma der Bevormundung soll ihnen eine am individuellen Bedürfnis ausgerichtete Hilfestellung geboten werden, die gleichzeitig auch den verbliebenen Fähigkeiten und Entfaltungsmöglichkeiten der Betroffenen Rechnung zu tragen hat; Rechtseingriffe sollen nur mehr dort zugelassen werden, wo sie unausweichlich sind.[8]

Integraler Bestandteil des Betreuungsrechts ist wegen dieser zentralen Leitgedanken auch eine Neuregelung des materiellen und formellen Unterbringungsrechts.[9] Vor allem durch die Präzisierung der materiellrechtlichen Voraussetzungen der zivilrechtlichen Unterbringung, durch die Normierung der Fixierung und ähnlicher Maßnahmen sowie die Vereinheitlichung des Verfahrensrechts beabsichtigte der Gesetzgeber nach eigener Aussage, "grundlegende Verbesserungen gegenüber dem (bislang) geltenden Recht" zu schaffen.[10]

Der Verfasser dieser Arbeit hat es sich nun zur Aufgabe gemacht, unter Heranziehung der Rechtsprechung zum neuen Unterbringungsrecht aufzuzeigen, ob dieses Vorhaben gelungen ist. Soweit noch keine Erfahrungswerte vorliegen, soll wenigstens dargelegt werden, wie der Gesetzgeber im einzelnen die gegenüber dem bisherigen Rechtszustand geäußerten Bedenken aufgegriffen hat. Dabei beschränkt sich die Darstellung nicht nur auf eine "nüchterne" Interpretation der entsprechenden Gesetzesneuerungen, vielmehr ist damit auch der Versuch verbunden, diese auf ihren rechtlichen Gehalt hin kritisch zu untersuchen. Insbesondere soll eine Reihe von Brennpunkten und praktischen Problemen bei der Umsetzung des neuen Unterbringungsrechts herausgestellt werden und neben ersten Lösungsvorschlägen sollen hierfür auch weitere Denkanstöße angeboten sowie neue Sichtweisen vermittelt werden.

---

8 BT-Drucks. 11/4528, S.1, 52 ff., 88; BT-Drucks. 11/6949, S.2; so u.a. auch *Gernhuber/Coester-Waltjen* (Fn.6), § 76 I 1; *Kern*, MedR 1993, 245; *Bienwald*, BtPrax 1993, 80; *Klüsener/Rausch*, NJW 1993, 617; *Jensen/Röhlig* (Fn.6), S.14, 44; *Dodegge*, NJW 1992, 1936; *Foerster*, MedR 1991, 180; *Pardey*, RsDE 15/1991, 26; *Giese*, RsDE 2/1988, 30.

9 § 1906 BGB n.F., §§ 70 ff. FGG n.F. i.V.m. den Vorschriften, auf die Bezug genommen wird (§§ 65 ff. FGG n.F., §§ 13a Abs.2, 20a Abs.1 FGG n.F., § 128b KostO n.F.).

10 BT-Drucks. 11/4528, S.79.

II. Gegenstand der Arbeit

Um den Gegenstand der anschließenden Darstellung rechtlich exakter eingrenzen zu können, muß zunächst geklärt werden, welche Unterbringungsmöglichkeiten unsere Rechtsordnung überhaupt kennt und nach welchen Kriterien im allgemeinen Differenzierungen vorgenommen werden.

Generell ist die freiheitsentziehende Unterbringung psychisch Kranker oder geistig-seelisch Behinderter nach geltendem Recht auf strafrechtlicher, öffentlichrechtlicher und zivilrechtlicher Grundlage möglich,[11] wobei diese Unterbringungsarten in ihrem gesetzlichen Anspruch nach zweckverschieden sind.[12]
Entgegen dieser traditionellen Aufteilung läßt sich das Unterbringungsrecht zudem sowohl nach Bundesrecht und Landesrecht als auch von der Gefährdungsrichtung her in die beiden Bereiche Fremd- und Selbstgefährdung einteilen. Während die letztgenannten Begriffe in den landesrechtlichen Gesetzen über die Unterbringung psychisch Kranker (meist PsychKG oder Unterbringungsgesetz genannt)[13] und in dem Einweisungsgesetz der ehemaligen DDR (DDR-EinwG)[14] zusammentreffen, läßt sich das Strafrecht grundsätzlich dem Bereich der Fremdgefährdung und das

---

11 Instruktiv *Helle*, MedR 1993, 134; *ders.*, MedR 1989, 8; *Krüger*, BtPrax 1992, 92 ff.; *Wienand*, Betreuungsrecht, 2. Aufl. 1993, S.29; *Bienwald*, Vormundschafts-, Pflegschafts- und Betreuungsrecht in der sozialen Arbeit, 3. Aufl. 1992, S.218 ff.; sowie *Bernardi*, R & P 1994, 12 f. Vgl. darüber hinaus zum Unterbringungsrecht im weiteren Sinne als eine in eine Vielzahl von Rechtsgebieten zersplitterte Materie grundlegend (wenn auch teils überholt) die Gesamtdarstellung von *Baumann*, Unterbringungsrecht, 1966; die Kommentierung von *Parensen*, Die Unterbringung Geistes- und Suchtkranker, 1972; sowie *Saage/Göppinger*, Freiheitsentziehung und Unterbringung, 2. Aufl. 1975.

12 Näherhin *Wiebe*, in: Bergener (Hrsg.), Psychiatrie und Rechtsstaat, 1981, S.116 ff.; und *Mrozynski*, in Finzen et al. (Hrsg.), Recht und Psychiatrie, 1983, S.80.

13 Die vollständigen Texte der Ländergesetze können dem Loseblattkommentar von *Knittel*, BtG, Landesrecht - Nr. 4.5, 5.2, 6.2, 8.2, 9.2, 10.2, 11.2, 12.3, 14.2, 15.2, 17.2, 18.2, entnommen werden. Vgl. exemplarisch auch *Juchart*, UBG, 1983, § 1 Anm. 2.4.1 u. 2.4.2.

14 Das "Gesetz über die Einweisung in stationäre Einrichtungen für psychisch Kranke" vom 11.6.1968 (GBl. DDR I S.273), so die vollständige Bezeichnung, gilt in einem Teil der neuen Bundesländer noch heute als Landesrecht weiter, dazu näher Kap.1, Fn.132.

Vormundschaftsrecht[15] in aller Regel dem Bereich der Selbstgefährdung zuordnen.[16]

Im folgenden bleibt eine Untersuchung der Bestimmungen des Straf- und Strafprozeßrechts (u.a. §§ 63, 64, 67 ff., 71 StGB; §§ 88 ff., 138 StVollzG i.V.m. den Maßregelvollzugsgesetzen einzelner Länder;[17] §§ 80a, 81, 126a, 246a, 463 StPO; §§ 5, 73 JGG; § 45 BZRG) außer Betracht, da diese Vorschriften von der durch das BtG erfolgten Neuregelung des Rechts der freiheitsentziehenden Unterbringung nicht betroffen sind.

Des weiteren wird von dem Regelungsbereich des BtG die bundesrechtlich normierte Unterbringung nach dem "Gesetz über das gerichtliche Verfahren bei Freiheitsentziehungen" (FEVG) vom 29.6.1956[18] nicht berührt, bei der es vor allem um Freiheitsentziehungen aufgrund des Ausländergesetzes, des Bundesseuchengesetzes und des Gesetzes zur Bekämpfung von Geschlechtskrankheiten geht.[19] Das BtG hat diesbezüglich nur klargestellt, daß das FEVG keine Anwendung findet, wenn eine Person infolge des Aufenthaltsbestimmungsrechts ihres gesetzlichen Vertreters untergebracht wird.[20] Unberücksichtigt bleiben darüber hinaus die (unterschiedlichen) materiellrechtlichen Regelungen der Unterbringungsgesetze der Länder.[21] Vor dem Hintergrund, daß die Gesetzgebungskompetenz des Bundes aus Art. 74 Nr.7 GG für eine Ablösung der materiellen landesrechtlichen

---

15 Der dritte Abschnitt des vierten Buches des BGB trägt weiterhin die Überschrift "Vormundschaft", obwohl es nötig gewesen wäre, die Rubrik infolge des BtG umzuformulieren; der Gesetzgeber habe das nur übersehen, so jedenfalls *MünchKomm-Schwab*, BGB, Bd.8, 3. Aufl. 1992, Vor § 1773 Rdnr.1.

16 *Marschner*, Psychische Krankheit und Freiheitsentziehung, 1985, S.100; *Krüger*, BtPrax 1992, 94.

17 Nachweise und Gesetzestexte bei *Crefeld/Schulte*, Das Recht der Hilfen und Zwangsmaßnahmen für psychisch Kranke, 1987, S.179 ff.; vgl. zudem *Marschner*, R & P 1/1985, 4 f.; *Krüger*, BtPrax 1992, 94.

18 BGBl. I S.599, zuletzt (vor der Fassung des BtG) geändert durch Art. 12 Abs.2 des Gesetzes v. 9.7.1990 (BGBl. I S.1354).

19 Zu den Gründen für die Nichteinbeziehung siehe BT-Drucks. 11/4528, S.79, 183; vgl. außerdem *Zimmermann*, FamRZ 1990, 1308; *Bienwald*, Betreuungsrecht, 1992, Teil 3, B., Vorbem. v. §§ 70 ff. FGG Rdnr.12; *Holzhauer*, FuR 1992, 250.

20 Art.7 § 21 BtG: § 2 Abs.2 FEVG n.F.; vgl. auch *Erman-Holzhauer*, BGB, 2.Bd., 9. Aufl. 1993, § 1906 Rdnr.3; *Damrau/Zimmermann*, BtG, 1991, § 70 FGG Rdnr.2.

21 Vgl. dazu nur *MünchKomm-Schwab* (Fn.15), § 1906 Rdnr.1; *Schmidt/Böcker*, Betreuungsrecht, 2. Aufl. 1993, Rdnr.265; und *Kern*, MedR 1991, 71.

Regelungen zweifelhaft ist,[22] sollte das vorgeschlagene BtG nicht mit den sich aus einer Vereinheitlichung ergebenden verfassungrechtlichen Risiken belastet werden.[23]

Schließlich bleibt auch die materielle Gesetzeslage für die Unterbringung Minderjähriger (§§ 1631b, 1705 Satz 2, 1800, 1915 Abs.1 BGB) unverändert. Seinem Wortlaut nach gilt § 1906 BGB n.F. nicht für diesen Personenkreis. Die Dringlichkeit einer Neuregelung des Rechts der Vormundschaft und Pflegschaft für Volljährige ließ es nicht zu, diese Reform mit einer generellen Reform des materiellen und formellen Rechts der Vormundschaft über Minderjährige zu verbinden.[24]

Die nachfolgende Abhandlung konzentriert sich somit materiellrechtlich in erster Linie auf die zivilrechtliche Unterbringung Volljähriger, ohne dabei zu versäumen, das Verhältnis der zivilrechtlichen Unterbringung zu der öffentlichrechtlichen Unterbringung nach den Landesgesetzen neu zu bestimmen und die Frage aufzuwerfen, ob nicht Auswirkungen der neuen Regelungen auf die Handhabung der Unterbringung Minderjähriger zu erwarten sind.

---

22 Bejahend: *Saage/Göppinger* (Fn.11), Teil III, Rdnr.54; verneinend: *Maunz/Dürig-Maunz*, GG, Bd.III, Art. 74 Rdnr.116. Das *BVerfG* hat die Frage offengelassen (*BVerfGE* 58, 208, 229 f.).

23 Siehe hierzu BT-Drucks. 11/4528, S.80; und *Holzhauer*, Gutachten B zum 57. DJT, 1988, B 99 f.

24 Vgl. BT-Drucks. 11/4528, S.38; zudem *MünchKomm-Schwab* (Fn.15), Vor § 1773 Rdnr.14; *Bienwald* (Fn.19), Teil 3, B., Vorbem. v. §§ 70 ff. FGG Rdnr.13; *Kern*, MedR 1993, 251; *ders.*, MedR 1991, 71; *Zimmermann/Damrau*, NJW 1991, 544. Allerdings enthält auch schon das BtG einige Änderungen des materiellen Rechts der Vormundschaft über Minderjährige, so z.B. §§ 1835, 1836, 1836a BGB n.F., auf die § 1908i BGB n.F. verweist; ferner § 1631c BGB n.F. (Verweisnorm: § 1800 BGB). Zum weiteren Regelungsbedarf siehe ferner *Pardey*, Rpfleger 1994, 149 ff.

III. Darstellung

Eine Darstellung der Reform kann jedoch zunächst nicht ohne eine gewisse Rückschau auf das bisher geltende Unterbringungsrecht[25] auskommen. Gleiches gilt auch für die Gründe, die für dieses Reformwerk ursächlich waren. Zusammen mit einer Betrachtung der Vorarbeiten und Stationen der Entstehung des BtG sowie einem Kurzüberblick zur heutigen Gesetzeslage werden diese Ausführungen deshalb - soweit ein direkter Vergleich des neuen Rechts mit der alten Rechtsordnung nicht sachdienlicher ist - in ***Kapitel 1*** an den Beginn gestellt.

Anschließend wird in ***Kapitel 2*** - dem eigentlichen Schwerpunkt der Arbeit - der Regelungsbereich der im klassischen Konfliktbereich zwischen Eigen- und Fremdbestimmung liegenden Sondervorschrift des § 1906 BGB n.F. ausführlich analysiert. Eine erhebliche Rolle spielt dabei die Auslegung des Begriffs der freiheitsentziehenden Unterbringung nach Abs.1. Daneben ist der neuen Genehmigungspflichtigkeit der sog. "unterbringungsähnlichen Maßnahmen"[26] nach Abs.4 besondere Aufmerksamkeit gewidmet.
Bedeutung insgesamt gewinnt - angesichts des Doppelcharakters des BtG[27] - u.a. speziell die Frage, wo die Grenze zwischen Fürsorge und Hilfe einerseits sowie Freiheit und Selbstbestimmung andererseits verläuft oder, genauer formuliert für die nachfolgende Untersuchung, inwieweit der Wille eines Betroffenen[28] im spezifisch personensorgerechtlichen Teilbereich "Unterbringung" als der wohl weitreichendsten Betreuungsmaßnahme[29] noch beachtlich ist.

25 Dabei grds beschränkt auf die (zivilrechtliche) personenrechtliche Unterbringung sowie die (öffentlichrechtliche) landesgesetzliche Unterbringung, soweit nicht (vorab) eine Darstellung nur im weiteren Zusammenhang möglich bzw. zweckmäßig ist.

26 Obwohl die verabschiedete Gesetzesfassung diesen Ausdruck vermeidet, hat er sich in der bisherigen rechtspolitischen und rechtswissenschaftlichen Diskussion eingebürgert, so daß ihn auch der Verfasser hier beibehält; ebenso statt vieler: *Erman-Holzhauer* (Fn.20), § 1906 Rdnr.6, 36 ff.; *Palandt-Diederichsen*, BGB, 53. Aufl. 1994, § 1906 Rdnr.1, 12; *MünchKomm-Schwab* (Fn.15), § 1906 Rdnr.3, 21; *Friedrichs*, MDR 1992, 9; *Bienwald* (Fn.19), Teil 1, § 1906 BGB Rdnr.14; *Zimmermann/Damrau*, NJW 1991, 544.

27 So ausdrücklich *Jürgens*, 2. VGT, 1991, S.24; ähnlich auch *Pardey*, Betreuung Volljähriger: Hilfe oder Eingriff, 1989, S.19; und *VGT e.V.* (Hrsg.), 3. VGT, 1993, AG V, S.84 f.

28 Natürlich betreffen Betreuungen in gleicher Weise Frauen; entsprechend der Terminologie des BtG beschränkt sich der Verfasser aber im Verlauf der Arbeit i.d.R. auf die Angabe der männlichen Sprachform, vgl. BT-Drucks. 11/4528, S.55.

29 *Friedrichs*, MDR 1992, 8.

Kapitel 3 enthält eine komprimierte Vorstellung der wesentlichen Neuregelungen des Unterbringungsverfahrens und eine zusammenhängende Erläuterung der vorläufigen Unterbringungsmaßnahmen.

Schließlich kommt in ***Kapitel 4*** - sofern nicht schon vorab diskutiert[30] - der Vollzug der Unterbringung kurz zur Sprache.

Zum Schluß der wichtigsten Themenbereiche findet sich ein Resümee der vorab erörterten Materie.

---

30 Unten, sub Kap.2, III 4 c.

Kapitel 1

Rückblick und Entstehung der Neuregelungen

I. Rechtslage und Praxis bis zum 31.12.1991

1. Historische Reminiszenz

Vorauszuschicken sind zum besseren Verständnis des heutigen Rechtszustandes einige allgemeine Anmerkungen zur geschichtlichen Entwicklung des Unterbringungsrechts. Dabei ist es für die moderne Auffassung vom Unterbringungsrecht nicht sinnvoll, weiter als bis zum Preußischen Allgemeinen Landrecht (ALR) von 1794[1] zurückzugehen.

a) Ältere Entwicklung

Nach den §§ 341 ff. II 18 ALR war die "beständige Aufsicht über Wahn- und Blödsinnige" Sache des Vormunds, der dieselben auch einer staatlichen Anstalt zur Verwahrung übergeben durfte.[2] Daneben bestand die Möglichkeit, aufgrund der polizeirechtlichen Generalklausel des § 10 II 17 ALR, später ergänzt durch § 6 des "Gesetzes über die Polzeiverwaltung" vom 11.3.1850,[3] gegen Geisteskranke vorzugehen. Maßgeblich für die Unterbringung waren hiernach die öffentliche Sicherheit und Ordnung sowie der Aspekt der Gefahrenabwehr für die Allgemeinheit und den einzelnen, wobei dem Fürsorgezweck nur soweit Raum blieb wie zugleich sicherheitspolizeiliche Belange berührt waren.[4] Eine Befugnis der Polizei,

---

1 Publikation des Allgemeinen Landrechts: "Patent v. 5.2.1794 wegen Publikation des neuen allgemeinen Landrechts für die Preußischen Staaten", abgedruckt bei *Weißler*, Preußisches Landesprivatrecht, Bd.1, 1901, S.147 ff. (daran anschließend auch weitere Publikationspatente).

2 Vgl. *Koch*, Allgemeines Landrecht für die Preußischen Staaten, T.2, Bd.2, Abt.1, 3. Aufl. 1863, S.1018. Zur Aufrechterhaltung von § 344 II 18 ALR auch unter der preußischen "Vormundschaftsordnung" v. 5.7.1875 (GS. S.433) und gemäß Art. 89 PABGB v. 20.9.1899 (GS. S.177) siehe *Weißler*, Preußisches Landesprivatrecht, Bd.2, 1901, S.564.

3 GS. S.265, vgl. *Grotefend*, Preußisch≈Deutsche Gesetz≈Sammlung 1806-1899, Bd.1 (1806-1859), 3. Aufl. 1900, S.657 f.

4 Zum polizeirechtlichen Ausgangspunkt *Baumann*, Unterbringungsrecht, 1966, S.18 f.; *Saage/Göppinger*, Freiheitsentziehung und Unterbringung, 2. Aufl. 1975, Teil III, Rdnr.27; *Marschner*, in: Brill (Hrsg.), Zum Wohle der Betreuten, 1990, S.91; *Wiebe*, in:

Personen für eine gewisse Zeit zum eigenen Schutz in Verwahrung zu nehmen, eröffnete ferner - subsidiär hinter der privatrechtlichen Unterbringung - § 6 des preußischen "Gesetzes zum Schutze der persönlichen Freiheit" vom 12.2.1850.[5]

Andere Bestrebungen, die eine Zeitlang darauf angelegt waren, die polizeiliche Unterbringung zum Schutze des Betroffenen an die Entmündigung[6] heranzuführen und die dauernde Unterbringung des "gemeingefährlichen Geisteskranken"[7] von einer gerichtlichen "Blödsinnigkeitserklärung" abhängig zu machen, konnten sich generell nicht durchsetzen. Im Laufe des 19. Jahrhunderts kam es vielmehr zu einer gegenläufigen Entwicklung von Entmündigung und polizeilicher Unterbringung, die schließlich in der Diskussion zu der Frage gipfelte, ob es einer reichsgesetzlichen Regelung für die Unterbringung Geisteskranker bedurfte. Namentlich der 25. Deutsche Juristentag wandte sich im Jahre 1900 unter Berufung auf die fehlende Gesetzgebungskompetenz gegen ein solches Vorhaben, gleichwohl stellte er aber im Hinblick auf die Bedeutung der Unterbringung für den Betroffenen einen Regelungsbedarf in den Einzelstaaten fest.[8]

Vor dem praktischen Hintergrund, daß die zivilrechtliche Unterbringung Mittelloser durch Vormund oder Pfleger[9] - im Gegensatz zu der auf Staatskosten ergehenden polizeirechtlichen Unterbringung - mangels eines Kostenträgers vielfach nicht zustande kam, wurde dann in den zwanziger Jahren der Erlaß eines auf dem Fürsorgegedanken beruhenden Reichsbewahrungsgesetzes gefordert. Sämtliche Initiativen scheiterten jedoch - abgesehen von den politischen Wirren der Weimarer Zeit -

---

Bergener (Hrsg.), Psychiatrie und Rechtsstaat, 1981, S.120; so auch *Neumann*, NJW 1982, 2589, der dem preußischen Irrenrecht grundsätzlich eine repräsentative Stellung einräumt.

5 GS. S.45, dazu *Grotefend* (Fn.3), S.620

6 Ein Entmündigungsverfahren für Geisteskranke und Verschwender sah die erstmals reichseinheitliche CPO v. 30.1.1877 (RGBl. S.83) in den §§ 593 bis 627 vor, zu weiteren Einzelheiten siehe auch *Holzhauer*, Gutachten B zum 57. DJT, 1988, B 93.

7 Diesen Begriff hatte das Preußische *OVG* in ständiger Rechtsprechung als Unterbringungsvoraussetzung entwickelt, vgl. *PrOVGE* 77, 341, 343 und *PrOVGE* 80, 120, 122; zutreffend *Baumann* (Fn.4), S.19; siehe zudem *Crefeld*, FuR 1990, 274; *Werle*, Jura 1991, 11.

8 Im Vorfeld war auch eine Initiative des Deutschen Reichstages am Widerstand Preußens im Bundesrat gescheitert, vgl. dazu m.z.w.N. *Holzhauer* (Fn.6), B 92 ff.; *Lorenzen*, in: Bergener (Hrsg.), Psychiatrie und Rechtsstaat, 1981, S.131.

9 Die Einführung der Unterscheidung von Vormundschaft und Pflegschaft geht auf die preußische "Vormundschaftsordnung" (Fn.2) zurück. Zu den im römischen Recht liegenden Ursprüngen dieser Zweiteilung vgl. näherhin *Holzhauer* (Fn.6), B 14 f.

nicht zuletzt daran, daß die Abgrenzung des betroffenen Personenkreises, die Ausgestaltung des Einweisungsverfahrens und die Finanzierung der Bewahrung strittig blieben.[10]

Auch nach Ersetzung von § 10 II 17 ALR durch § 15 des "Preußischen Polzeiverwaltungsgesetzes" vom 1.6.1931[11] änderte sich nichts an der Dominanz des Gefahrenabwehrgedankens.

Unter der nationalsozialistischen Herrschaft veränderte sich die Ausgangslage für die Polizei dergestalt, daß die "Verordnung des Reichspräsidenten zum Schutz von Volk und Staat" vom 28.2.1933[12] die Kernfreiheitsrechte der Weimarer Reichsverfassung außer Kraft setzte und Beschränkungen der persönlichen Freiheit ohne gerichtliche Kontrolle in weitestem Ausmaße zuließ. Ein von 1935 an mehrfach betriebenes Projekt, das die Schaffung eines Gemeinschaftsfremdengesetzes vorsah, kam jedoch aufgrund fehlender Einigung um die Kompetenzverteilung zwischen den Fürsorgebehörden und Vormundschaftsgerichten auf der einen und der Polizei auf der anderen Seite nicht zustande.[13]

Im übrigen wurde in dieser Zeit der Vorschlag unterbreitet, die Entmündigung zum Zwecke der Verbrechensverhütung einzusetzen, um dann auch mittels des Vormunds unterbringen zu können.[14]

---

10 Ausführlich *Holzhauer* (Fn.6), B 94 ff.; i.d.S. zudem *Werle*, Jura 1991, 15.

11 GS. S.77; siehe auch *Brüggemann-Totten*, Die gesetzlichen Grundlagen der Verwahrung Geisteskranker, 1959, S.32 ff. Nur vereinzelt wurde hingegen dem Fürsorgegesichtspunkt Rechnung getragen, so insbesondere im Badischen Irrenfürsorgegesetz vom 25.6.1910 (GVBl. XXVI S.299); vgl. dazu *Juchart*, NJW 1987, 3166; *Saage/Göppinger* (Fn.4), Teil III, Rdnr.27.

12 RGBl. I S.83; dazu *Holzhauer* (Fn.6), B 97 m.w.N.; eingehend zur Unterbringung im Dritten Reich auch *Werle*, Jura 1991, 10 ff.

13 So *Werle*, Jura 1991, 14 ff.; *Holzhauer* (Fn.6), B 97.

14 Dabei wurde die Entmündigung (§ 6 BGB a.F.) auf der Grundlage eines entsprechenden Verständnisses ihrer Voraussetzungen als "eine der Allgemeinheit dienende fürsorgerische Maßnahme" begriffen, so ausdrücklich *Hartmann*, Die Entmündigung als Mittel der Verbrechensverhütung unter besonderer Berücksichtigung ihres Verhältnisses zu den übrigen Sicherungsmaßregeln des neuen Staates, 1937, S.55, 81 ff.

b) Nachkriegsentwicklung

Die Entwicklung der öffentlichrechtlichen Unterbringung wurde nach Inkrafttreten des Grundgesetzes im Jahre 1949 in den alten Bundesländern zunächst dadurch bestimmt, daß Art. 104 Abs.2 GG nunmehr bei jeder Freiheitsentziehung die richterliche Entscheidung erforderlich machte.[15] Dem folgten die landesrechtlichen Unterbringungsgesetze, die sich fürs erste in ihrer Mehrzahl - anknüpfend an den ursprünglich polizeirechtlichen Charakter - als Ausführungsgesetze der Art. 2 Abs.2 und 104 GG verstanden.[16] Seit den sechziger Jahren trat jedoch zunehmend der Gedanke der Fürsorge für den Betroffenen in den Vordergrund, mit der Folge, daß diese geänderte Bewertung auch in den novellierten Ländergesetzen, beginnend mit dem Nordrhein-Westfälischen "Gesetz über Hilfen und Schutzmaßnahmen bei psychischen Krankheiten (PsychKG)" vom 2.12.1969,[17] ihren Niederschlag gefunden hat.[18]

---

15 Die lange Zeit noch umstrittene Frage, ob in Art. 104 Abs.2 GG der Richter des ordentlichen Gerichts oder des Verwaltungsgerichts betroffen sei, beantwortete der Gesetzgeber in § 3 FEVG (Fn.18 der Einleitung) in dem zuerst genannten Sinne, Nachweise bei *Holzhauer* (Fn.6), B 98.

16 So ausdrücklich *Marschner* (Fn.4), S.92; *Bergener et al.*, Psychiat. Prax. 13 (1986), 105; BT-Drucks. 7/4200, Kap.D., S.368. Zum Schutzbereich beider Grundrechte (Art. 2 Abs.2 Satz 2, 104 GG) sowie deren Verhältnis zueinander grundlegend *Gusy*, NJW 1992, 457 f.; *v.Eicken/Ernst/Zenz*, Fürsorglicher Zwang, 1990, S.21; *Hantel*, Der Begriff der Freiheitsentziehung in Art. 104 Abs.2 GG, 1988, S.19 ff.

17 GV.NW. S.872; kennzeichnend für diesen Wandel war vor allem die Anerkennung der Selbstgefährdung als Unterbringungstatbestand, dazu ausführlich *Saage/Göppinger* (Fn.4), Teil III, Rdnr.31 ff.; auch das *BVerfG* hielt in seiner Entscheidung vom 7.10.1981 (*BVerfGE* 58, 208, 224 ff.) diese Ausweitung für verfassungsgemäß; a.A. dagegen *Neumann*, NJW 1982, 2588, 2592.

18 *Marschner* (Fn.4), S.92, spricht von einem "Schritt zu einem Psychisch-Kranken-Recht" mit Vollzug der sogenannten zweiten Generation der Unterbringungsgesetze; ähnlich auch *Mrozynski*, R & P 2/1984, 87; *Bernardi*, SozInf 2/1991, 28; *Herde*, DAVorm 1985, 525. Zuvor war eine Gesetzesinitiative der BReg im Jahre 1968 mit dem Ziel, die Gesundheitshilfe für psychisch Kranke im Wege einer Änderung von Art. 74 Nr.19 GG einer bundesgesetzlichen Regelung zugänglich zu machen, am Widerspruch des Bundesrates gescheitert, vgl. BT-Drucks. V 3515, S.5, 10 f.; näher dazu auch: BT-Drucks. 7/4200, Kap.D., S.369; *Saage/Göppinger* (Fn.4), Teil III, Rdnr.54; außerdem *Koch*, NJW 1973, 545.

Ausgangspunkt der neueren Entwicklung der zivilrechtlichen Unterbringung war der Beschluß des *BVerfG* vom 10.2.1960.[19] In ihm wurde entgegen der Ansicht des *BGH*[20] der verfassungsrechtliche Schutz des Art. 104 Abs.2 Satz 1 und 2 GG auf die Unterbringung eines volljährigen Mündels durch den Vormund ausgedehnt und im wesentlichen damit begründet, daß diese formelle Gewährleistung der Freiheit über die strafrechtlichen Fälle und Unterbringungen im Sinne der öffentlichen Sicherheit und Ordnung hinaus in gleicher Weise Freiheitsentziehungen mit fürsorgerischem Charakter umfasse. Insbesondere bei einer zwangsweisen Unterbringung werde deutlich, daß das Vormundschaftsrecht durch öffentlichrechtliche Elemente überlagert sei, so daß sich auch die zivilrechtliche Unterbringung letztlich als Ausübung staatlicher Gewalt darstelle.[21]

In der Folge wurde der richterliche Genehmigungsvorbehalt sukzessive zuerst durch das "Gesetz zur Vereinfachung und Änderung familienrechtlicher Vorschriften" (FamRÄndG) vom 11.8.1961[22] in Gestalt des (damaligen) § 1800 Abs.2 BGB auf den Vormund eines Minderjährigen erstreckt und dann im Rahmen der Neuregelung des Rechts der elterlichen Sorge im Jahre 1979 in § 1631b BGB auf die Eltern erweitert.[23]
Als grundlegende Änderungen stellten sich außerdem die durch das SorgeRG eingeführten Vorschriften der §§ 64a bis 64i FGG a.F. für das zivilrechtliche Unterbringungsverfahren insgesamt heraus.[24]

---

19 *BVerfGE* 10, 302 ff.

20 *BGHZ* 17, 108, 112 ff.; dazu näher eingehend *Ehrhardt*, ArchSozArb 1979, 176 f.; BT-Drucks. 7/4200, Kap.D., S.367.

21 *BVerfGE* 10, 302, 323 ff.; *Klie*, RsDE 6/1989, 76; differenzierend *Gernhuber*, Lehrbuch des Familienrechts, 3. Aufl. 1980, § 7 II 2 u. § 65 I. Zur Diskussion über das Wesen der Vormundschaft siehe auch *Mrozynski*, in: Finzen et al.(Hrsg.), Recht und Psychiatrie, 1983, S.75 f.; *Holzhauer*, ZRP 1989, 452 f.

22 BGBl. I S.1221; spätestens durch die Einfügung des (damaligen) § 1800 Abs.2 BGB (Art. 1 Nr.32) wirkte sich das Erfordernis richterlicher Beteiligung (i.V.m. § 1897 Satz 1 a.F. und § 1915 Abs.1 BGB) auch auf die pflegschaftliche Unterbringung aus, so *Bienwald*, Untersuchungen zur Rechtsstellung des Gebrechlichkeitspflegers, 1992, S.20.

23 "Gesetz zur Neuregelung des Rechts der elterlichen Sorge" (SorgeRG) vom 18.7.1979 (BGBl. I S.1061); dadurch konnte ohne sachliche Änderung Abs.2 des § 1800 BGB wieder aufgehoben werden, da die allgemeine Verweisung des § 1800 BGB nunmehr auch § 1631b BGB erfaßte, vgl. *MünchKomm-Schwab*, BGB, Bd.8, 3. Aufl. 1992, § 1800 Rdnr.24; *Jürgens/Kröger/Marschner/Winterstein*, Das neue Betreuungsrecht, 2. Aufl. 1992, Rdnr.482; BT-Drucks. 11/4528, S.46. Zur Erstreckung der "Habeas-Corpus-Regelung" in das Familienrecht siehe auch *Holzhauer*, FuR 1992, 249, 253.

24 Vgl. BT-Drucks. 8/2788, S.76 ff.

Im Gebiet der früheren DDR war die Unterbringung im wesentlichen durch das "Gesetz über die Einweisung in stationäre Einrichtungen für psychisch Kranke" (DDR-EinwG) vom 11.6.1968[25] geregelt.

c) Entwicklung in den neuen Bundesländern nach Herstellung der deutschen Einheit

Ab Wirksamwerden der staatlichen Einigung Deutschlands infolge Beitritts des Gebiets der früheren DDR nach Art. 23 GG kam in den daraus hervorgegangenen neuen Bundesländern das BGB im ganzen mit Wirkung ex nunc in der Fassung vor dem BtG[26] zur Anwendung, so daß insbesondere jede freiheitsentziehende Unterbringung durch Vormund oder Pfleger vom 3.10.1990 an der gerichtlichen Genehmigung bedurfte.[27] Soweit das DDR-EinwG auch Bestimmungen über die zivilrechtliche Unterbringung enthielt, wurden diese nunmehr verdrängt.[28]

Auf der anderen Seite galten allerdings die Vorschriften des DDR-EinwG über die materiellen Voraussetzungen der öffentlichrechtlichen Unterbringung in der Regel gemäß Art. 9 Abs.1 des Einigungsvertrages vom 31.8.1990[29] als Landesrecht fort.

---

25 GBl. DDR I S.273; zudem *Bienwald*, Betreuungsrecht, 1992, Einführung, Rdnr.45; Hinweise auf die Unterbringung durch Vormund/Pfleger finden sich des weiteren in §§ 102, 107 des Familiengesetzbuches (FGB) der DDR vom 20.12.1965 (GBl. DDR I 1966 S.1) i.d.F. des Gesetzes zur Änderung des FGB der DDR (1. Familienrechtsänderungsgesetz) vom 20.7.1990 (GBl. DDR I S.1038), abgedruckt im Dokumentationsteil von *Schwab* (Hrsg.), Familienrecht und deutsche Eingung, 1991, S.19 ff.

26 *Reichel*, FamRZ 1990, 1319 f.; *Schwab*, Familienrecht und deutsche Einigung, 1991, S.130 f.; abweichend *Bergmann*, NJ 1991, 213, demzufolge § 1631b BGB im Vorgriff auf § 1906 Abs.4 BGB n.F. hätte umfassend ausgelegt werden müssen.

27 BT-Drucks. 11/7817, S.25 f.; für zum Zeitpunkt der Wiedervereinigung bestehende zivilrechtliche Unterbringungen sah der aufgrund des Einigungsvertrages vom 31.8.1990 i.d.F. der Anlage I Kap.III Sachgebiet B Abschnitt II Maßgabe 1 angefügte Art. 234 §§ 11 Abs.4 Satz 2 u.3, 14 Abs.6, 15 Abs.2 EGBGB (BGBl. II S.889, 941 f.) eine Übergangsregelung vor; zu den Einzelheiten *Reichel*, FamRZ 1990, 1320; *Schwab* (Fn.26), S.131.

28 So vor allem der (damalige) § 3 Abs.2 DDR-EinwG (Fn.25), vgl. Art. 234 §§ 11 Abs.4 Satz 1, 14 Abs.6, 15 Abs.2 EGBGB (BGBl. II S.889, 941 f.). Zum Sonderproblem, daß in Unterbringungsfällen der bisherige Wirkungskreis des Pflegers die Befugnis zur Unterbringung nicht notwendig erfaßte, siehe *Bienwald*, Familienrecht und deutsche Einigung, 1991, S.147.

29 BGBl. II S.889, 892; BT-Drucks. 11/7817, S.26, 64. Eine entsprechende Übergangsregelung für zum Zeitpunkt des Beitritts existierende öffentlichrechtliche Unterbringungen aufgrund des DDR-EinwG (Fn.25) gab es aber nicht, kritisch hierzu *Reichel*, FamRZ 1990, 1320.

Im übrigen war vor allem bedeutsam, daß nach dem Einigungsvertrag das gerichtliche Verfahren des BtG in Unterbringungssachen (§§ 70 bis 70n FGG n.F.) sowohl für die zivilrechtliche Unterbringung als auch für die öffentlichrechtliche Unterbringung schon mit dem Beitritt in Kraft gesetzt wurde, um auch in den neuen Bundesländern (außer für das neu gebildete, aus 23 Bezirken bestehende Land Berlin)[30] für Unterbringungsmaßnahmen ein rechtsstaatlichen Anforderungen genügendes Verfahren zur Verfügung zu stellen.[31]

2. Dualismus von zivilrechtlicher Unterbringung nach Bundesrecht und öffentlichrechtlicher Unterbringung nach Landesrecht

Das Anliegen der Änderung des Unterbringungsrechts im Rahmen der Reform des BtG verdeutlicht sich in seinem gesamten Umfang erst dann, wenn man sich zunächst vergegenwärtigt, wie die überkommene gesetzliche Regelung für das Recht der freiheitsentziehenden Unterbringung konzipiert war.

Materiellrechtlich interessiert dabei von den einleitenden Bemerkungen her vorrangig die zivilrechtliche Unterbringung Volljähriger durch einen Vormund oder Gebrechlichkeitspfleger. Da die materiellen Voraussetzungen der landesgesetzlichen Unterbringung hingegen vom Regelungsbereich des BtG nicht berührt werden, genügt es, auf die öffentlichrechtlichen Unterbringungsgründe lediglich zum Zweck der Bestimmung des (Konkurrenz-)Verhältnisses zur personenrechtlichen Unterbringung einzugehen.

---

30 Einigungsvertrag, Anlage 1 Kap.III Sachgebiet A Abschnitt IV Maßgabe 3d aa (BGBl. II S.889, 940); es galten weiterhin §§ 64a bis 64i FGG a.F. sowie das BlnPsychKG v. 8.3.1985 (GVBl. S.586), wobei § 13 a.F. für das gerichtliche Verfahren der öffentlichen Unterbringung maßgeblich war.

31 Einigungsvertrag, Anlage 1 Kap.III Sachgebiet A Abschnitt III Maßgabe 13a (BGBl. II S.889, 932); vgl. auch BT-Drucks.11/7817, S.26; *Bienwald* (Fn.25), Einführung, Rdnr.53; *Damrau/Zimmermann*, BtG, 1991, § 70 FGG Rdnr.5. Zu Einzelfragen, wie etwa nach der "zuständigen Behörde" i.S.d. FGG n.F. oder der besonderen Gerichtsverfassung, m.z.w.N. *Reichel*, FamRZ 1990, 1319; *Bergmann*, NJ 1991, 211 f.; *Gottwald*, FamRZ 1990, 1178 f. Vgl. darüber hinaus auch *OLG Dresden*, R & P 1994, 32, 33; NJ 1993, 568, 569.

a) Die zivilrechtliche Unterbringung

Beabsichtigte der Vormund[32] oder Gebrechlichkeitspfleger den Betroffenen (Mündel oder Pflegling) freiheitsentziehend unterzubringen, so benötigte er hierfür die Genehmigung des Vormundschaftsgerichts gemäß §§ 1631b, 1800, 1897 Satz 1 (a.F.), 1915 Abs.1 BGB. Ausnahmsweise war die Unterbringung auch ohne die Genehmigung des Vormundschaftsgerichts zulässig, wenn mit dem Aufschub Gefahr (unmittelbar) für den Betroffenen selbst oder für Dritte verbunden gewesen war; die Genehmigung mußte aber dann unverzüglich nachgeholt werden.[33] Darüber hinaus konnte das Vormundschaftsgericht unmittelbar selbst eine vorläufige Unterbringungsmaßnahme unter den Voraussetzungen des § 1846 BGB a.F. treffen.[34]

Abgesehen davon, daß die geplante Maßnahme überhaupt die Bewertung als freiheitsentziehende Unterbringung zuließ[35] und dem Gebrechlichkeitspfleger oder Vormund der Wirkungskreis der Aufenthaltsbestimmung zustand,[36] setzte die Er-

---

32 Der Genehmigungspflicht unterlag auch die nach Einleitung einer vorläufigen Vormundschaft (§§ 1906 ff. BGB a.F.) i.R. eines anhängigen Entmündigungsverfahrens (§§ 645 ff. ZPO a.F.) von dem Vormund betriebene Zwangseinweisung, vgl. *MünchKomm-Goerke*, BGB, Bd.5, 2.Hbd., 2. Aufl. 1987, § 1906 Rdnr.2.

33 So § 1631b Satz 2 BGB; siehe auch *MünchKomm-Schwab* (Fn.32), § 1800 Rdnr.32; *Gastiger*, Freiheitsschutz und Haftungsrecht in der stationären und ambulanten Altenhilfe, 1988, S.83. Zur Problematik der Fremdgefährdung vgl. näher unten, Fn.40.

34 *Bienwald* (Fn.25), Teil 1, § 1906 BGB Rdnr.1; *Gastiger* (Fn.33), S.55; *Herde*, DAVorm 1985, 525. Zu den Einzelheiten einer Unterbringungsmaßregel - insbesondere den unterschiedlichen Auslegungsmöglichkeiten des § 1846 BGB a.F. - vgl. *Rink*, FamRZ 1993, 512 f.; siehe hierzu auch unten, sub I 2 d u. II 3 sowie Kap.3, II 1 b.

35 Schwierigkeiten bei der Anwendung der §§ 1631b, 1800, 1897 Satz 1 (a.F.), 1915 Abs.1 BGB bereitete vor allem die Unterscheidung zwischen der genehmigungsbedürftigen Freiheitsentziehung und der genehmigungsfreien (partiellen) Freiheitsbeschränkung. Zu den Einzelheiten dieser Problematik wird auf Kap.2, II 1 b bb verwiesen, da die Formulierung des § 1906 Abs.1 BGB n.F. insoweit der bisherigen Gesetzeslage entspricht.

36 Der Vormund war gemäß §§ 1631 Abs.1, 1793, 1800, 1897 Satz 1 (a.F.), 1901 Abs.1 (a.F.) BGB kraft seiner totalen Sorgezuständigkeit für den Bereich der Aufenthaltsbestimmung legitimiert, wobei dieses Recht die Befugnis einbezog, den Mündel - natürlich unter Beachtung des Richtervorbehalts - in einer mit Freiheitsentziehung verbundenen Weise unterzubringen, vgl. *Soergel-Damrau*, BGB, Bd.8, 12. Aufl. 1987, § 1901 Rdnr.2; *Gastiger* (Fn.33), S.53. Dem Gebrechlichkeitspfleger mußte hingegen der Wirkungskreis der Aufenthaltsbestimmung nach § 1910 Abs.2 BGB a.F. kraft ausdrücklicher Einzelanordnung oder im Rahmen einer Pflegschaft zur Wahrnehmung aller persönlichen Angelegenheiten zugewiesen sein, so *MünchKomm-Goerke* (Fn.32), § 1910 Rdnr.52. Zudem blieb lange unklar, ob die Befugnis zur Aufenthaltsbestimmung dann auch grds. die freiheitsentziehende Unterbringung umfassen sollte, Nachweise bei *Parensen*, Die Unterbringung Geistes- und

teilung der vormundschaftsgerichtlichen Genehmigung voraus, daß eine solche Unterbringung dem Wohl des Betroffenen dienen mußte.[37] Besondere Kriterien für die Zulässigkeit der zivilrechtlichen Unterbringung ließen sich aus dieser generalklauselartigen Formulierung schwerlich ableiten, die Konkretisierung der Unterbringungsvoraussetzungen blieb vielmehr der Rechtsprechung und dem Schrifttum vorbehalten.[38] Als solche im wohlverstandenen Interesse des Mündels oder Pflegebefohlenen liegende, eine Unterbringung rechtfertigende Gründe kamen insbesondere die drohende Selbstgefährdung und die nur durch die Unterbringung zu wahrende Heilungsaussicht von Krankheiten und Suchtzuständen in Betracht.[39] Gleiches galt für die Gefährdung Dritter, soweit diese mittelbar auch zu Lasten des Betroffenen ging, d.h., hauptsächlich dann, wenn der Mündel oder Pflegling sich Notwehrmaßnahmen, Schadensersatzansprüchen oder strafrechtlichen Sanktionen auszusetzen drohte.[40] Der Zweck der "Besserung" eines Erwachsenen (ohne Selbst- oder Fremdgefährdung) konnte allerdings per se nicht als Grund für eine Einschränkung der persönlichen Freiheit ausreichen.[41]

Suchtkranker, 1972, S.119 f.; zur erneuten Infragestellung in jüngster Zeit: siehe unten, sub II 1. Grundlegend zum Verhältnis beider Begriffe auch *Bienwald* (Fn.22), S.421 ff.

37 Dies ergibt sich mittelbar aus § 1631b Satz 3 BGB, vgl. BT-Drucks. 11/4528, S.39, 80; *Bienwald* (Fn.25), Teil 1, § 1906 BGB Rdnr.3.

38 Es entstand der Begriff der "Anstaltsbedürftigkeit", siehe hierzu *Saage/Göppinger* (Fn.4), Teil II, Rdnr.9; dem heutigem Sprachgebrauch angepaßt besser der Terminus der "stationären Behandlungsbedürftigkeit", so *Jürgens/Kröger/Marschner/Winterstein* (Fn.23), Rdnr.197, 483; *Gastiger* (Fn.33), S.54; vgl. auch *Bergener et al.*, Psychiat. Prax. 13 (1986), 106.

39 *Bienwald* (Fn.25), Teil 1, § 1906 BGB Rdnr.4; *Jochum/Pohl*, Pflegschaft, 1989, Rdnr.174; *Less*, Die Unterbringung von Geisteskranken, 1989, S.47; *MünchKomm-Schwab* (Fn.32), § 1800 Rdnr.42; *Soergel-Damrau* (Fn.36), § 1800 Rdnr.11; *BayObLG*, FamRZ 1982, 199; MDR 1963, 1014.

40 Vgl. dazu *Soergel-Damrau* (Fn.36), § 1800 Rdnr.11; *BayObLG*, FamRZ 1982, 199; *LG Göttingen*, DAVorm 1976, 345, 347. Anders als eine Gebrechlichkeitspflegschaft nach § 1910 BGB a.F., die seit der Entscheidung des *BGH* v. 7.11.1984 (*BGHZ* 93, 1, 6 ff.) nach allgemeiner Meinung auch im ausschließlichen Interesse eines Dritten angeordnet werden durfte (zuletzt *BayObLGZ* 1990, 322, 324; und *Erman-Holzhauer*, BGB, 2.Bd., 9. Aufl. 1993, § 1896 Rdnr.45 m.w.N.), blieb aber weithin zweifelhaft, ob ebenfalls eine reine Fremdgefährdung eine privatrechtliche Unterbringung rechtfertigen konnte. Bejahend: *Wiebe* (Fn.4), S.122 f.; *Parensen* (Fn.36), S.106 f. m.w.N. Ablehnend: *Rink/Bauer*, FamRZ 1988, 1234; *Bürgle*, NJW 1988, 1882; *AG Frankfurt/M.*, FamRZ 1988, 1209, 1210.

41 *BVerfGE* 22, 180, 218 ff.; siehe zudem *Pardey*, Betreuung Volljähriger: Hilfe oder Eingriff, 1989, S.78 f.; und *Schulte*, in: Finzen et al.(Fn.21), S.34.

Darüber hinaus hatte das *BVerfG* in einer weiteren Entscheidung vom 7.10.1981 betont, daß aus Gründen der Verhältnismäßigkeit[42] nur eine ernsthafte Gesundheitsgefährdung zur zwangsweisen Unterbringung des Betroffenen führen könne. Grundsätzlich dürfe man bei einer Unterbringung aus fürsorgerischen Gründen nicht vergessen, daß bei aller eigenen Gefahr einer Gesundheitsschädigung dem psychisch Kranken auch in gewissen Grenzen eine "Freiheit zur Krankheit" verbleiben sollte, mit der Folge, daß in weniger gewichtigen Fällen die Abwägung Freiheit gegen Gesundheit zugunsten der Freiheit entschieden werden müsse.[43] Diese Entscheidung erging zwar im Zusammenhang mit der öffentlichrechtlichen Unterbringung, die Grundgedanken sind aber ebenso auf die zivilrechtliche Unterbringung zum Wohl des Betroffenen übertragbar.

Eine andere Einschränkung des Anwendungsbereichs der zivilrechtlichen Unterbringung bezog sich allein auf das Unterbringungsrecht des Gebrechlichkeitspflegers. So war schon seit der Entscheidung des *BGH* vom 28.4.1967 vorherrschende Auffassung in Rechtsprechung und Literatur, daß jedenfalls ein geschäftsfähiger Pflegling nicht gegen seinen Willen freiheitsentziehend untergebracht werden durfte.[44]

---

42 Unter diesem Gesichtspunkt war übrigens auch heftig umstritten, ob die bloße Belästigung Dritter, die zu einer feindseligen Einstellung gegenüber dem Mündel oder Pflegling führen konnte, als Unterbringungsgrund genügte; für eine solche weite Interpretation: *BayObLG*, FamRZ 1982, 199; FamRZ 1960, 411, 412; vgl. auch *Bienwald*, Vormundschafts- und Pflegschaftsrecht in der sozialen Arbeit, 2.Aufl.1987, S.157; dagegen mit Recht: *MünchKomm-Schwab* (Fn.32), § 1800 Rdnr.42; *Bauer/Berger*, in: Kisker et al.(Hrsg.), Psychiatrie der Gegenwart, Bd.2, 3. Aufl. 1986, S.72; *Saage/Göppinger* (Fn.4), Teil II, Rdnr.14. Eine ausführliche Darstellung des Streitstandes findet sich bei *Less* (Fn.38), S.46 ff.

43 *BVerfGE* 58, 208, 226 ff.; *Schmidt-Bleibtreu/Klein*, GG, 7. Aufl. 1990, Art. 104 Rdnr.7 f.; insbesondere auch *Baumann* (Fn.4), S.24 f., der als erster den Begriff "Freiheit zur Krankheit" prägte; und *Pardey*, RsDE 15/1991, 30, 36 ("Freiheit zur Unvernunft"); *Gastiger* (Fn.33), S.54 f.; *Marschner*, R & P 2/1986, 51.

44 *BGHZ* 48, 147, 157 ff.; *BVerfGE* 74, 236, 238, 243; *BayObLG*, Rpfleger 1979, 422; *KG*, NJW-RR 1988, 1031, 1032; *LG Mannheim*, Justiz 1974, 380, 381; *Palandt-Diederichsen*, BGB, 52. Aufl. 1993, § 1800 Rdnr.7; *v.Eicken/Ernst/Zenz* (Fn.16), S.24; *Jochum/Pohl* (Fn.39), Rdnr.173; *Gastiger* (Fn.33), S.54, 83, 85; *Soergel-Damrau* (Fn.36), § 1910 Rdnr.15, 17 m.w.N. In Kap.2, II 1 e cc wird im Zusammenhang mit der Frage nach der Bedeutung der Geschäftsunfähigkeit des Betroffenen noch näher auf die vorzitierte Entscheidung des *BGH* einzugehen sein.

Das Verfahren für die Genehmigung einer zivilrechtlichen Unterbringung war in den §§ 64a bis 64h FGG a.F. geregelt; darin niedergelegt waren u.a. auch die Voraussetzungen für eine vorläufige Unterbringung durch einstweilige Anordnung (§§ 64f, 64g FGG a.F.).[45]

Auf die wichtige Frage, welches Handlungspotential dem Vormund oder Gebrechlichkeitspfleger zur Verfügung stand, um den Betroffenen gleichfalls gegen seinen Widerstand unterzubringen, gab das Gesetz aber nur unzureichend Auskunft. So stand lediglich fest, daß allein die vormundschaftsgerichtliche Gestattung der Unterbringung nicht ohne weiteres zu Maßnahmen zur Vollziehung der Unterbringung bzw. zur Zuführung der Unterbringung berechtigte. Im übrigen war - ungeachtet der sonstigen Meinungsvielfalt im Schrifttum - unklar, ob Zwangsmaßnahmen nur mit Hilfe des Gerichtsvollziehers nach § 33 Abs.2 FGG durchzusetzen waren oder ob gar das Vormundschaftsgericht unmittelbar selbst die Polizei um Amtshilfe zur Unterstützung des Personensorgeberechtigten ersuchen konnte.[46]

Was den Vollzug der zivilrechtlichen Unterbringung oder, mit anderen Worten, die Maßnahmen während der Unterbringung[47] anbelangte, gab es - außer in Berlin - überhaupt keine gesetzliche Normierung.[48] Die fehlende Kodifizierung des Vollzugs hatte nach überwiegender Ansicht zur Konsequenz, daß insbesondere hinsichtlich der Frage der Zwangsbehandlung[49] eines durch seinen Personensorgebe-

---

45 Zu den Einzelheiten vgl. *MünchKomm-Schwab* (Fn.32), § 1800 Rdnr.33 ff.; *Soergel-Damrau* (Fn.36), § 1800 Rdnr.15 ff. In den neuen Bundesländern galten indes schon seit dem 3.10.1990 die §§ 70 ff. FGG n.F., siehe bereits Fn.31.

46 Zu dem gesamten Problemkreis ausführlich *Helle*, FamRZ 1984, 639 ff. m.z.w.N., der zwar den letzteren Weg als den praktischeren vorzieht, aber gleichzeitig einräumt, daß er rechtlich auf sehr unsicherem Boden stehe; vgl. zudem *Herde*, DAVorm 1985, 532 ff.; *Bassenge/Herbst*, FGG/RpflG, 5. Aufl. 1990, § 64h FGG Bem.4.

47 Der Verfasser folgt hier der Terminologie von *Jürgens/Kröger/Marschner/Winterstein* (Fn.23), Rdnr.572, 580, die zw. den Maßnahmen zur Vollziehung der Unterbringung sowie denen während der Unterbringung differenzieren und nur im letzten Fall den Begriff "Vollzug" gebrauchen; so auch *Fischer/Mann*, NJW 1992, 1542; anders dagegen etwa *Helle* FamRZ 1984, 639 ff.; und *Herde* DAVorm 1985, 532 ff.

48 Lediglich das BlnPsychKG (Fn.30) bezog den Vollzug der zivilrechtlichen Unterbringung in seinen Anwendungsbereich mit ein (§§ 45a, 1 Abs.1 Nr.2b a.F.), siehe dazu *Marschner*, R & P 2/1986, 49; *v.Eicken/Ernst/Zenz* (Fn.16), S.33; kritisch *Helle*, JR 1986, 181 ff.

49 In diesen Zusammenhang gehört auch, daß allein aus der Tatsache der Unterbringung jedenfalls nicht die Zulässigkeit einer ärztlichen Heilbehandlung für die Dauer der Unterbringung abgeleitet werden konnte, vgl. *BayObLG*, MedR 1990, 273, 275; *Bienwald*

rechtigten untergebrachten Betroffenen die Rechtsgrundsätze zur Anwendung gelangten, die allgemein für die ärztliche Behandlung eines Patienten gegen dessen Willen herangezogen werden.[50]

Aus diesen Erwägungen sowie dem Umstand, daß der Vormund oder Gebrechlichkeitspfleger trotz der Beteiligung des Vormundschaftsgerichts grundsätzlich Herr des Verfahrens blieb, wurde deshalb auch gefolgert, daß die Rechtsbeziehungen zwischen dem Untergebrachten und dem Träger der Einrichtung zivilrechtlich zu qualifizieren waren.[51]

b) Die öffentlichrechtliche Unterbringung

Auch wenn die Terminologie der materiellen Unterbringungsvoraussetzungen in den einzelnen (alten) Bundesländern schon von jeher voneinander abweicht,[52] ergab sich jedoch in der Rechtsprechung der Obergerichte eine einheitliche Interpretation. Untergebracht werden konnten demnach Personen, die an einer psychischen Erkrankung oder gleichstehenden Befindlichkeit litten. Verlangt wurde ferner (mit ebenfalls nicht ganz einheitlicher Terminologie) eine erhebliche gegenwärtige Gefahr für Rechtsgüter anderer oder eine schwerwiegende Selbstgefährdung.[53] In den

---

(Fn.25), Teil 6, § 1846 BGB Rdnr.6; *Kohte*, AcP 185 (1985), 151; a.A. *Bauer/Berger* (Fn.42), S.73.

50 Vgl. etwa nur *Fischer/Mann*, NJW 1992, 1542; *Marschner*, R & P 1/1985, 5; und *BayObLG*, MedR 1990, 273, 275 m. Problemstellung *Kern*, a.a.O., S.273; a.A. *OLG München*, R & P 4/1987, 112, 113 (Art. 21 BayUnterbrG a.F. analog). Mit Recht wies *Soergel-Damrau* (Fn.36), § 1910 Rdnr.10, im Anschluß an *Göppinger*, FamRZ 1980, 862, im übrigen darauf hin, daß weder die Pflegschaft zur Aufenthaltsbestimmung noch die vormundschaftsgerichtliche Genehmigung zur Unterbringung des Pflegebefohlenen die Befugnis für den Pfleger einschloß, in eine ärztliche (Zwangs-)Behandlung des untergebrachten Pfleglings einzuwilligen; dazu wäre vielmehr eine Behandlungspflegschaft vonnöten gewesen; siehe auch *v.Eicken/Ernst/Zenz* (Fn.16), S.33 ff.; *MünchKomm-Goerke* (Fn.32), § 1910 Rdnr.54; ferner *Baumann*, NJW 1980, 1877; sowie *Parensen* (Fn.36), S.108, 123.

51 Dem stand auch nicht die Entscheidung des *BVerfG* vom 10.2.1960 (Fn.19) entgegen, so jedenfalls *Fischer/Mann*, NJW 1992, 1541 f. m.w.N.; *Helle*, MedR 1989, 9; *Holzhauer*, ZRP 1989, 452 f.; vgl. zudem *BGH*, VersR 1984, 1171; a.A. noch *BGH*, NJW 1970, 811, 812, und in neuerer Zeit *OVG Lüneburg*, NVwZ 1989, 880. Weiterführend zur Rechtsnatur bei einem freiwilligen Aufenthalt: *VGH Mannheim*, NJW 1991, 2985 f.; und *Fischer/Mann*, NJW 1992, 1540 f. m.w.N.

52 Vgl. etwa: § 10 Abs.1 HmbPsychKG v. 22.9.1977 (GVBl. S.261); § 12 Abs.1 Nds.PsychKG v. 30.5.1978 (GVBl. S.443); § 1 Abs.1 SaarlUBG a.F. v. 10.12.1969 (Amtsbl. 1970 S.22); sowie auch *Schmidt/Böcker*, Betreuungsrecht, 2. Aufl. 1993, Rdnr.265 ff.; und BT-Drucks. 11/4528, S.39, 80.

53 Exemplarisch: *OLG Celle*, R & P 3/1987, 115, 116; *BayObLG*, R & P 3/1986, 115, 116. Insgesamt dazu ausführlich m.w.N.: *Less* (Fn.39), S.68 ff.; *Bernardi*, SozInf 2/1991, 28;

neuen Bundesländern fanden sich die materiellrechtlichen Unterbringungsvoraussetzungen in den - als Landesrecht weitere Gültigkeit beanspruchenden - §§ 6 Abs.1, 11 Abs.1 i.V.m. § 1 DDR-EinwG,[54] wobei im Rahmen der Auslegung dieser Vorschriften - unter Geltung des Grundgesetzes - auch die Rechtsprechung des *BVerfG* zur Verhältnismäßigkeit von Eingriffen in Freiheitsrechte zu beachten war.[55] Im übrigen kam die in § 11 Abs.1 DDR-EinwG enthaltene Einschränkung, wonach eine befristete ärztliche Einweisung von weniger als sechs Wochen keiner richterlichen Anordnung bedurfte, im Hinblick auf Art. 104 Abs.2 GG nicht mehr in Betracht.[56]

Für das gerichtliche Verfahren der öffentlichrechtlichen Unterbringung verwiesen die Länder in der Regel allgemein auf die Vorschriften des FGG, soweit nicht länderspezifische Sonderregelungen zur Anwendung gelangten.[57] So richtete sich etwa die Durchsetzung der richterlich angeordneten Unterbringung nach den Landesgesetzen.[58] Außerdem fanden sich in allen Unterbringungsgesetzen zugleich Bestimmungen für eine einstweilige bzw. vorläufige Unterbringung,[59] von der jedoch

---

Marschner (Fn.4), S.91 ff.; *Wiebe* (Fn.4), S.117 f.; sowie *Bottke*, R & P 1993, 179 f. (speziell zur Suizidprävention). Zu einer vergleichenden Betrachtung nach dem Stand von 1980 näherhin: *Göppinger*, FamRZ 1980, 856 ff.

54 Zu weiteren Einzelheiten: *Reichel*, FamRZ 1990, 1320; siehe zudem oben, Fn.29.

55 *Marschner*, R & P 1991, 89; *Reichel*, FamRZ 1990, 1320; sowie oben, Fn.43.

56 Näher hierzu: BT-Drucks. 11/7817, S.64; *Bergmann*, NJ 1991, 213.

57 Beispielhaft: § 3 Bad.-Württ.UBG a.F. v. 11.4.1983 (GBl. S.133); § 19 BremPsychKG a.F. v. 9.4.1979 (GBl. S.123); vgl. auch *Damrau/Zimmermann* (Fn.31), § 70 FGG Rdnr.4. Zum seinerzeitigen Verfahrensstandard im Landesunterbringungsrecht im einzelnen: *Marschner*, R & P 2/1986, 48 f; *Herde*, DAVorm 1985, 526. In den neuen Bundesländern kamen dagegen schon seit dem 3.10.1990 die §§ 70 ff. FGG n.F. zur Anwendung, siehe bereits oben, Fn.31.

58 Vgl. etwa: § 16 Abs.2 RhPfUntGes a.F. v. 19.2.1959 (GVBl. S.91); § 25 Abs.1 Schl.-H.PsychKG v. 26.3.1979 (GVOBl. S.251). In den neuen Bundesländern galt indes § 18 DDR-EinwG (Fn.25) - trotz vorgezogener Geltung der §§ 70 ff. FGG n.F. - fort, vgl. hierzu *Reichel*, FamRZ 1990, S.1320; *Bergmann*, NJ 1991, 213. Zur Unterscheidung Anordnung/Genehmigung siehe *Gastiger* (Fn.33), S.52; *AG Frankfurt/M.*, FamRZ 1988, 1209, 1211.

59 Vgl. etwa: § 12 Bad.-Württ.UBG a.F. (Fn.57); § 9 HessFEG a.F. v. 19.5.1952 (GVBl. S.111); § 21 RhPfUntGes a.F. (Fn.58); siehe im einzelnen auch *Bauer/Berger* (Fn.42), S.57 f.; *Gastiger* (Fn.33), S.54, 58.

die rechtliche Möglichkeit einer (behördlichen) sofortigen Unterbringung[60] zu unterscheiden war.

Weiterhin enthielten sämtliche Unterbringungsgesetze und Psychisch-Kranken-Gesetze der Länder - nicht zuletzt auch, nachdem der Lehre vom besonderen Gewaltverhältnis durch die Entscheidung des *BVerfG* vom 14.3.1972[61] eine deutliche Absage erteilt worden war - mehr oder weniger ausführliche Regelungen über den Vollzug der Unterbringung, vornehmlich über die Zulässigkeit und Grenzen einer ärztlichen Zwangsbehandlung.[62] In einzelnen Gesetzen war bisweilen sogar ein Anspruch des Betroffenen auf Behandlung normiert.[63]

Sofern der Betroffene aufgrund eines Landesgesetzes untergebracht wurde, qualifizierte das auf hoheitlichem Zwang beruhende und durch öffentlichrechtliche Normen ausgestaltete Rechtsverhältnis zwischen dem Einrichtungsträger und dem Untergebrachten den Charakter dieser Rechtsbeziehungen als öffentlichrechtlich.[64]

---

60 Diesbezüglich existiert jedoch keine einheitliche Terminologie, siehe z.B.: § 14 BremPsychKG a.F. (Fn.57); § 16 Nds.PsychKG (Fn.52); § 24 Schl.-H.PsychKG a.F. (Fn.58); vgl. des weiteren *Bauer/Berger* (Fn.42), S.56 f.; *Gastiger* (Fn.33), S.57.

61 *BVerfGE* 33, 1, 10 f.; vgl. auch *OLG Stuttgart*, NJW 1981, 638.

62 Teilweise jedoch unterschiedliche Voraussetzungen: So war etwa in Baden-Württemberg und Niedersachsen eine Behandlungsduldungspflicht festgeschrieben (§ 18 Abs.2 Bad.-Württ.UBG a.F. (Fn.57); § 26 Abs.2 Nds.PsychKG (Fn.52)), wohingegen in Bayern und Berlin eine zwangsweise Behandlung auf unaufschiebbare Maßnahmen beschränkt blieb (§ 30 Abs.2 BlnPsychKG (Fn.30); Art.21 Abs.2 BayUnterbrG a.F. v. 20.4.1982 (GVBl. S.202)); näher hierzu: *Marschner*, R & P 1/1988, 19 ff.; *v.Eicken/Ernst/Zenz* (Fn.16), S.31 ff; *Bernardi*, SozInf 2/1991, 29; *Wiebe* (Fn.4), S.119. Allein in den neuen Bundesländern war eine Zwangsbehandlung überhaupt unzulässig, da im DDR-EinwG jegliche Vollzugsvorschriften fehlten, siehe *Marschner*, R & P 1991, 89 f. Zur Frage des einer Zwangsbehandlung im Rahmen einer solchen Unterbringung ausgesetzten Personenkreises vgl. ausführlich *Helle*, MedR 1993, 136 ff. m.w.N., der sich insbesondere mit den Thesen von *Ukena*, MedR 1992, 202 ff., kritisch auseinandersetzt.

63 § 18 Abs.1 Bad.-Württ.UBG a.F. (Fn.57); Art.21 Abs.1 BayUnterbrG a.F. (Fn.62); § 30 Abs.1 BlnPsychKG (Fn.30).

64 So z.B. *BVerwG*, NJW 1989, 2960, 2961; *BGH*, NJW 1985, 677, 678; *OLG Koblenz*, NJW-RR 1991, 876; *Helle*, MedR 1993, 135; *Fischer/Mann*, NJW 1992, 1540.

c) Das Verhältnis beider Unterbringungsformen zueinander

In den nicht seltenen Fällen der materiellen Überschneidung beider Unterbringungstatbestände[65] - vor allem bedingt durch eine zunehmend fürsorgerechtlichere Sichtweise der Landesgesetze - galt die Regel, daß der zivilrechtlichen Unterbringung grundsätzlich der Vorrang gebührte.[66]

Begründet wurde dies zum einen aus dem allgemeinen Grundsatz der Subsidiarität ordnungspolizeilicher Gefahrenabwehrmaßnahmen gegenüber anderen Möglichkeiten der Gefahrenbeseitigung.[67] Außerdem enthielten die meisten Landesgesetze eine ausdrückliche Bestimmung des Inhalts, daß die Unterbringung als staatliche Gefahrenabwehrmaßnahme nur dann angeordnet werden durfte, wenn keine andere Möglichkeit vorhanden war, die von dem Betroffenen ausgehende Gefährdung abzuwenden.[68] Des weiteren kam das Prinzip des vorrangigen Bestimmungsrechts des für den Betroffenen Personensorgeberechtigten zum Tragen.[69] Im einzelnen bedeutete dies, daß für eine landesrechtliche Unterbringung grundsätzlich dann kein Raum blieb, wenn bereits Vormund oder Gebrechlichkeitspfleger eine Einweisung veranlaßt hatten bzw. erwirken konnten.[70] Gleiches galt selbst bei einer nur einstweiligen Unterbringung nach § 1846 BGB a.F.[71] Aber auch vorsorglich, d.h., falls der Personensorgeberechtigte sich gegen eine Unterbringung stellte oder eine Maß-

---

65 *Holzhauer* (Fn.6), B 100; *Schulte*, in: Hellmann (Hrsg.), Beiträge zur Reform des Vormundschafts- und Pflegschaftsrechts für Menschen mit geistiger Behinderung, 1986, S.111; BT-Drucks. 11/4528, S.80. Für ein nur gelegentlich auftretendes Konkurrenzverhältnis dagegen *Mende*, Gutachten zu einer Reform des Entmündigungs-, des Vormundschafts- und des Pflegschaftsrechts, 1985, S.26.

66 Siehe *BVerfGE* 58, 208, 228, in der die öffentlichrechtliche Unterbringung als "subsidiärer Rechtsbehelf" bezeichnet wird. Vgl. auch *BayObLG*, MedR 1990, 273, 274; *Soergel-Damrau* (Fn.36), § 1800 Rdnr.14; *Bienwald* (Fn.25), Teil 1, § 1906 BGB Rdnr.2; *Baumann* (Fn.4), S.176 f.; *Gernhuber* (Fn.21), § 7 II 1; a.A. in neuerer Zeit, soweit ersichtlich, noch: *Mrozynski*, R & P 2/1984, 90; *Marschner*, R & P 2/1986, 50 f.

67 *Parensen* (Fn.36), S.131; *Baumann* (Fn.4), S.175 m.w.N.

68 Vgl. z.B.: § 8 Abs.1 BlnPsychKG (Fn.30); § 10 Abs.1 HmbPsychKG (Fn.52); § 1 Abs.1 RhPfUntGes (Fn.58).

69 Ausdrücklich geregelt u.a. in: § 1 Abs.3 Bad.-Württ.UBG a.F. (Fn.57); § 10 Abs.2 BremPsychKG a.F. (Fn.57); § 10 Abs.2 Nds. PsychKG a.F. (Fn.52). Siehe des weiteren auch *Bernardi*, SozInf 2/1991, 28 f.; *Saage/Göppinger* (Fn.4), Teil III, Rdnr.190, 202 ff.; *Baumann* (Fn.4), S.214.

70 *Neumann*, NJW 1982, 2590; *Bergener et al.*, Psychiat. Prax. 13 (1986), 108.

71 *Soergel-Damrau* (Fn.36), § 1800 Rdnr.14; *OVG Münster*, *OVGE* 8, 239, 240; a.A. *Baumann* (Fn.4), S.179.

nahme gemäß § 1846 BGB a.F. aufzuheben gedachte, war die öffentlichrechtliche Unterbringung nicht zulässig.[72]

Im übrigen stand die landesrechtlich veranlaßte Unterbringung - für den Fall, daß ein Vormund oder Gebrechlichkeitspfleger noch nicht vorhanden war - zumindest nach ihrem Fristablauf unter dem Vorbehalt einer späteren Einleitung der personenrechtlichen Unterbringung.[73]

d) Praxistrend in Richtung zivilrechtliche Unterbringung

Im Rahmen der Vorbereitung des BtG wurde von der Bundesregierung statistisches Material zu den Unterbringungszahlen unter Berücksichtigung beider Rechtsgrundlagen bekanntgegeben. Daraus ergab sich zwischen den Jahren 1977 und 1987 - ungeachtet der schon beschriebenen Konkurrenzregelung zugunsten der zivilrechtlichen Unterbringung - eine starke Verschiebung von der öffentlichrechtlichen zur zivilrechtlichen Unterbringung.[74]

Neben der Tatsache, daß früher nicht gemeldete Freiheitsentziehungen im Bereich der Alten- und Behindertenheime erst in jüngster Zeit verstärkt den Gerichten bekannt wurden,[75] erklärte man den Anstieg der zivilrechtlichen Unterbringungszahlen vor allem mit der Novellierung der meisten Unterbringungsgesetze in dem

---

72 So m.w.N. *Soergel-Damrau* (Fn.36), § 1800 Rdnr.14. Dagegen vertrat insbesondere *Parensen* (Fn.36), S.132, die Ansicht, daß eine landesrechtliche Unterbringung nachfolgen konnte, wenn eine "Restgefahr" bestehen blieb; siehe dazu auch *Baumann* (Fn.4), S.181 f.; *LG Bonn*, NJW 1967, 1810.

73 *Bergener et al.*, Psychiat. Prax. 13 (1986), 108; vgl. zudem *Parensen* (Fn.36), S.132 f.

74 BT-Drucks. 11/4528, S.43: öffentlichrechtliche Unterbringungszahlen (1977: 37 127; 1987: 35 314); zivilrechtliche Unterbringungszahlen (1977: 22 513; 1987: 33 008). Weitere rechtstatsächliche Nachweise, insbesondere auch zu den unterschiedlichen Zwangseinweisungsraten der nach Landesrecht Untergebrachten, finden sich bei: *Marschner* (Fn.4), S.93; *Schumacher/Jürgens/Mahnkopf* (Hrsg.), 1. VGT, 1989, AG 3, S.71 ff.; *Lorenzen* (Fn.8), S.137 ff.; BT-Drucks. 7/4200, Kap.D., S.369; ausschließlich zur Situation in Bad.-Württ. aufgrund § 13 UBG a.F. (Fn.57): *Juchart*, NJW 1987, 3166. Siehe außerdem *Oberloskamp/Schmidt-Koddenberg/Zieris*, Hauptamtliche Betreuer und Sachverständige, 1992, S.64 ff., zur Häufigkeitsverteilung beider Unterbringungsarten in einem ausgewählten Amtsgerichtsbezirk.

75 *Jürgens/Kröger/Marschner/Winterstein* (Fn.23), Rdnr.487. Zum vormals - gerade in der Praxis der Heime - häufig noch fehlenden Problembewußtsein von der Notwendigkeit der rechtlichen Legitimation im Fall von freiheitsentziehenden Maßnahmen: *VGT e.V.* (Hrsg.), 2. VGT, 1991, AG 4, S.73; *Coeppicus*, FamRZ 1992, 752; *Schumacher/Jürgens/Mahnkopf* (Fn.74), AG 1 A, S.44; *Rink/Bauer*, FamRZ 1988, 1236; *Zenz/v.Eicken/Ernst/Hofmann*, Vormundschaft und Pflegschaft für Volljährige, 1987, S.16.

vorgenannten Zeitraum und der damit verbundenen Einführung strengerer Verfahrensgarantien, die partiell - etwa bei der Frage der Rechtsbeistandschaft - über die Regelung der §§ 64a ff. FGG a.F. hinausgingen.[76]

Darüber hinaus erlaubte eine vornehmlich in Bayern weitverbreitete Praxis es den Vormundschaftsgerichten, sich bei der zivilrechtlichen Unterbringung von psychisch Kranken nicht auf die Genehmigung einer Unterbringung durch den Personensorgeberechtigten zu beschränken, sondern im Wege einer einstweiligen Maßregel gemäß § 1846 BGB a.F. (i.V.m. §§ 1631b, 1800, 1897 Satz 1 (a.F.), 1915 Abs.1 BGB) die Unterbringung selbst zu veranlassen, noch bevor ein Vormund oder Gebrechlichkeitspfleger bestellt, ja sogar noch ehe eine Pflegschaft überhaupt angeordnet war, mit der Folge, daß durch diese sog. "Notaufnahme" der Anwendungsbereich des bayerischen Landesunterbringungsgesetzes immer stärker reduziert wurde.[77]

Ferner wurde in Teilen von Nordrhein-Westfalen die Rechtsgrundlage der Unterbringung frühestmöglich vom PsychKG auf das Vormundschaftsrecht umgestellt,[78] und zwar vor allem in der Absicht, dem in der Gesellschaft durchaus noch gängigen Vorurteil in bezug auf den einer öffentlichrechtlichen Unterbringung anhaftenden Makel der "Gemeingefährlichkeit" des Betroffenen zu begegnen.[79]

---

76 BT-Drucks. 11/4528, S.43; vgl. z.B. §§ 17, 25 Abs.2 BlnPsychKG a.F. (Fn.30).

77 So zuletzt *BayObLG*, MedR 1990, 273 ff.; *BayObLGZ* 1987, 7, 8; für eine extensive Anwendung auch *Wiebe* (Fn.4), S.124 f. Im übrigen siehe dazu: *Rink*, FamRZ 1993, 512; *ders.*, FuR 1990, 259; *Marschner* (Fn.4), S.97 f.; BT-Drucks. 11/4528, S.80, 160.

78 *Bergener et al.*, Psychiat. Prax. 13 (1986), 109 f.; *Wiebe* (Fn.4), S.124.

79 *Wiebe* (Fn.4), S.123, 129; *Schulte*, in: Hellmann (Fn.65), S.118; vgl. auch BT-Drucks. 11/4528, S.211. Siehe außerdem: *Less* (Fn.39), S.241; *Zenz/v.Eicken/Ernst/Hofmann* (Fn.75), S.16; *Riedel/Seidl et al.*, MMW 134 (1992), 35.

II. Kritik am bisher geltenden Unterbringungsrecht

1. Zu weiter Beurteilungsspielraum bei der zivilrechtlichen Unterbringung

Erhebliche Kritik an den Regelungen der zivilrechtlichen Unterbringung hatte sich in erster Linie darin begründet, daß die materiellen Unterbringungsvoraussetzungen nur vage und auch nur indirekt durch die Erwähnung des "Wohls" in § 1631b Satz 3 BGB (i.V.m. §§ 1800, 1897 Satz 1 (a.F.), 1915 Abs.1 BGB) beschrieben waren. So führte insbesondere das *AG Frankfurt/M.* in seiner Beschlußvorlage nach Art. 100 Abs.1 Satz 1 GG an das *BVerfG* unter dem 30.5.1985[80] aus, daß das Aufenthaltsbestimmungsrecht des Pflegers (oder Vormunds) keine ausreichende Konkretisierung der besonderen Gründe für eine Freiheitsentziehung im Sinne der Art. 2 Abs.2, 104 Abs.2 GG darstelle. Daß die durch die vorgenannten Vorschriften vermittelte Bezugnahme auf das Kindeswohl für die Unterbringung Volljähriger verfehlt sei, verstehe sich zudem angesichts der völlig unterschiedlichen Lebenssachverhalte sowie der fehlenden Erziehungsaufgabe vor allem für ältere Menschen von selbst.[81] Um verfassungsrechtlichen Ansprüchen zu genügen, müßten daher wenigstens die Voraussetzungen einer freiheitsentziehenden Unterbringung von volljährigen Betroffenen in berechenbarer, meßbarer und kontrollierbarer Weise im Gesetz niedergelegt sein.[82]
Der Beschluß des *BVerfG* vom 24.2.1987[83] brachte jedoch keine inhaltliche Entscheidung, weil die dem Verfahren zugrundeliegende Vorlage des *AG Frankfurt/M.* schon aus formellen Gründen für nicht zulässig erachtet wurde.[84]

Im Gefolge der nicht sachgerechten Verweisung auf das Wohl des Kindes wurde zuweilen als diskriminierend empfunden, daß auch das Jugendamt vor einer

---

80 *AG Frankfurt/M.*, R & P 3/1986, 116, 117 f.

81 Noch deutlicher: *AG Frankfurt/M.*, FamRZ 1988, 1209 f.; *Rink/Bauer*, FamRZ 1988, 1234.

82 *AG Frankfurt/M.*, R & P 3/1986, 116, 117; *BVerfGE* 29, 183, 196; siehe zuletzt auch *AG Bremerhaven*, RsDE 6/1989, 105, 107 ff.; und im übrigen *Gastiger* (Fn.33), S.53.

83 *BVerfGE* 74, 236 f.

84 Gleichwohl nahm der Reformgesetzgeber die in der zitierten Vorlage des *AG Frankfurt/M.* kulminierte verfassungsrechtliche Kritik mit zum Anlaß, die materiellen Unterbringungsgründe näher festzulegen, vgl. dazu BT-Drucks. 11/4528, S.50, 81; sowie *Holzhauer*, FuR 1992, 249 f.; *Schumacher/Jürgens*, R & P 2/1988, 10; *Wolf*, ZRP 1988, 317.

Entscheidung des Vormundschaftsgerichts über die freiheitsentziehende Unterbringung eines erwachsenen Menschen anzuhören war.[85]

2. Unklarheit bei der rechtlichen Handhabung von sog. "fürsorglichen" Zwangsmaßnahmen

Grund zur kritischen Betrachtung vermittelte weiterhin der Umstand, daß im bisherigen Recht für die erst in jüngerer Zeit in das Blickfeld der juristischen Auseinandersetzung gerückten Maßnahmen wie Fixierungen, Eingitterungen und Sedierungen - mit Blick auf den aus Art. 20 Abs.3 GG abgeleiteten Grundsatz, daß wichtige Grundrechtseingriffe gesetzlich zu regeln sind - eine klare gesetzliche Legitimationsbasis fehlte.[86] Nicht zu Unrecht sind *v.Eicken/Ernst/Zenz*[87] in ihrer vom Bundesjustizministerium herausgegebenen rechtstatsächlichen Studie deshalb zu der Erkenntnis gelangt, daß das Recht hier seine Orientierungsfunktion ebenso wie seine Durchsetzungsfähigkeit weithin verloren habe, wenn solche Praktiken, die in ganz erheblicher Weise in Rechte der Betroffenen eingreifen können, prävalent als ärztliche Routineaufgaben oder als Angelegenheiten behandelt werden, die durch Hausordnungen oder Pflegenotwendigkeiten ihre Rechtfertigung erhalten.[88] Dieser

---

85 Dies folgte seit dem 1.1.1991 in den sog. Alt-Bundesländern grds. aus §§ 1631b, 1800, 1897 Satz 1 (a.F.), 1915 Abs.1 BGB und § 49 Abs.1 Nr.1d FGG i.d.F. des KJHG (Art.7) v. 26.6.1990 (BGBl. I S.1163, 1190); davor bestand eine Mitwirkungspflicht aus § 54a i.V.m. § 48 JWG, vgl. dazu auch *Deinert*, Handbuch der Betreuungsbehörde, 1993, S.4. Zur vorgezogenen Geltung des KJHG (ab 3.10.1990) in den neuen Bundesländern: *Coester*, FamRZ 1991, 263; *Reichel*, FamRZ 1990, 1319. Siehe im übrigen BT-Drucks. 11/4528, S.101; *Dodegge*, NJW 1992, 1936; *Prinz v.Sachsen Gessaphe*, FamRZ 1991, 1151.

86 *Klüsener/Rausch*, NJW 1993, 623; *Klie*, RsDE 6/1989, 74; BT-Drucks. 11/4528, S.50, 82. Allein das BlnPsychKG (Fn.30) sah in § 29a Abs.2 Nr.4 (i.V.m. §§ 45a, 1 Abs.1 Nr.2b a.F.) eine gesetzliche Regelung der Voraussetzungen für Fixierungen auch bei der zivilrechtlichen Unterbringung vor, vgl. bereits Fn.48. Im übrigen existierten nur in staatlich verwalteten Einrichtungen mitunter sog. "Fixierungsrichtlinien", so z.B. die "Dienstanweisung für die Fixierung von Patienten in den psychiatrischen Krankenhäusern und psychiatrischen Kliniken des LWV Hessen" in der Neufassung des Beschlusses des Verwaltungsausschusses v. 4.12.1981, abgedruckt bei *v.Eicken/Ernst/Zenz* (Fn.16), S.115 ff.

87 *v.Eicken/Ernst/Zenz* (Fn.16), S.89 ff. (sog. "Realitätsverlust" des Rechts); ähnlich *Bienwald*, in: Hellmann (Fn.65), S.80. Auf die hierdurch auch bedingte unterschiedliche Beurteilung der Gerichte - vornehmlich die Kontroverse *AG Recklinghausen*, FamRZ 1988, 653 ff./*AG Frankfurt/M.*, FamRZ 1988, 1209 ff. - wird an anderer Stelle (Kap.2, II 1 b bb) noch näher einzugehen sein.

88 In Wahrheit wurde damit oft genug nur die qualitativ und quantitativ unzureichende Ausstattung der Einrichtungen im Hinblick auf die Bewältigung ihrer Aufgaben verschleiert, dazu und zu weiteren handlungsleitenden Faktoren dieser Entwicklung näherhin *v.Eicken/Ernst/Zenz* (Fn.16), S.51 f., 54 ff., 57, 61 f., 85 ff.; *Rink/Bauer*, FamRZ 1988,

Mangel wurde besonders hervorgehoben im Zusammenhang mit der Situation älterer Menschen in Altenheimen und ähnlichen Einrichtungen, denn gerade für jene sei - angesichts einer beträchtlichen Zunahme des Anteils der umfassend Pflegebedürftigen und solcher mit gerontopsychiatrischen Störungen - der Aufenthalt immer wieder mit derartigen "wohlmeinenden" oder "fürsorglichen" Zwangsmaßnahmen verbunden.[89]

3. Umgehungstendenzen infolge der Zweigleisigkeit von zivilrechtlicher und öffentlichrechtlicher Unterbringung

Das Nebeneinander von zivilrechtlicher Unterbringung nach Bundesrecht und öffentlichrechtlicher Unterbringung nach Landesrecht wurde schon seit längerem moniert und in den Forderungen nach Abschaffung der einen oder anderen Unterbringungsform zum Ausdruck gebracht.[90] Ausgangspunkt dieser Kritik war, daß der durch die breite Überschneidungszone geschaffene Spielraum die Gefahr in sich berge, die Entscheidung zwischen den beiden Unterbringungsmodi nicht ausschließlich nach Sachgesichtspunkten zu treffen, sondern auch danach, welcher Verfahrensweg den geringsten Widerstand erwarten ließ.[91]

Anstoß genommen wurde teilweise in diesem Kontext außerdem an der ständigen Rechtsprechung namentlich der bayerischen Gerichte, die den Vormundschaftsgerichten gestattete, selbst Unterbringungsmaßregeln nach § 1846 BGB a.F. (i.V.m. §§ 1631b, 1800, 1897 Satz 1 (a.F.), 1915 Abs.1 BGB) zu treffen, ohne

---

1234; *Gastiger* (Fn.33), S.50; *Klie*, RsDE 6/1989, 68; *VGT e.V.* (Fn.75), AG 4, S.72 f.; *BMJ* (Hrsg.), Leitfaden, 1992, S.69; sowie schon oben, Fn.75.

89 Auch angesichts des Umstandes, daß die Trägerschaft für diese Institutionen vielfach bei Verbänden der Freien Wohlfahrtspflege sowie bei privaten Unternehmern liegt, vgl. *Klie*, Heimaufsicht, 1988, S.35; und *v.Eicken/Ernst/Zenz* (Fn.16), S.15 (zugleich näher zur Bezeichnung "fürsorglicher Zwang"). Nachweise zur rechtstatsächlichen Ausgangslage - verbunden mit einer demographischen Prognose für diesen in weiterem Steigen begriffenen Personenkreis - liefern u.a.: *BMJ* (Fn.88), S.69; *Hofmann*, BtPrax 1993, 153 ff.; *Wojnar*, BtPrax 1992, 18 f.; *Klie*, RsDE 6/1989, 67 f.; *Bruder*, Gutachten C zum 57. DJT, 1988, C 6 ff. m.w.N.; *Zenz/v.Eicken/Ernst/Hofmann* (Fn.75), S.39. Vgl. dazu auch *A. Wermelskirchen*, Auch die Gesellschaft wird nicht jünger, in: *FAZ* v. 9.3.1993.

90 Dazu einerseits insbesondere *Marschner*, R & P 2/1986, 47 ff.; und *Mrozynski*, R & P 2/1984, 90; andererseits *Wiebe* (Fn.4), S.116 ff.; vgl. zudem BT-Drucks. 11/4528, S.80.

91 BT-Drucks. 11/4528, S.50, 54, 80 f.; *Holzhauer* (Fn.6), B 100; *Schulte*, in: Hellmann (Fn.65), S.118. Darüber hinaus vertrat *Rink*, FuR 1990, 259 f., die Auffassung, daß die Gerichte nicht nur das weniger aufwendige Verfahren, sondern auch die einfachere materiellrechtliche Regelung vorzögen; i.d.S. zudem *Marschner*, 1. VGT, 1989, S.79, These 4; *Zenz/v.Eicken/Ernst/Hofmann* (Fn.75), S.52; *Mrozynski*, R & P 2/1984, 88.

den - nach Auffassung der Kritiker - im Grunde streng subsidiären Charakter dieser Vorschrift zu beachten.[92]

4. Zusätzliche Kritikpunkte

Neben der bereits genannten Kritik am bisherigen Rechtszustand hatte es an weiteren Beanstandungen nicht gefehlt, die ihrerseits ebenfalls wichtige Ansatzpunkte im Rahmen der Reformüberlegungen geliefert haben.

So war Gegenstand der Kritik die "gespaltene" Zuständigkeit zwischen Vormundschaftsrichtern (zivilrechtliche Unterbringung) und möglicherweise anderen Richtern des Amtsgerichts (öffentlichrechtliche Unterbringung). Sie führte dazu, daß ein Verfahren, falls die interne Geschäftsverteilung des Gerichts nichts anderes bestimmte, zwingend an den zuständigen Richter abgegeben werden mußte, wenn sich erst im Laufe des Verfahrens herausgestellt hatte, daß die jeweils andere Unterbringungsmaßnahme in Betracht zu ziehen war.[93] Im übrigen konnte infolge der bestehenden Splittung nicht verhindert werden, daß zuweilen die verfahrensrechtlichen Ermittlungen fürs erste zweispurig verliefen, mit der Folge, daß sich doppelte Gutachterkosten sowie wiederholte Anhörungen Betroffener oder anderer Verfahrensbeteiligter nicht immer vermeiden ließen.[94]

Was das gerichtliche Verfahrensrecht, insbesondere die Einholung eines Sachverständigengutachtens im Rahmen einer zivilrechtlichen Unterbringung betraf, wurde auch für kritikwürdig erachtet, daß Anforderungen an die Qualifikation des Gutachters im Gesetz nicht ausdrücklich aufgestellt waren.[95]

---

92 So *Rink*, R & P 1991, 157; *ders.*, FuR 1990, 259 f.; *Schumacher/Jürgens*, R & P 2/1988, 10 f.; BT-Drucks. 11/4528, S.80; vgl. auch bereits oben, sub I 2 d. Insbesondere *Marschner* (Fn.4), S.99 f., hielt die Anwendung des § 1846 BGB a.F. bei der "Krisenintervention" überhaupt für verfehlt, da dieser Bereich in seinem herkömmlichen Sinn Gefahrenabwehr sei. Auskünfte darüber, welche Krankheiten und Behinderungen beiden Unterbringungswegen grds. zugrundeliegen, geben: *Jürgens/Kröger/Marschner/Winterstein* (Fn.23), Rdnr.488; *Oberloskamp/Schmidt-Koddenberg/Zieris* (Fn.74), S.68f., 105f.; *v.Eicken/Ernst/Zenz* (Fn.16), S.50; *Bunse*, Nervenarzt 60 (1989), 235.

93 BT-Drucks. 11/4528, S.56, 92; *Jürgens/Kröger/Marschner/Winterstein* (Fn.23), Rdnr.529.

94 *Herde*, DAVorm 1985, 527.

95 § 64c FGG a.F.; vgl. dazu *Rink/Bauer*, FamRZ 1988, 1232.

Daß man sich bei Maßnahmen zur Vollziehung der personenrechtlichen Unterbringung notfalls des Gerichtsvollziehers bedienen mußte, wurde ferner durchgehend von der Praxis - vornehmlich mit dem Hinweis auf die nach demselben Muster geregelte Zwangsvollstreckung in Sachen - als nicht angemessene Handlungsweise gerügt.[96]

Des weiteren wurde mitunter bemängelt, daß im Bereich der zivilrechtlichen Unterbringung gesetzliche Vollzugsregelungen (oder gesetzliche Verbote) weder für den grundrechtssensiblen Bereich der ärztlichen Behandlung noch für die alltäglichen Eingriffe in die Rechte der Untergebrachten wie Besuchsregelungen, Ausgang usw. vorhanden waren.[97]

Anlaß zur Kritik gab darüber hinaus das bestehende Kostenrecht in Unterbringungssachen. In diesem Zusammenhang wurde vielfach betont, daß besonders die Belastung Betroffener mit Gebühren und gerichtlichen Auslagen, vor allem mit Gutachterkosten sowohl bei einer zivilrechtlichen Unterbringung als auch im Rahmen der Unterbringung nach einigen landesrechtlichen Unterbringungsgesetzen[98] unzumutbar sei und bei dem vorbezeichneten Personenkreis auf Unverständnis stoße.[99]

Die Liste der Kritikpunkte ließe sich anhand weiterer Einzelphänomene, die insbesondere auch im Vorfeld einer freiheitsentziehenden Unterbringung angesiedelt sind, unschwer fortsetzen.[100] Nahezu einhellig wurde deshalb ein Reformbe-

---

96 BT-Drucks. 11/4528, S.50 f.; *Zenz/v.Eicken/Ernst/Hofmann* (Fn.75), S.63.

97 So zuletzt *Marschner* (Fn.4), S.99; *Bernardi*, SozInf 2/1991, 27; *Gastiger* (Fn.33), S.56, 58; *AG Bremerhaven*, RsDE 6/1989, 105, 106 ff.; vgl. im übrigen schon *Baumann*, NJW 1980, 1877 f. In der rechtstatsächlichen Untersuchung von *Zenz/v.Eicken/Ernst/Hofmann* (Fn.75), S.18 f., 50, kam außerdem ans Tageslicht, daß man in der Praxis medizinische Behandlungen vielfach allein vor dem Hintergrund einer errichteten Aufenthaltsbestimmungspflegschaft vornahm, obgleich es hierfür (zusätzlich) einer Behandlungspflegschaft bedurft hätte bzw. es erforderlich gewesen wäre, daß dieser Bereich auch zu dem auf den Pfleger übertragenen Wirkungskreis gehört hätte; ähnlich auch *Diederichsen*, FS für Max Keller, 1989, S.14; siehe außerdem schon oben, Fn.50.

98 Vgl. etwa Art. 36 BayUnterbrG a.F. (Fn.62), § 25 RhPfUntGes a.F. (Fn.58); siehe zudem *Matern*, Psychiat. Prax. 1 (1974), 136 f. In den meisten Ländern war dagegen das Verfahren auf Anordnung der Unterbringung kostenfrei.

99 BT-Drucks. 11/4528, S.51, 95.

100 Vgl. insbesondere im einzelnen dazu: BT-Drucks. 11/4528, S.49 ff.; *Giese*, RsDE 2/1988, 27 ff.; *Zenz/v.Eicken/Ernst/Hofmann* (Fn.75), S.31 ff. m.z.w.N.; *Peters*, Die Betreuung Volljähriger, 1992, S.30 ff.

dürfnis bejaht. Inwieweit die Novellierung des Unterbringungsrechts die Beanstandungen hat aufgreifen können, wird im weiteren noch zu untersuchen sein.

III. Werdegang der in das BtG einbezogenen Neuregelung des Rechts der freiheitsentziehenden Unterbringung

Als ganz wesentliche Komponente im Zusammenhang mit der beabsichtigten Aufwertung und Stärkung der Personensorge ist die Neugestaltung des Unterbringungsrechts, wie schon eingangs angesprochen, in dem BtG enthalten. Bevor nun nachfolgend die neuen Regelungen aufgeführt und im einzelnen erörtert werden, sollen zunächst noch der Reformprozeß und das Gesetzgebungsverfahren wenigstens kurz skizziert werden.[101]

1. Stationen der Gesetzgebung

Ausgangspunkt des BtG war der vom Bundeskabinett unter dem 1.2.1989 beschlossene *Regierungsentwurf.*[102] Zu diesem Entwurf hat der Bundesrat in seiner 598. Sitzung am 10.3.1989 mit grundsätzlicher Zustimmung, aber zahlreichen Änderungsvorschlägen im Detail und Ergänzungswünschen Stellung genommen.[103] Die Bundesregierung wiederum gab ihrerseits dazu eine Gegenäußerung[104] ab und leitete den Entwurf am 11.5.1989 dem Deutschen Bundestag zu. Nach der ersten Lesung in der 153. Sitzung des Bundestages vom 23.6.1989 wurde der *Regierungsentwurf* zur federführenden Beratung an den Rechtsausschuß des Bundestages (6.Ausschuß) überwiesen. Dieser hat sich sodann intensiv in sechs Sitzungen[105], darunter eine öffentliche Anhörung von Verbandsvertretern, Wissenschaftlern und Rechtspraktikern auf der Grundlage eines Fragenkataloges, mit dem *Regierungsentwurf* befaßt. Die vom Rechtsausschuß mit einer breiten Mehrheit der Koalitions-

---

101 Die spezielle Normgeschichte des § 1906 BGB n.F. - insbesondere seines Abs.4 - wird in Kap.2, III aufgearbeitet.

102 BT-Drucks. 11/4528.

103 BT-Drucks. 11/4528, S.203 ff. (Anlage 2) bzw. BR-Drucks. 59/89 (Beschluß).

104 BT-Drucks. 11/4528, S.225 ff. (Anlage 3).

105 52., 55. (Visualisierung) und 61. (öffentliche Anhörung) Sitzung vom 14.9., 4.10. und 15./16.11.1989; 72., 74. und 76. Sitzung vom 7., 14. und 28.3.1990; siehe dazu *Schwab*, FamRZ 1990, 681; *Zimmermann/Damrau*, NJW 1991, 538.

fraktionen und der Fraktion der SPD gegen die Stimmen der Fraktion DIE GRÜNEN gefundene Gesetzesfassung[106], die in wesentlichen Punkten die Vorstellungen des Bundesrates berücksichtigte, wurde schließlich am 25.4.1990 vom Bundestag in zweiter und dritter Lesung verabschiedet.[107] Der Bundesrat hat dem Gesetz am 1.6.1990 in seiner 614. Sitzung zugestimmt.[108] Im Anschluß daran wurde das BtG am 12.9.1990 vom Bundespräsidenten nach Gegenzeichnung ausgefertigt und im Bundesgesetzblatt verkündet.[109]

2. Der Reformverlauf

Freilich setzten die Reformbestrebungen nicht erst mit dem *Regierungsentwurf* ein. Die Notwendigkeit einer Neuordnung des Vormundschafts- und Pflegschaftsrechts unter Einbeziehung der fürsorglichen Unterbringung wurde vielmehr schon - abgesehen von ersten Ansätzen aus dem Umkreis der 1964 vom Bundesminister der Justiz eingesetzten Kommission zur Vorbereitung einer Reform der Zivilgerichtsbarkeit - durch die im Jahre 1975 veröffentlichte "Psychiatrie-Enquête" betont.[110]

Einen wichtigen Anstoß zu Reformüberlegungen steuerte darüber hinaus der im Jahre 1977 vom Bundesminister der Justiz herausgegebene Bericht der sog. "FGG-Kommission" bei, der u.a. ein FGG-Verfahren in "Betreuungssachen" und ein einheitliches Unterbringungsverfahren vorsah.[111]

Seit 1986 liefen dann konkrete Vorbereitungen für ein Reformgesetz. So gab die Bundesregierung erstmals in ihrer Antwort auf die Große Anfrage der SPD-Frak-

---

106 BT-Drucks. 11/6949 v. 24.4.1990 (Beschlußempfehlung und Bericht).

107 In der 206. Sitzung, vgl. Plenarprotokoll 11/206 (Tagesordnungspunkt 13).

108 BR-Drucks. 316/90.

109 BGBl. I S.2002.

110 BT-Drucks. 7/4200, Kap.D., S.367 ff.; *Erman-Holzhauer* (Fn.40), Vor § 1896 Rdnr.4. Eine Zusammenfassung der Verbesserungsvorschläge ist dargestellt bei *Schulte*, in: Hellmann (Fn.65), S.99 m.w.N.; vgl. auch *Ehrhardt*, ArchSozArb 1979, 176. Die BReg hatte im Jahre 1979 in ihrer Stellungnahme dazu ebenfalls die Erforderlichkeit der Reform bejaht, vgl. BT-Drucks. 8/2565, S.49.

111 *BMJ* (Hrsg.), Bericht der FGG-Kommission, 1977, S.161 ff. (vgl. insbesondere §§ 182 Abs.1, 2 Nr.4, 195 FrGO); siehe dazu *Schulte*, in: Hellmann (Fn.65), S.111 ff.; *ders.*, in: Finzen et al. (Fn.21), S.48 ff.; *Holzhauer* (Fn.6), B 36 f., B 100; *Ehrhardt*, ArchSozArb 1979, 184 f.

tion[112] unter dem 4.9.1986 wichtige Ziele und Leitlinien der geplanten Reform bekannt, zu denen auch die ausdrückliche Regelung der materiellen Voraussetzungen der zivilrechtlichen Unterbringung gehörte.[113] Bereits im April 1986 hatte der Bundesminister der Justiz eine interdisziplinär besetzte Arbeitsgruppe "Neuregelung des Entmündigungs-, Vormundschafts- und Pflegschaftsrechts" einberufen, deren Ergebnisse in zwei Diskussions-Teilentwürfen eines "Gesetzes über die Betreuung Volljähriger" einmündeten;[114] sie wurden im November 1987 und April 1988 veröffentlicht.[115] Zusätzlichen Auftrieb erhielt die öffentliche Debatte durch die Verhandlungen des 57. Deutschen Juristentages, der sich im September 1988 in Mainz ausführlich mit dem Reformvorhaben beschäftigte und in seinen Beschlüssen eine breite Unterstützung für die in den Entwürfen dargelegten Grundkonzeptionen ausdrückte. Ein übriges zur Breitenwirkung der Reformdiskussion leistete der im Oktober 1988 in Bad Bevensen erstmals abgehaltene Vormundschaftsgerichtstag.[116] Auf den Verlauf der Diskussion, insbesondere auch eines weiteren intensiven Meinungsaustauschs mit den Justizverwaltungen der Länder, der gerichtlichen Praxis, mit Verbänden und Vertretern der Wissenschaft, war es dann zurückzuführen, daß der am 2.11.1988 präsentierte *Referentenentwurf*[117] gegenüber den früheren Diskussions-Teilentwürfen zahlreiche Abweichungen aufwies. Der schließlich den parlamentarischen Beratungen zugeführte *Regierungsentwurf* war dagegen mit dem *Referentenentwurf* wiederum weitgehend identisch.

---

112 BT-Drucks. 10/4271 v. 18.11.1985, zugleich verdeutlicht in zwei Entschließungsanträgen vom August 1986 und August 1987 (BT-Drucks. 10/5911 und 11/669).

113 BT-Drucks. 10/5970, S.2; siehe dazu auch BT-Drucks. 11/4528, S.48 f. Von den GRÜNEN wurde schon im Mai 1986 der "Entwurf eines Gesetzes über die Beistandschaft für behinderte Personen" präsentiert, der jedoch nicht in den Deutschen Bundestag eingebracht worden ist.

114 Vgl. auch die vorbereitenden Gutachten: *BMJ* (Hrsg.), Gutachten zu einer Reform des Entmündigungs-, des Vormundschafts- und des Pflegschaftsrechts, 1985; *Zenz/v.Eicken/Ernst/Hofmann* (Fn.75).

115 *BMJ* (Hrsg.), BtG-DiskE I, 1987; *ders.* (Hrsg.), BtG-DiskE II, 1988. Zu diesen Teilentwürfen sind zahlreiche Stellungnahmen ergangen, vgl. statt vieler m.w.N.: *Pardey* (Fn.41), S.13 ff.; *Schwab*, Referat zum 57. DJT, 1988, K 8 f. Darüber hinaus hatten zahlreiche Verbände und Institutionen eigene Vorschläge zur Neugestaltung des Vormundschafts- und Pflegschaftsrechts unterbreitet, siehe dazu *Bienwald* (Fn.25), Einführung, Rdnr.19; *Lachwitz*, ZRP 1987, 364 ff.

116 *Holzhauer* (Fn.6); *Bruder* (Fn.89); *DJT* (Hrsg.), Sitzungsbericht K zum 57. DJT, 1988; die Beschlüsse sind auch abgedruckt in NJW 1988, 2999 ff. Zum 1. VGT vgl. *Schumacher/Jürgens/Mahnkopf* (Fn.74).

117 Nicht veröffentlicht.

IV. Übersicht zur geltenden Gesetzeslage

Die durch das BtG erfolgte Neuregelung des Rechts der freiheitsentziehenden Unterbringung zeichnet sich gegenüber dem bisherigen Recht auch dadurch aus, daß sie nunmehr ein einheitliches bundesrechtliches Verfahren sowohl für die zivilrechtliche als auch - von wenigen Sonderregelungen abgesehen[118] - für die öffentlichrechtliche Unterbringung nach den Landesunterbringungsgesetzen bietet. Im übrigen bleibt die Duplizität der vorgenannten Unterbringungswege erhalten.[119]

Dies bedeutet im Überblick:

Die materiellrechtlichen Voraussetzungen der zivilrechtlichen Unterbringung sind für Minderjährige in §§ 1631b, 1705 Satz 2, 1800, 1915 Abs.1 BGB, für Volljährige unter Einbeziehung der sog. "unterbringungsähnlichen Maßnahmen" in § 1906 BGB n.F. geregelt. Die zugehörigen Verfahrensvorschriften finden sich für alle diese Rechtsgrundlagen bei gleichzeitiger Aufhebung der §§ 64a bis 64i FGG a.F. in den §§ 70 ff. FGG n.F.[120]

Im Bereich der öffentlichrechtlichen Unterbringung beschränkt sich das BtG auf eine Regelung des gerichtlichen Verfahrens in §§ 70 ff. FGG n.F., durch welche die entsprechenden Verfahrensvorschriften in den Unterbringungsgesetzen und Psychisch-Kranken-Gesetzen der Länder ab 1.1.1992 (3.10.1990) gegenstandslos geworden sind.[121]
Zur Klarstellung gilt dies wegen Art. 31 GG auch für die Bundesländer, die trotz der vergleichsweise langen Vorlaufzeit bis zum bundesweiten Inkrafttreten des BtG und der frühzeitigen Beteiligung an den Gesetzgebungsarbeiten des Bundes erst

---

118 Unterschiede gibt es nur insoweit, als dies wegen des verschiedenartigen Charakters der Unterbringungsmaßnahmen erforderlich ist, die Einzelheiten bleiben dem verfahrensrechtlichen Teil (Kap.3) vorbehalten.

119 Zu den Gründen: Kap.2, II 5 a.

120 Instruktiv als Überblick: *Labuhn*, Vormundschaftsgerichtliche Genehmigung, 1991, Rdnr. 2000 ff.; siehe zudem *BMJ* (Fn.88), S.56; und *Gernhuber/Coester-Waltjen*, Lehrbuch des Familienrechts, 4. Aufl. 1994, § 7 II 2.

121 Daß das BtG die materiellen Unterbringungsvoraussetzungen nach den Landesgesetzen nicht geändert hat, bestätigen etwa: *BayObLG*, NJW 1992, 1244, 1245; *OLG Frankfurt*, FamRZ 1992, 1472, 1473; und *KG*, FamRZ 1993, 84, 86; vgl. zudem *Jürgens/Kröger/Marschner/Winterstein* (Fn.23), Rdnr.528; *Holzhauer/Reinicke*, Betreuungsrecht, 1993, Teil 2, § 70 FGG Rdnr.4 f.; sowie BT-Drucks. 11/4528, S.183.

sehr viel später ihre Landesausführungsgesetze (AGBtG)[122] erlassen haben, sowie für diejenigen, die in den verabschiedeten AGBtG überhaupt keine Anpassung des jeweiligen Landesgesetzes über die Unterbringung psychisch Kranker vorsehen.[123]

Was darüber hinaus auffällt, ist, daß die sog. Alt-Bundesländer, die bei der Umsetzung des BtG in Landesrecht bereits tätig geworden sind, die Anpassung der Landesunterbringungsgesetze auf unterschiedliche Weise durchgeführt haben. Während die meisten Landesausführungsgesetze sich in diesem Zusammenhang mit punktuellen Anpassungsänderungen[124] begnügen, haben Baden-Württemberg,[125] Bayern[126] und das Saarland[127] nach umfänglichen Änderungen ihrer Unterbringungsgesetze den jeweiligen Text neu bekanntgemacht.

---

122 Unter die Bezeichnung "AGBtG" fällt grds. das jeweilige Landesgesetz zur Ausführung des BtG und zur Anpassung des Landesrechts. Allein in Niedersachsen wurden ein Nds.AGBtG v. 17.12.1991 (GVBl. S.366) und separat ein "Gesetz zur Anpassung des Landesrechts an das Betreuungsgesetz" v. 17.12.1991 (GVBl. S.367) verabschiedet. Einen vergleichenden Überblick der bereits in Kraft getretenen AGBtG nach dem Stand vom 1.8.1993 gibt *Knittel*, BtG, Überblick vor Landesrecht, Rdnr.4 ff. (siehe daran anschließend die Gesetzestexte: Landesrecht - Nr. 4.1, 5.1, 7.1, 8.1, 10.1, 11.1, 12.1, 13.1, 14.1, 15.1, 16.1, 17.1, 18.1); vgl. zudem *Uhlenbruch*, BtPrax 1993, 150; *Dodegge*, NJW 1993, 2353 f.; *ders.*, NJW 1992, 1936; *Wienand*, FuR 1992, 266; und *Deinert* (Fn.85), S.271 ff.; *ders.*, BtPrax 1993, 130 f. (tabellarischer Fundstellennachweis).

123 Das NW.AGBtG v. 3.4.1992 (GV.NW. S.124) enthält keine Änderung des PsychKG (Fn.17), da Nordrhein-Westfalen anläßlich der Neuregelung des Betreuungsrechts eine vollständige Überarbeitung seines Landesgesetzes (d.h. einschließlich der materiellrechtlichen Vorschriften) beabsichtigt, um hierbei, wie schon 1970, eine Vorreiterrolle für die anderen Länder zu übernehmen, so jedenfalls *Deinert*, DAVorm 1992, 136; vgl. insoweit auch das HmbAGBtG v. 1.7.1993 (GVBl. S.149). Zur beispielhaften Verdrängung landesrechtlicher Vorschriften auf dem Gebiet des (gerichtlichen) Unterbringungsverfahrens siehe etwa *LG Berlin*, BtPrax 1992, 71 ff. m. Anm. *Marschner*, a.a.O., S.74; *LG Krefeld*, BtPrax 1993, 176; und daneben *Richter*, FamRZ 1989, 914. Hingegen z.T. offengelassen: *OLG Düsseldorf*, BtPrax 1994, 36 (LS) in bezug auf § 15 NW.PsychKG (Fn.17).

124 Vgl. etwa Art. II BlnAGBtG v. 17.3.1994 (GVBl. S.86); Art. 2 BremAGBtG v. 25.2.1992 (GBl. S.31); Art. 2 Hess AGBtG v. 5.2.1992 (GVBl. S.66); Art. 2 Schl.-H.AGBtG v. 30.12.1991 (GVBl. S.693).

125 Bad.-Württ.UBG n.F. v. 2.12.1991 (GBl. S.794) auf der Grundlage der Ermächtigungsnorm des Art. 24 Bad.-Württ.AGBtG v. 19.11.1991 (GBl. S.681).

126 BayUnterbrG n.F. v. 5.4.1992 (GVBl. S.60) auf der Grundlage der Ermächtigungsnorm des Art. 7 Abs.4 BayAGBtG v. 27.12.1991 (GVBl. S.496). Zur Verfassungsmäßigkeit einzelner Bestimmungen des BayUnterbrG n.F. (Art. 1 Abs.1, 13 Abs.2 und 3, 19): *BayVerfGH*, NJW 1993, 1520 ff.

127 SaarlUBG n.F. v. 11.11.1992 (Amtsbl. S.1271).

Von den neuen Bundesländern hat als erstes Sachsen-Anhalt[128] ein eigenes PsychKG verabschiedet. Mittlerweile liegt auch das entsprechende Gesetz für Mecklenburg-Vorpommern,[129] Sachsen[130] und Thüringen[131] vor, wohingegen allein Brandenburg bislang noch keine Änderungen des als Landesrecht weitergeltenden DDR-EinwG vorgenommen hat.[132]

---

128 PsychKG LSA v. 30.1.1992 (GVBl. S.88).

129 PsychKG Meckl.-Vorp. v. 1.6.1993 (GVBl. S.528).

130 SächsPsychKG v. 16.6.1994 (GVBl. S.1091).

131 ThürPsychKG v. 2.2.1994 (GVBl. S.81); vgl. dazu *Zimmermann*, FamRZ 1994, 677 f.

132 *Uhlenbruch*, BtPrax 1993, 153; und *BezG Chemnitz*, BtPrax 1992, 111, 112; sowie m.w.N. schon oben, Fn.54. Vgl. in diesem Zusammenhang außerdem den von *Marschner/Volckart*, R & P 1992, 54 ff., vorgestellten "Musterentwurf eines Gesetzes für psychisch Kranke".

Kapitel 2

Freiheitsentziehende Unterbringung und unterbringungsähnliche Maßnahmen: § 1906 BGB n.F.

I. Ratio legis

§ 1906 BGB n.F. gehört neben den §§ 1896 Abs.4, 1904, 1905, 1907[1] BGB n.F. zu den durch das BtG eigens für Erwachsene geschaffenen Sondernormen, die allesamt besonders wichtige personensorgerechtliche Teilbereiche behandeln, welche nach bisherigem Recht entweder nicht geregelt oder in der Auslegung mitunter sehr umstritten waren. Neben ihrer "personensorgespezifischen" Akzentuierungs- und Konkretisierungsfunktion sind die §§ 1896 Abs.4, 1904 ff. BGB n.F. auf die Sicherstellung der Mitentscheidungsmöglichkeiten des Betroffenen sowie in besonderem Maße auf die Befolgung des - das gesamte Betreuungsrecht prägenden - Erforderlichkeitsprinzips[2] bedacht.[3]

Für sich genommen präzisiert § 1906 Abs.1 BGB n.F. nunmehr mittels zweier ausformulierter Tatbestände die materiellrechtlichen Voraussetzungen für eine dem Wohl des Betreuten dienliche freiheitsentziehende Unterbringung, und zwar entweder unter dem Aspekt der erheblichen Selbstgefährdung des Betreuten (Nr.1) oder der notwendigen Durchführung diagnostischer bzw. therapeutischer Maßnahmen (Nr.2). Das bedeutet, daß der Betreuer von seiner eingeräumten Unterbringungsbefugnis nicht schon dann Gebrauch machen darf, wenn dies aus beliebigen Gründen zum Wohl des Betreuten gereicht, sondern nur bei Vorliegen einer der beiden vorgenannten Unterbringungstatbestände. In dieser Regelung wird damit die rechtspolitische Intention erkennbar, die Zulässigkeit zivilrechtlicher

---

1 Die Regelung der Wohnungsangelegenheiten gemäß § 1907 BGB n.F. gehört an sich - jedenfalls nach überwiegender Auffassung - zu dem Bereich der Vermögenssorge, jedoch ist der persönliche Bezug hierbei von großer Bedeutung, vgl. dazu nur BT-Drucks. 11/4528, S.70; und *Jürgens/Kröger/Marschner/Winterstein*, Das neue Betreuungsrecht, 2. Aufl. 1992, Rdnr.197; sowie näher auch noch unten, sub IV.

2 *Knittel*, BtG, § 1896 BGB Rdnr.17; *MünchKomm-Schwab*, BGB, Bd.8, 3. Aufl. 1992, § 1896 Rdnr.24; und eingehend *Bienwald*, 3. VGT, 1993, S.86 ff.

3 Ebenso *Kollmer*, Selbstbestimmung im Betreuungsrecht, 1992, S.188.

Unterbringung gegenüber dem bisherigen Rechtszustand oder zumindest gegenüber den dazu vertretenen Rechtsauffassungen einzuschränken.[4]

Dem Anlaß der Reform entsprechend, den Schutz der Rechte der Betroffenen, insbesondere auch ihrer Freiheitsrechte, zu verbessern, erstreckt darüber hinaus § 1906 Abs.4 BGB n.F. den in § 1906 Abs.2 Satz 1 BGB n.F. bewahrten gerichtlichen Genehmigungsvorbehalt für eine zivilrechtliche Unterbringung nach § 1906 Abs.1 BGB n.F. expressis verbis auch auf sog. "unterbringungsähnliche Maßnahmen",[5] denen eine nicht untergebrachte, aber in einer Einrichtung lebende Person unterzogen werden soll. In erster Linie hatte der Gesetzgeber dabei ältere Menschen in "offenen" Einrichtungen im Auge, die in der Vergangenheit häufig Zwangsmaßnahmen in Form von Fixierungen, Isolierungen, Sedierungen u.ä. ohne Zustimmung eines gesetzlichen Vertreters und ohne gerichtliche Kontrolle ausgesetzt waren.[6] Die neue gesetzliche Vorschrift will dabei unabhängig von der Frage, ob die in § 1906 Abs.4 BGB n.F. angesprochenen Maßnahmen nicht bereits unter den Begriff der freiheitsentziehenden Unterbringung nach § 1906 Abs.1 BGB n.F. subsumiert werden können, an diesem Punkt gegensteuern und dazu beitragen helfen, die oftmals nicht an der Würde und dem Wohl des demenzkranken alten Menschen orientierten freiheitsentziehenden (Pflege-)Maßnahmen abzubauen.[7]

---

4 *Erman-Holzhauer*, BGB, 2.Bd., 9. Aufl. 1993, § 1906 Rdnr.20; *Bienwald*, Betreuungsrecht, 1992, Teil 3, B., Vorbem. v. §§ 70 ff. FGG Rdnr.13; *Kern*, MedR 1991, 71; *Schwab*, FamRZ 1990, 687; *ders.*, FS für Paul Mikat, 1989, S.893; vgl. im übrigen oben, Kap.1, Fn.40.

5 Im BtG-DiskE I vom November 1987 wurde der vorgesehene Tatbestand des § 1906 Abs.4 erstmals in einer Klammerdefinition mit "unterbringungsähnliche Maßnahmen" bezeichnet, woran auch der *Regierungsentwurf* noch unverändert festhielt, vgl. dazu und zu zwei vorausgegangenen (unveröffentlichten) Arbeitspapieren v. 19.1.1986 und 12.3.1987 ausführlich *Holzhauer*, in: Jaspert (Hrsg.), Betreuungsgesetz und Betreuungsvereine, 1991, S.70 ff.; siehe außerdem schon oben, Fn.26 der Einleitung.

6 BT-Drucks. 11/4528, S.82, 148 f.; vgl. zudem *Wolf*, ZRP 1988, 317.

7 So u.a.: *BMJ* (Hrsg.), Leitfaden, 1992, S.69 f.; *Knittel* (Fn.2), § 1906 BGB Rdnr.31; *Jürgens/Kröger/Marschner/Winterstein* (Fn.1), Rdnr.513; und *Bruder*, NDV 1989, 46; vgl. daneben auch *Klie*, RsDE 6/1989, 81 f. (zum Bedürfnis einer gesetzlichen Vorgabe infolge zurückliegender Übergriffe und Mißbräuche); *ders.*, 1. VGT, 1989, S.29. Kritisch dagegen etwa *Richter*, FamRZ 1989, 914, wonach dasselbe Ziel mit weniger Aufwand hätte erreicht werden können (z.B. mittels gesetzlicher Dokumentationspflicht der Krankenhäuser und Pflegeheime, Benachrichtigungspflicht an das Vormundschaftsgericht). Zweifel an der Praktikabilität äußern außerdem *Foerster*, MedR 1991, 183 f.; und *Gaedt/Lang*, BlWohlfPfl. 1992, 218 f.

II. Die freiheitsentziehende Unterbringung

1. Begriff

Als ein Kernpunkt der zivilrechtlichen Unterbringungsproblematik kristallisiert sich zunächst der in § 1906 Abs.1 BGB n.F. beibehaltene Begriff der freiheitsentziehenden Unterbringung heraus. Dieser bereitete schon vor Inkrafttreten des BtG angesichts eines weiten Spektrums verschiedenartigster Begrenzungen der körperlichen Bewegungsfreiheit[8] große Schwierigkeiten, wobei nicht zuletzt auch die uneinheitliche Entscheidungspraxis der Gerichte einer erheblichen Rechtsunsicherheit Vorschub leistete.[9]

Im folgenden soll daher der Frage nachgegangen werden, ob die durch das BtG neugeschaffene Vorschrift zur Klärung der relevanten Frage beiträgt, was nun eigentlich - im Hinblick auf das vorbezeichnete Rechtsgebiet - eine freiheitsentziehende Unterbringung ist und wo genau diese anfängt. Dabei bedarf es vorab einer kurzen Darstellung der Entwicklung des Begriffs der freiheitsentziehenden Unterbringung sowie eines Überblicks zur bisherigen Interpretation und hier speziell zu den von Rechtsprechung und Literatur gefundenen Beurteilungs- bzw. Abgrenzungskriterien.

a) Sprachgebrauch

Der Begriff der Unterbringung fand sich erstmals in dem im Jahre 1956 in Kraft gesetzten FEVG.[10] Damit verdrängte er zugleich den älteren Terminus der Verwahrung, der nur noch in dem ältesten noch geltenden Landesunterbringungsgesetz, dem hessischen aus dem Jahre 1952, anklingt.[11] Im FEVG war der Begriff der Unterbringung eine feste Verbindung mit dem der geschlossenen Anstalt einge-

---

8 *Maunz/Dürig-Dürig*, GG, Bd.IV, Art. 104 Rdnr.5; *Bernardi*, R & P 1994, 12; *Helle*, MedR 1989, 7.

9 *Schwab*, Referat zum 57. DJT, 1988, K 35; *v.Eicken/Ernst/Zenz*, Fürsorglicher Zwang, 1990, S.52 f. ("rechtliche Grauzone"); und schon *v.Eicken*, 1. VGT, 1989, S.65, These 5; siehe zudem *AG Recklinghausen*, FamRZ 1988, 653, 658.

10 Vgl. Einleitung, Fn.18.

11 Selbst das HessFEG i.d.F. des HessAGBtG (Art. 2) v. 5.2.1992 (GVBl. S.66) spricht bei der vorläufigen Unterbringungsanordnung in § 10 n.F. noch von einer "sofortigen Ingewahrsamnahme".

gangen,[12] und auch das *BVerfG* folgte in seinem die privatrechtliche Unterbringung betreffenden Beschluß vom 10.2.1960[13] in Anlehnung an das FEVG diesem Sprachgebrauch. Das FamRÄndG des Jahres 1961[14] bevorzugte dann zum ersten Mal mit dem (damaligen) § 1800 Abs.2 BGB den Ausdruck "Unterbringung, die mit Freiheitsentziehung verbunden ist", wobei der Gesetzgeber es jedoch absichtlich vermied, einer präzisen rechtlichen Bestimmung dieses Begriffs durch die Rechtsprechung vorzugreifen.[15] Denselben Wortlaut verwandte in der Folge auch das SorgeRG aus dem Jahre 1980[16] mit Einführung des § 1631b BGB, der dem zur gleichen Zeit wieder aufgehobenen Abs.2 des § 1800 BGB nahezu wörtlich nachgebildet ist.

Genauso unterfallen jetzt § 1906 Abs.1 BGB n.F. lediglich solche Unterbringungen, die mit Freiheitsentziehung verbunden sind,[17] so daß die neue Vorschrift insoweit den in § 1631b Satz 1 BGB geltenden Begriff, der zugleich über §§ 1800, 1897 Satz 1 (a.F.), 1915 Abs.1 BGB für die Vormundschaft und Pflegschaft insgesamt maßgebend war, ohne nähere gesetzliche Determination übernimmt.

b) Bisherige Auslegung in Rechtsprechung und Literatur

aa) Definition

Sieht man von der Zustimmungsproblematik[18] vorerst ab, waren nach verbreiteter Auffassung[19] wesentliche Kriterien für eine freiheitsentziehende Unterbringung

---

12 So ausdrücklich § 2 Abs.1 FEVG.

13 *BVerfGE* 10, 302, 328; siehe im übrigen *Holzhauer*, BtPrax 1992, 54, These 3.

14 BGBl. I S.1221.

15 *Schwarzhaupt*, FamRZ 1962, 50; *Holzhauer*, Gutachten B zum 57. DJT, 1988, B 101.

16 BGBl. 1979 I S.1061; vgl. zudem Kap.1, Fn.23.

17 Zum Begriff der Unterbringung allein: *Gastiger*, NDV 1989, 86; *MünchKomm-Schwab*, BGB, Bd.5, 2.Hbd., 2. Aufl. 1987, § 1800 Rdnr.25 m.w.N.; *Soergel-Damrau*, BGB, Bd.8, 12. Aufl. 1987, § 1800 Rdnr.8.

18 Der Frage nach der Bedeutung der Zustimmung des Betroffenen für den Begriff der Freiheitsentziehung wird in einem eigenständigen Gliederungspunkt nachgegangen, vgl. sub II 1 e.

19 Vgl. statt vieler: *Palandt-Diederichsen*, BGB, 50. Aufl. 1991, § 1631b Rdnr.2; *Keidel/Kuntze/Winkler*, FG, Teil A, 12. Aufl. 1987, Vorb. § 64a Rdnr.18. Nach a.A. war dagegen allein auf den mit der Unterbringung verbundenen "Verlust der Fortbewegungsfreiheit" abzustellen, vgl. *MünchKomm-Schwab* (Fn.17), § 1800 Rdnr.26. Dessenungeachtet stand im übrigen seit der Entscheidung des *BVerfG* v. 10.2.1960 (*BVerfGE* 10, 302, 309 f.)

Volljähriger, daß diese als Insassen einer Anstalt, eines Krankenhauses oder eines Heimes auf einem bestimmten beschränkten Raum festgehalten werden, ihr Aufenthalt ständig überwacht und die Aufnahme eines Kontaktes mit Personen außerhalb des Raumes durch Sicherungsmaßnahmen verhindert wird. Dabei berief man sich namentlich auf zwei im Kern übereinstimmende Entscheidungen der *OLGe Hamm* und *Düsseldorf*[20] trotz des Umstandes, daß jene die Unterbringung Minderjähriger im Rahmen der freiwilligen Erziehungshilfe zum Gegenstand hatten.[21]

Im weiteren Verlauf bestand Einigkeit in Rechtsprechung und Literatur dahingehend, daß die vorbezeichneten Erfordernisse jedenfalls dazu prädestiniert waren, die geschlossene Unterbringung, d.h., die Verbringung in eine geschlossene Anstalt, in ein geschlossenes Krankenhaus oder ein geschlossenes Heim[22] bzw. in eine geschlossene Abteilung oder geschlossene Station einer der genannten Einrichtungen, zu kennzeichnen. In der Folge fungierte diese auch als Prototyp einer genehmigungspflichtigen (freiheitsentziehenden) Unterbringungsmaßnahme nach § 1631b (i.V.m. §§ 1800, 1897 Satz 1 (a.F.), 1915 Abs.1) BGB.[23]

Erst in den letzten Jahren war man sich bewußt geworden, daß der Begriff der geschlossenen Unterbringung in der Realität der Krankenhäuser, Anstalten und Heime nicht immer eine randscharfe Entsprechung hatte. Im Gegenteil wurden auch in sog. "offenen" Institutionen im besonderen für psychisch Kranke und gei-

---

fest, daß Freiheitsentziehung begrifflich auch bei psychisch kranken, geistig behinderten und altersverwirrten Menschen vorkommen kann, so zuletzt auch *BayVerfGH*, NJW 1993, 1520, 1521; siehe m.w.N. zudem *Jürgens/Kröger/Marschner/Winterstein* (Fn.1), Rdnr.494; *Amelung*, ZStW 104 (1992), 827; *Wiegand*, FamRZ 1991, 1022; *Kohte*, AcP 185 (1985), 151; *Neumann*, NJW 1982, 2589 f.

20 *OLG Hamm*, FamRZ 1962, 397, 398; *OLG Düsseldorf*, NJW 1963, 397, 398.

21 In der amtlichen Begründung zur Einführung des § 1631b BGB hieß es, daß die Rechtsprechung zum (damaligen) § 1800 Abs.2 BGB, vor allem die Auslegung des Begriffs "Freiheitsentziehung", ohne Bruch fortgeführt werden könne, vgl. BT-Drucks. 8/2788, S.51; siehe außerdem *Holzhauer* (Fn.15), B 101.

22 Ob es sich im Einzelfall um eine geschlossene Einrichtung handelte, sollte dabei anhand des Gesamtbildes der jeweiligen Institution festgestellt werden. Vgl. dazu *Parensen*, Die Unterbringung Geistes- und Suchtkranker, 1972, S.98; *Kuntze*, ZfJ 1984, 196 f.; *OLG Hamm*, FamRZ 1962, 397, 398.

23 So u.a. *Gernhuber*, Lehrbuch des Familienrechts, 3. Aufl. 1980, § 7 II 6; *MünchKomm-Schwab* (Fn.17), § 1800 Rdnr.26; *Marschner*, Psychische Krankheit und Freiheitsentziehung, 1985, S.3; *Hantel*, Der Begriff der Freiheitsentziehung in Art. 104 Abs.2 GG, 1988, S.98; *Pardey*, Betreuung Volljähriger: Hilfe oder Eingriff, 1989, S.32; *v.Eicken/Ernst/Zenz* (Fn.9), S.25, 39; *Bernardi*, SozInf 2/1991, 26; *OLG Hamm*, FamRZ 1962, 397, 398; *OLG Düsseldorf*, NJW 1963, 397, 398.

stig behinderte Menschen sowie in Alteneinrichtungen Bewohner auf äußerst vielfältige Weise daran gehindert, die jeweilige Einrichtung auch tatsächlich eigenständig zu verlassen. Das Abschließen der Türen, die Verwendung von "Trickschlössern", Magnetverschlüssen oder nicht erreichbaren bzw. versteckten Türdrückern waren nur ein Teil der Beispiele, um einer Person die Freiheit zu entziehen. Der gewollte Erfolg konnte genauso gut durch die ständige Anwesenheit eines Pförtners, Wegnahme der Straßenkleidung oder Vorenthaltung notwendiger Geh- bzw. Sehhilfen, durch Fixierungen jedweder Art (z.B. mittels Anbinden, Angurten, Eingittern, Gebrauchen von "Schutzdecken" und ähnlichen Vorrichtungen), durch Ausübung psychischen Drucks, durch Anwendung von List bzw. Drohung oder durch den Einsatz körperlicher Gewalt oder im Wege der Verabreichung von Psychopharmaka erreicht werden.[24] Symptomatisch war das Aufkommen von praxiseigenen Kategorien wie "halbgeschlossene", "halboffene", "freizügige" Unterbringung oder Unterbringung auf einer sog. "beschützenden" Abteilung, die sämtlich die Voraussetzungen einer freiheitsentziehenden Unterbringung erfüllen konnten.[25]

Demzufolge spielte die Art der Bezeichnung der Einrichtung oder Abteilung durch den jeweiligen Träger für die Frage, ob von einer freiheitsentziehenden Unterbringung die Rede sein konnte, rechtlich keine Rolle.[26]

---

24 Vgl. dazu *Holzhauer*, BtPrax 1992, 54, These 3; *Schumacher/Jürgens/Mahnkopf* (Hrsg.), 1. VGT, 1989, AG 1 A, S.43; *Jochum/Pohl*, Pflegschaft, 1989, Rdnr.170 f.; *Gastiger*, Freiheitsschutz und Haftungsrecht in der stationären und ambulanten Altenhilfe, 1988, S.80; *Zenz/v.Eicken/Ernst/Hofmann*, Vormundschaft und Pflegschaft für Volljährige, 1987, S.16 f.; und *AG Recklinghausen*, FamRZ 1988, 653, 656.

25 So *AG Kamen* FamRZ 1983, 299 m. Anm. *Damrau*, a.a.O., S.1060; *AG Kerpen*, RsDE 5/1989, 85; *Gernhuber* (Fn.23), § 7 II 6; *MünchKomm-Schwab* (Fn.17), § 1800 Rdnr.26; *Klie*, RsDE 6/1989, 79 m.w.N.; *v.Eicken/Ernst/Zenz* (Fn.9), S.27 f., 37, 39, 44; *Mrozynski*, R & P 2/1984, 88; a.A. *Keidel/Kuntze/Winkler* (Fn.19), Vorb. § 64a Rdnr.19. Diesbezüglich lag dann auch eine Abweichung zum landesrechtlichen Unterbringungsbegriff vor, der herkömmlicherweise grds. nur die Unterbringung im engeren (klassischen) Sinne, nämlich die freiheitsentziehende Unterbringung in einem abgeschlossenen Krankenhaus, einer anderen abgeschlossenen Einrichtung oder dem abgeschlossenen Teil einer solchen Einrichtung erfaßt (sog. "formalisierter" Unterbringungsbegriff), vgl. etwa § 10 Abs.1 Nds.PsychKG (Kap.1, Fn.52), § 10 Abs.1 NW.PsychKG (Kap.1, Fn.17); siehe außerdem BT-Drucks. 11/4528, S.82; *Holzhauer*, FuR 1992, 250, 254; *Jürgens/Kröger/Marschner/Winterstein* (Fn.1), Rdnr.491. Allein § 9 Abs.1 Satz 2 HmbPsychKG (Kap.1, Fn.52) und §§ 10 Abs.1 Satz 3, 36 Abs.2 BlnPsychKG (Kap.1, Fn.30) enthalten Regelungen über die Unterbringung in einer offenen Einrichtung, näher dazu *Hantel* (Fn.23), S.107 f.

26 *AG Recklinghausen*, FamRZ 1988, 653, 655 f. Angesichts der fließenden Übergänge zwischen offener und geschlossener Unterbringung wurde deshalb als Reformüberlegung ins Spiel gebracht, die gerichtliche Kontrolle künftig auf alle Fälle einer zwangsweisen Unter-

Rechtlich irrelevant war auch, welche Mittel eingesetzt wurden, um den Betroffenen vom Verlassen eines bestimmten räumlichen Bereichs abzuhalten.[27] Darüber hinaus war nach überwiegender Auffassung für den Begriff der Freiheitsentziehung ohne Belang, aus welchen Motiven und - mit Ausnahme allein des vorerwähnten Ziels, nämlich die betroffene Person am Verlassen ihres Aufenthaltsortes zu hindern - zu welchen Zwecken eine derartige Maßnahme erfolgte, so daß selbst dann eine Freiheitsentziehung vorliegen konnte, wenn sie objektiv im Interesse des Betroffenen lag, weil sie etwa seiner Fürsorge, Heilung oder Pflege dienen sollte.[28] Im übrigen kam es nicht darauf an, ob der Betroffene den Freiheitsentzug subjektiv als solchen erlebte.[29]

bb) Abgrenzung zu bloßen Freiheitsbeschränkungen

Als zentrales Problem im Rahmen der Anwendung der §§ 1631b, 1800, 1897 Satz 1 (a.F.), 1915 Abs.1 BGB erwies sich in gleicher Weise wie für Art. 104 Abs.2 GG die Abgrenzung der Freiheitsentziehung von der schlichten Freiheitsbeschränkung.[30] Der Sinn dieser Differenzierung bestand gerade darin, lediglich freiheitsbeschränkende und damit genehmigungsfreie Maßnahmen von der einer richterlichen Kontrolle bedürfenden Freiheitsentziehung abzusetzen. Dabei galt es zu beachten, daß diese Begriffe nicht nach strukturellen bzw. qualitativen Gesichtspunkten zu trennen sind, sondern der Unterschied zwischen beiden allein gradueller Natur

---

bringung zu erstrecken, so jedenfalls *Zenz/v.Eicken/Ernst/Hofmann* (Fn.24) S.52, 58 f.; ähnlich auch *Gastiger*, NDV 1989, 85.

27 *Klie*, RsDE 6/1989, 75; *Maunz/Dürig-Dürig* (Fn.8), Art. 104 Rdnr.6.

28 Vgl. dazu schon *OLG Hamm*, FamRZ 1962, 397, 398; des weiteren *AG Recklinghausen*, FamRZ 1988, 653, 656; und *Klie*, RsDE 6/1989, 75 m.w.N.

29 *Schumacher/Jürgens/Mahnkopf* (Fn.24), AG 1 A, S.43; *Bauer/Berger*, in: Kisker et al. (Hrsg.), Psychiatrie der Gegenwart, Bd.2, 3. Aufl. 1986, S.47; *Lorenzen*, in: Bergener (Hrsg.), Psychiatrie und Rechtsstaat, 1981, S.133.

30 Dabei ist vorliegend die Freiheitsbeschränkung im engeren Sinne gemeint, die nach der übernommenen Kategorisierung von *Maunz/Dürig-Dürig* (Fn.8), Art. 104 Rdnr.5, zusammen mit dem anderen Unterbegriff, nämlich der Freiheitsentziehung i.S.v. Art. 104 Abs.2 GG, den Oberbegriff der Freiheitsbeschränkung i.S.d. Art. 104 Abs.1 GG bilden; so auch *Gusy*, NJW 1992, 458; *Klie*, RsDE 6/1989, 74 f.; *AG Recklinghausen* FamRZ 1988, 653, 656; vgl. zudem *Jürgens/Kröger/Marschner/Winterstein* (Fn.1), Rdnr.493; *Saage/Göppinger*, Freiheitsentziehung und Unterbringung, 2. Aufl. 1975, Teil II, Rdnr.7.

ist.[31] Als maßgebliche Indizien für die Beurteilung wurden in erster Linie die Intensität des Eingriffs, die Schwere der Beeinträchtigung der Bewegungsfreiheit sowie die Dauer der Maßnahme[32] herangezogen, mit der Folge, daß man herkömmlicherweise partielle Freiheitseingriffe im Rahmen ärztlicher Einzelmaßnahmen überhaupt nicht als genehmigungspflichtige Maßnahmen betrachtete.[33] Erst in jüngster Zeit zeichnete sich angesichts der beschriebenen Entwicklungen und damit auch einhergehenden Mißbrauchstendenzen vornehmlich im Heimbereich[34] ein Wandel in der Rechtsprechung ab, die Diskussion zu der in Rede stehenden Abgrenzungsproblematik wurde nun - hauptsächlich anhand des Fragenkreises der rechtlichen Einschätzung diverser Arten des Fixierens - kontrovers geführt.[35] In diesem Zusammenhang rückten vor allem die viel genannten Entscheidungen der *AGe Recklinghausen* und *Frankfurt/M.* in den Vordergrund, in denen exemplarisch divergierende Auslegungsmaßstäbe an den Begriff der freiheitsentziehenden Unterbringung geknüpft wurden.[36]

So hatte das *AG Recklinghausen* in seinem Beschluß vom 31.03.1987 bei einem altersverwirrten Menschen insbesondere die erfolgte Anbringung eines Bettgitters in der Nacht und zur Zeit der Mittagsruhe sowie die zeitlich begrenzte, sporadische Anlegung eines Beckengurtes beim Sitzen im Rollstuhl im Hinblick auf das zeitli-

---

31 So *OLG Hamm*, FamRZ 1962, 397, 398; *LG Berlin*, R & P 1990, 178, 179; *AG Recklinghausen* FamRZ 1988, 653, 656; *v.Eicken/Ernst/Zenz* (Fn.9), S.25; *Reichel*, FamRZ 1990, 1320; *Klie*, RsDE 6/1989, 75; *Gastiger*, NDV 1989, 85; *Maunz/Dürig-Dürig* (Fn.8), Art. 104 Rdnr.5.

32 Zur Bedeutung des Zeitmoments vgl. etwa m.z.w.N. *v.Eicken/Ernst/Zenz* (Fn.9), S.26; *Klie*, RsDE 6/1989, 77 f.; *Soergel-Damrau* (Fn.17), § 1800 Rdnr.9; *OLG Düsseldorf*, NJW 1963, 397, 398; *OLG Hamm*, FamRZ 1962, 397, 398; *AG Wennigsen*, FamRZ 1962, 40, 42. Einem Teil der Literatur zufolge war darüber hinaus bei der vorbezeichneten Problematik zwischen Volljährigen und Minderjährigen zu differenzieren, mit der Konsequenz, daß bei letzteren nur derjenige Eingriff in die persönliche Freiheit als Freiheitsentziehung gewertet wurde, der nach Dauer und Stärke die in einer bestimmten Altersstufe üblichen Freiheitsbeeinträchtigungen überschritt, so vor allem *Klie*, RsDE 6/1989, 75; *Gernhuber* (Fn.23), § 7 II 6; *Hampel*, FamRZ 1963, 542 f.; BT-Drucks. 8/2788, S.38, 51; die Praktikabilität eines solchen Vorschlages aber zu Recht bezweifelnd *MünchKomm-Schwab* (Fn.17), § 1800 Rdnr.28.

33 *MünchKomm-Schwab* (Fn.17), § 1800 Rdnr.27.

34 Siehe dazu schon oben, Fn.6 sowie sub Kap.1, II 2.

35 Vgl. *Klie*, RsDE 6/1989, 79 m.z.w.N.; *Jürgens/Kröger/Marschner/Winterstein* (Fn.1), Rdnr.492; *Dodegge*, MDR 1992, 437.

36 *AG Recklinghausen*, FamRZ 1988, 653 ff.; *AG Frankfurt/M.*, FamRZ 1988, 1209 ff.; Hinweise zum Meinungsstreit geben u.a.: *MünchKomm-Schwab* (Fn.2), § 1906 Rdnr.5; *Jürgens/Kröger/Marschner/Winterstein* (Fn.1), Rdnr.521; *Palandt-Diederichsen* (Fn.19), § 1800 Rdnr.5; *Zimmermann* FamRZ 1990, 1320; *v.Eicken/Ernst/Zenz* (Fn.9), S.26 f.

che Moment und den der betroffenen Person verbleibenden Freiraum - auch im Rahmen einer Würdigung der Gesamtsituation - nicht als Freiheitsentziehung(en), sondern lediglich als nicht genehmigungsbedürftige Freiheitsbeschränkungen gewertet. Allerdings gelangte das *AG Recklinghausen* darüber hinaus zu dem Schluß, daß im Falle längerer Dauer oder gesteigerter Häufigkeit solcher Maßnahmen eine erneute (gerichtliche) Beurteilung der Situation zu erfolgen hätte, weil unter Umständen dann die Grenze zur Freiheitsentziehung überschritten sei.[37] Davon abgesehen wurde die Empfehlung ausgesprochen, schon bei bestehenden Zweifeln das zuständige Vormundschaftsgericht zu benachrichtigen, um diesem eine Überprüfungsmöglichkeit zu bieten.[38]

Auf der anderen Seite hatte das *AG Frankfurt/M.* offensichtlich in Annäherung an den Begriff der Freiheitsentziehung im Sinne des § 239 StGB[39] in seinem nur kurze Zeit später ergangenen Beschluß vom 26.08.1988 - im Wege ausdrücklicher Distanzierung von der vorab zitierten Entscheidung des *AG Recklinghausen* - zu erkennen gegeben, daß von vornherein jede Betteingitterung und/oder Fesselung durch Bauchgurt, und zwar unabhängig von Intensität, zeitlicher Dauer sowie ihrem Zweck,[40] als freiheitsentziehende Maßnahme einzustufen sei, die jeweils für sich gerichtlich überprüft und gegebenenfalls genehmigt werden müsse.[41] Dies besonders deshalb, weil die zeitliche Begrenztheit solcher Maßnahmen zur Abwendung schwerer Gefahren für Leib und Leben der Betroffenen unter ständiger fach-

---

37 *AG Recklinghausen*, FamRZ 1988, 653, 657 f.; vgl. auch *Klie*, RsDE 6/1989, 78; *Gastiger*, NDV 1989, 86.

38 *AG Recklinghausen*, FamRZ 1988, 653, 658; zustimmend *Gastiger*, NDV 1989, 86; sowie *Dieckmann*, JZ 1988, 799.

39 Nach den im Strafrecht entwickelten Kriterien können auch nur kurze bzw. vorübergehende Einschränkungen der Bewegungsfreiheit den objektiven Tatbestand der Freiheitsberaubung gemäß § 239 StGB erfüllen, vgl. dazu näherhin *Schönke/Schröder-Eser*, StGB, 24. Aufl. 1991, § 239 Rdnr.4, 11; und *v.Eicken/Ernst/Zenz* (Fn.9), S.22 f., 29; *Gastiger*, NDV 1989, 83 f.; *ders.* (Fn.24), S.79.

40 Näher hierzu auch *Holzhauer*, FuR 1992, 250 f.; *ders.*, BtPrax 1992, 54, These 4.

41 *AG Frankfurt/M.*, FamRZ 1988, 1209, 1210; ähnlich *LG Berlin*, R & P 1990, 178, 179 f. Vgl. überdies *Holzhauer* (Fn.5), S.73 ff., der mit Recht darauf hinweist, daß die Begründung des amtsgerichtlichen Beschlusses allein der Praxis der Frankfurter Vormundschaftsrichter (extensive Auslegung des Begriffs der freiheitsentziehenden Unterbringung infolge einer Entformalisierung und expliziter Ausdehnung auf sog. "offene" Einrichtungen) gegolten habe, hinter deren Problematik aber der zu entscheidende Fall deutlich zurückbleibe, so daß an sich kein Anlaß bestanden hätte, der Entscheidung des *AG Recklinghausen* entgegenzutreten.

pflegerischer Beobachtung und auf ärztliche Einzelanweisung hin in Anbetracht der ständigen Personalnot nicht befriedigend sichergestellt werden könne.[42]

Resümierend kann daher festgehalten werden, daß nach überkommener Rechtslage die zivilrechtliche Auslegung des Begriffs der freiheitsentziehenden Unterbringung - abgesehen von der schon oben nachgezeichneten Linie der Frankfurter Rechtsprechung - in der auf den Einzelfall bezogenen Argumentation unbestimmt blieb.[43] Ein klarer Trennstrich zwischen nicht genehmigungsbedürftiger Freiheitsbeschränkung und genehmigungsbedürftiger Freiheitsentziehung ließ sich weder im Hinblick auf die Dauer der Maßnahme noch auf die räumliche Einschränkung hin festschreiben, fließende Übergänge zwischen beiden Begriffen bestimmten auch weiterhin das Bild.[44]

c) Eigenständige Auslegung für den Bereich des Betreuungsrechts

Die durch das BtG erfolgte Neuregelung des Unterbringungsrechts bringt fortan mit sich, daß die Interpretation des Begriffs der freiheitsentziehenden Unterbringung auf dem Gebiet des Betreuungsrechts selbständig vorgenommen werden muß, weil § 1906 BGB n.F. in seinem Abs.4 der freiheitsentziehenden Unterbringung nach Abs.1 die ebenfalls genehmigungspflichtigen unterbringungsähnlichen Maßnahmen an die Seite stellt. In der amtlichen Begründung zum *Regierungsentwurf*[45] heißt es dazu, daß das BtG die Zweifelsfragen des alten Rechts und die damit verbundenen praktischen Probleme nicht durch einen einzigen weitgefaßten Unterbringungstatbestand zu klären gedenke, sondern vielmehr dadurch, daß

---

42 *AG Frankfurt/M.*, FamRZ 1988, 1209, 1210. Darüber hinaus setzte sich der vorgenannte Beschluß (S.1210 f.) ausführlich mit der Frage der Genehmigungsfähigkeit solcher Maßnahmen unter dem Aspekt der Verhältnismäßigkeit von Mittel und Zweck sowie unter dem einer Genehmigung unter Auflagen auseinander, vgl. insoweit auch *LG Berlin*, R & P 1990, 178, 180 f.; siehe überdies *Holzhauer* (Fn.5), S.81 ff.; *Bienwald*, RsDE 7/1989, 43 f.; *Klie*, RsDE 6/1989, 80 f.; und *Rink/Bauer*, FamRZ 1988, 1234 f.

43 I.d.S.: *v.Eicken/Ernst/Zenz* (Fn.9), S.28. Vgl. auch *AG Bremerhaven*, RsDE 6/1989, 105, 106.

44 So schon *OLG Hamm*, FamRZ 1962, 397, 398; vgl. zudem *Zenz/v.Eicken/Ernst/Hofmann* (Fn.24), S.76.

45 BT-Drucks. 11/4528, S.146; vgl. zudem *Palandt-Diederichsen*, BGB, 53. Aufl. 1994, § 1906 Rdnr.1 f.; *Bienwald* (Fn.4), Teil 1, § 1906 BGB Rdnr.27; *Holzhauer*, FuR 1992, 250 f.; *Jürgens/Kröger/Marschner/Winterstein* (Fn.1), Rdnr.492; *Peters*, Die Betreuung Volljähriger, 1992, S.339; *Damrau/Zimmermann*, BtG, 1991, § 1906 BGB Rdnr.1.

§ 1906 BGB n.F. in seinem Abs.1 von einem engeren Unterbringungsbegriff ausgehe, dem dann in Abs.4 unterbringungsähnliche Maßnahmen gleichgesetzt seien.

Außer Zweifel steht damit, daß jedenfalls die geschlossene Unterbringung als Unterbringung nach § 1906 Abs.1 BGB n.F. zu qualifizieren ist.[46] Bei der Beurteilung der Frage, wann eine geschlossene Unterbringung vorliegt, ist auf die konkrete Wohnform und die Art der Betreuung der Betroffenen im Hinblick auf ihre Bewegungsfreiheit abzustellen, wobei an dieser Stelle die zum alten Recht entwickelten Kriterien (räumliche Beschränkung, ständige Überwachung und Verhinderung des freien Kontaktes mit Personen außerhalb der Einrichtung) heranzuziehen sind.[47]

Ob allerdings in Anbetracht der bedeutsamen Frage nach dem Umfang des Anwendungsbereiches von § 1906 Abs.1 BGB n.F. letztlich wieder ausschließlich zu dem überkommenen "formalisierten" Unterbringungsbegriff zurückgekehrt werden kann,[48] hängt nicht zuletzt auch von der Auslegung der Vorschrift des § 1906 Abs.4 BGB n.F. ab. Dabei werden in bezug auf deren Anwendungsbereich unterschiedliche Auffassungen[49] vertreten, die es noch im Zusammenhang mit der eigentlichen Abhandlung der unterbringungsähnlichen Maßnahmen zu diskutieren gilt. Daß die Auslegungsproblematik des § 1906 Abs.4 BGB n.F. jedenfalls auf § 1906 Abs.1 BGB n.F. Auswirkungen zeitigen kann, wird - nur soviel sei vorausgeschickt - insbesondere aus der Sicht der Gegenäußerung der Bundesregierung[50] auf die Stellungnahme des Bundesrates zum Regierungsentwurf deutlich, wonach der Unterbringungsbegriff in Abs.1 nicht formal im Sinne einer Unterbringung in einer geschlossenen Einrichtung verstanden werden könne, sondern auch Maßnahmen wie etwa ein dauerndes Festbinden am Bett umfasse.

---

46 Vgl. *KreisG Schwedt/Oder*, FamRZ 1993, 601; siehe aber auch *Erman-Holzhauer* (Fn.4), § 1906 Rdnr.16, 34; *MünchKomm-Schwab* (Fn.2), § 1906 Rdnr.5, 22; *Jürgens/Kröger/Marschner/Winterstein* (Fn.1), Rdnr.493; *Dodegge*, NJW 1993, 2359; *Kern*, MedR 1993, 251.

47 *KreisG Schwedt/Oder*, FamRZ 1993, 601; *AG Hannover*, BtPrax 1992, 113; vgl. auch *Jensen/Röhlig*, Das neue Betreuungsrecht, 1993, S.53 f.; und *Dodegge*, MDR 1992, 437. Nach *Holzhauer*, FuR 1992, 254, müssen "bauliche und organisatorische Vorkehrungen vorhanden sein, um die Bewohner nicht nur in Einzelfällen am Verlassen der Einrichtung zu hindern".

48 So besonders *Holzhauer*, FuR 1992, 250, 254 f.; vgl. auch schon oben, Fn.23.

49 Zur Frage, ob eher ein enger oder weiter Auslegungsmaßstab der Formulierung des § 1906 Abs.4 BGB n.F. gerecht wird, siehe unten, sub III 2.

50 BT-Drucks. 11/4528, S.228; vgl. auch *Holzhauer*, FuR 1992, 251.

Die Frage, welche Fälle nun vor dem Hintergrund gewandelter Methoden des fürsorglichen Zwangs den Begriff der freiheitsentziehenden Unterbringung gemäß § 1906 Abs.1 BGB n.F. erfüllen, kann somit erst im Rahmen des noch ausstehenden Vergleichs und der Grenzziehung zu den unterbringungsähnlichen Maßnahmen nach § 1906 Abs.4 BGB n.F. abschließend beantwortet werden. Indes ist es aber schon zuvor möglich, separat auf einige zentrale Fragen im Rahmen der Interpretation des Unterbringungsbegriffs von § 1906 Abs.1 BGB n.F. einzugehen.

d) Abgrenzung zu anderen "Versorgungen"

Läßt man also die weitergehende Vorschrift des § 1906 Abs.4 BGB n.F. zunächst außer Betracht, so bedeutet jedenfalls die Einschränkung des Unterbringungsbegriffs auf diejenige Unterbringungsform, "die mit Freiheitsentziehung verbunden ist", daß andere Unterbringungen oder sonstige aufenthaltsbestimmende Maßnahmen[51] des Betreuers im Rahmen seines Aufgabenkreises weder der vormundschaftsgerichtlichen Genehmigung noch den materiellen Voraussetzungen des § 1906 Abs.1 BGB n.F. unterliegen.[52]

Davon betroffen sind zunächst ältere Menschen sowie andere pflegebedürftige oder behinderte Volljährige,[53] die sich wegen ihrer individuellen Lebensumstände aufgrund einer eigenen und selbstverantworteten Entscheidung dazu veranlaßt sehen, sich in den Schutz einer Anstalt, eines Heimes oder einer sonstigen Einrichtung zu begeben, wenn zugleich jedoch die konsentierte Aufnahme nicht von freiheitsentziehenden Maßnahmen begleitet ist.[54]

51 Wie hier *Palandt-Diederichsen* (Fn.45), § 1906 Rdnr.2.

52 So *Jürgens/Kröger/Marschner/Winterstein* (Fn.1), Rdnr.491; vgl. auch *Jürgens*, 2. VGT, 1991, S.21; *Holzhauer*, FuR 1992, 254.

53 Es handelt sich dabei sowohl um nichtbetreute Personen als auch um solche, für die - läßt man § 1906 Abs.4 BGB n.F. außer Betracht - kein entsprechend autorisierter (für Fragen der Aufenthaltsbestimmung) Betreuer bestellt ist.

54 Diese Situation entspricht in etwa dem Anwendungsbereich des Heimgesetzes, § 1 Abs.1 HeimG i.d.F. der Bek. v. 23.4.1990 (BGBl. I S.763), wobei auch an dieser Stelle expressis verbis von einer "Unterbringung" die Rede ist; instruktiv, u.a. auch zum Verhältnis BtG/HeimG, *Peters* (Fn.45), S.124 f. Aus der Sicht des Betreuungsrechts wird in diesem Zusammenhang (wohl eher) der Begriff des Wohnens (vgl. § 1897 Abs.3 BGB n.F.) verwandt, siehe dazu *MünchKomm-Schwab* (Fn.2), § 1897 Rdnr.27. Hiervon streng zu unterscheiden ist der Fall, daß Betreute "freiwillig" in eine geschlossene Einrichtung bzw. in die geschlossene Abteilung einer Einrichtung kommen, vgl. dazu unten, sub II 1 e.

Gemeint sind aber auch die Fälle, in denen Betroffene - abgesehen von deren "Unterbringung in einer Familie", derzufolge ebenfalls die bezeichnete Einschränkung zur Abgrenzung für erforderlich gehalten wird[55] - von ihren Betreuern alleinverantwortlich im Rahmen des übertragenen Aufgabenkreises der Aufenthaltsbestimmung[56] einer Alten- oder Pflegeeinrichtung zugeführt werden, ohne aber daß dieser Aufenthalt mit einer Freiheitsentziehung verknüpft wäre. Sie sind lediglich an den allgemeinen Vorschriften des Betreuungsrechts und hier in erster Linie an § 1901 BGB n.F. zu messen.[57]

e) Bedeutung der Zustimmung des Betroffenen

Des weiteren steht bei der Darstellung des Begriffs der freiheitsentziehenden Unterbringung, unabhängig von der vorerst zurückgestellten Abgrenzung zu den unterbringungsähnlichen Maßnahmen, die bislang noch offengebliebene Frage im Raum, welche Auswirkungen mit einem Verzicht des Betroffenen auf seine Bewegungsfreiheit verbunden sind oder, mit anderen Worten, welche Bedeutung der Zustimmung des Betroffenen vor allem im Hinblick auf seine Unterbringung in einer geschlossenen Einrichtung bzw. in der geschlossenen Abteilung einer Einrichtung beigemessen wird.

---

55 Daß auch die Vorschrift des § 1838 BGB inzwischen als "Fremdkörper im System des Vormundschaftsrechts" (so BT-Drucks. 11/5948, S.116) durch Art. 5 Nr.4 KJHG v. 26.6.1990 (BGBl. I S.1163, 1189) aufgehoben wurde, ändert nichts daran, vgl. *Palandt-Diederichsen* (Fn.45), § 1906 Rdnr.2; kritisch hierzu *Holzhauer* (Fn.5), S.77. Die äußerste Grenze enhält § 239 StGB, dazu *BGH*, NJW 1959, 1595. Siehe außerdem *Bienwald*, RsDE 7/1989, 36; BT-Drucks. 11/4528, S.145; sowie schon oben, Fn.17.

56 Kritisch im Hinblick auf die Heimverschaffung: *Coeppicus*, FamRZ 1993, 1024 f.; dem zustimmend *Jensen/Röhlig*, FamRZ 1994, 617.

57 Zu beachten ist etwa, daß § 1901 Abs.2 Satz 2 BGB n.F. potentiell Betroffenen die Möglichkeit eröffnet, durch sog. "Betreuungsverfügungen" schon Vorsorge in bezug auf die Auswahl eines bestimmten (Pflege-)Heims für den Fall der späteren Betreuungsbedürftigkeit zu treffen, vgl. BT-Drucks. 11/4528, S.68; *Jürgens/Kröger/Marschner/Winterstein* (Fn.1), Rdnr.167, 170; *Schlüter/Liedmeier*, ZGerontol 23 (1990), 74 f. Zur Handhabung des § 1901 BGB n.F., insbesondere bei Konflikten zwischen den Wünschen der Betreuten und ihrem Wohl, siehe m.z.w.N. *Kollmer* (Fn.3), S.117 ff., 217; *ders.*, FuR 1993, 326 ff.; *Peters* (Fn.45), S.200 ff.; *Mees-Jacobi/Stolz*, BtPrax 1994, 84 ff.; *Bienwald*, FamRZ 1992, 1127 ff.; *Frommann*, NDV 1992, 3 f. Kritik übt zudem *Coeppicus*, FamRZ 1993, 1021 u. *ders.*, FamRZ 1992, 741 f., 746 ff., weil das BtG keine hinreichenden Bestimmungen geschaffen habe, nach denen Betreuer und Vormundschaftsgericht abwägen könnten, unter welchen Voraussetzungen ihnen die Möglichkeit eröffnet ist, sich über den Wunsch der Betreuten, nicht in ein Heim zu kommen, hinwegzusetzen; vgl. in diesem Zusammenhang auch *LG Bremen*, BtPrax 1994, 102, 103 (zur sinngemäßen Anwendung von § 1906 BGB n.F. bei einer zwangsweisen Verschaffung in ein "offenes" Altenheim).

Dabei kann zunächst als unproblematisch vorausgeschickt werden, daß ein beliebiger Erwachsener sich selbstverständlich freiwillig - vor dem Hintergrund der Art. 2 Abs.2 Satz 2, Art. 2 Abs.1 GG - in seinem Bewegungsspielraum einengen lassen kann, ohne einer gerichtlichen Erlaubnis hierfür zu bedürfen.[58]

Fraglich ist aber, ob diese Beurteilung auch dann aufrechterhalten werden kann, wenn die Befürwortung der Unterbringung von einer Person stammt, die hinsichtlich der Bestimmung ihres Aufenthalts unter Betreuung steht.
Hier mag es nun durchaus ratsam erscheinen, als erstes wiederum aufzuzeigen, wie man mit dieser Situation vor dem Hintergrund der alten Rechtsordnung umging.

aa) Kriterium der "Einwilligungsfähigkeit"

So ist hauptsächlich zu erwähnen, daß zum Teil schon vor Inkrafttreten des BtG sehr gegensätzliche Standpunkte die Auseinandersetzung darüber prägten, inwieweit die Zustimmung eines unter Personensorge stehenden Volljährigen (Mündels oder Pfleglings) die Genehmigung des Vormundschaftsgerichts erübrigte. Nach ganz überwiegender Ansicht[59] setzte der Terminus der Freiheitsentziehung voraus, daß diese ohne[60] oder gar gegen den Willen des Betroffenen erfolgte. Dabei genügte im letzteren Fall, wenn der Betroffene seinen ablehnenden Willen auch durch ein schlüssiges Verhalten artikulieren konnte. Sowie der Betroffene dagegen in den Verlust seiner körperlichen Bewegungsfreiheit ausdrücklich oder konkludent einwilligte, schloß man ebenfalls bereits begrifflich eine freiheitsentziehende Unter-

---

58 Hier fehlt es dann schon begrifflich an einer "Freiheitsentziehung", so jedenfalls *Dieckmann*, JZ 1988, 798 f.; vgl. zudem *MünchKomm-Schwab* (Fn.2), § 1906 Rdnr.17; *Pardey*, RsDE 15/1991, 27.

59 Vgl. u.a.: *v.Eicken/Ernst/Zenz* (Fn.9), S.22; *Soergel-Damrau* (Fn.17), § 1800 Rdnr.10; *Staudinger-Engler*, BGB, IV.Bd., Teil 3b, 10./11. Aufl. 1969, § 1800 Rdnr.30; *Maunz/Dürig-Dürig* (Fn.8), Art. 104 Rdnr.9 f.; *BayObLG*, FamRZ 1962, 39, 40; *BayObLGZ*, 1954, 298, 302.

60 So auch dann, wenn die betroffene Person etwa wegen eines dementiven Abbauprozesses zur Bildung eines natürlichen Willens oder zur Äußerung eines natürlichen Willens nicht fähig war, vgl. dazu *Schulte*, in: Finzen et al. (Hrsg.), Recht und Psychiatrie, 1983, S.24; *Parensen* (Fn.22), S.99 f. m.w.N.; siehe außerdem schon oben, Fn.19. Davon zu unterscheiden ist der Fall, daß der Betroffene aufgrund seines körperlichen und geistigen Gesundheitszustandes überhaupt nicht mehr in der Lage war, seinen Aufenthaltsort zu verändern und seinen Willen zur eigenständigen Ortsveränderung zu betätigen (z.B. nach Schlaganfall bewußtloser Patient): insoweit lag dann schon begrifflich keine Freiheitsentziehung vor, vgl. dazu *Bürgle*, NJW 1988, 1885; *AG Recklinghausen*, FamRZ 1988, 653, 655. Zur gleichen Rechtslage unter dem BtG: *Damrau/Zimmermann* (Fn.45), § 1906 BGB Rdnr.2; sowie noch stärker differenzierend *Knittel* (Fn.2), § 1906 BGB Rdnr.11.

bringung aus, mit der Folge, daß auch eine Pflicht zur richterlichen Genehmigung entfiel, wenn der Wille rechtlich wirksam, d.h., der Betroffene einwilligungsfähig war.[61] Diesbezüglich ließ man - vor dem Hintergrund einer fehlenden (generellen) Definition[62] - im allgemeinen einen natürlichen Willen unter der qualifizierten Voraussetzung ausreichen, daß eine Einsichtsfähigkeit des Betroffenen, nämlich eine solche verstandesmäßige, geistige und sittliche Reife vorlag, die es ihm gestattete, Bedeutung und Tragweite der vorzunehmenden Maßnahme und die seiner zustimmenden Willensäußerung zu ermessen.[63] Besonderes Augenmerk wurde also darauf gerichtet, ob derjenige Betroffene, der sich zum Beispiel mit dem Aufenthalt in einer geschlossenen Anstalt - wenn auch erst auf Bitte oder Überredung hin - selbstverständlich frei von List, (psychologischem) Druck oder Drohung - einverstanden erklärt hatte, überhaupt imstande war, die konkreten Folgen einer solchen Unterbringung abzuschätzen.[64]

Im Gegensatz dazu war vor allem *Schwab*[65] der Meinung, daß eine Freiheitsentziehung selbst dann vorhanden sei, wenn die Unterbringung vom "natürlichen Willen" des "einsichtsfähigen" Betroffenen getragen werde. Diese sog. "natürliche Einsichtsfähigkeit" stelle kein rechtsstaatliches Abgrenzungskriterium bezüglich der Frage dar, ob eine hinsichtlich der Unterbringung vom Betroffenen abgegebene

---

61 Vertiefende Hinweise zu der in diesem Zusammenhang stehenden Frage nach der Rechtsnatur der Einwilligung gerade in bezug auf eine Freiheitsbeeinträchtigung finden sich unten, sub II 2 c. Lediglich zur Klarstellung sei insoweit auch darauf aufmerksam gemacht, daß eine rechtswirksame Einwilligung nicht von Verwandten, Ärzten, Heimleitern u.ä. erfolgen kann, so auch *AG Recklinghausen*, FamRZ 1988, 653, 655.

62 Zu spezialgesetzlichen Umschreibungen der Einwilligungs(un)fähigkeit: *Amelung*, ZStW 104 (1992), 531 ff.

63 Vgl. etwa *Kohte*, AcP 185 (1985), 151; *Damrau*, ZfJ 1984, 83 m.w.N.; sowie *BGH*, NJW 1964, 1177, 1178; VersR 1961, 632, 633; und auch *OLG Schleswig*, DAVorm 1991, 687, 688. Zuweilen wurde einschränkend noch darauf verwiesen, daß eine Freiwilligeitserklärung nur dort allein Beachtung verdiente und folglich eine Unterbringungsgenehmigung sowohl überflüssig als auch (nachträglich) gegenstandslos machte, wo sie eine gewisse Verläßlichkeit für sich in Anspruch nehmen konnte, so jedenfalls *Kuntze*, ZfJ 1984, 197; *Saage/Göppinger* (Fn.30), Teil II, Rdnr.19; *Parensen* (Fn.22), S.115 f.; siehe im übrigen: *BayObLG* FamRZ, 1992, 105 unter Bezugnahme auf *BayObLGZ*, 1989, 17, 19.

64 Demnach konnte der zustimmende Wille des Betroffenen auch unbeachtlich sein, wenn er ohne volle Einsicht in die Bedeutung und Tragweite der geplanten Unterbringung gebildet wurde, vgl. *Gernhuber* (Fn.23), § 7 II 5; *Staudinger-Engler* (Fn.59), § 1800 Rdnr.30. Deshalb schon damals zu weitgehend: *Sack/Denger*, MDR 1982, 974, wonach bereits der natürliche Wille des Betroffenen - unbeeinflußt von jeder Vernunfts- und Einsichtsfähigkeit - die Rechtswidrigkeit einer freiheitsentziehenden Unterbringung entfallen lassen sollte.

65 *MünchKomm-Schwab* (Fn.17), § 1800 Rdnr.29; ähnlich auch *Dieckmann*, JZ 1988, 799.

Freiwilligkeitserklärung als wirksam akzeptiert werden könne. Folglich sei die freiheitsentziehende Unterbringung auch stets genehmigungspflichtig.

bb) Seine Aktualität unter dem BtG

Obwohl die amtliche Begründung des BtG in dieser Angelegenheit jetzt ausdrücklich der bisher herrschenden Ansicht zur Interpretation des Begriffs der Freiheitsentziehung folgt,[66] haben sich unter dem BtG die Angriffe dagegen eher noch verstärkt.

So wird ins Feld geführt, daß der Wille des Betreuten - auch in Anbetracht des Umstandes, daß sich dieser in einem psychischen Ausnahmezustand befinde - erst recht keine hinreichende Grundlage für einen solchen Eingriff bilden könne, wenn der Gesetzgeber sogar den Willen des anstelle des Betroffenen handelnden Betreuers unter den Voraussetzungen des § 1906 Abs.1 BGB n.F. gerichtlich überprüfen lasse.[67] Diese Schlußfolgerung ist jedoch nicht zwingend und verkennt, daß der zustimmende Wille des Betreuten selbst in außergewöhnlichen Situationen grundsätzlich schwerer wiegt als die Einwilligung des Betreuers im Rahmen einer ihm zustehenden Bestimmungsbefugnis.[68] Hinzu kommt, daß dem einsichtsfähigen Betreuten jederzeit die Möglichkeit verbleibt, die erteilte Zustimmung nachträglich zu widerrufen[69] mit der Folge seiner Entlassung aus der Einrichtung, wenn nicht zwischenzeitlich die rechtlichen Voraussetzungen zur Fortdauer der (nunmehr frei-

---

66 BT-Drucks. 11/4528, S.146; vgl. außerdem *Palandt-Diederichsen* (Fn.45), § 1906 Rdnr.1 f.; *Jensen/Röhlig* (Fn.47), S.34; *Jürgens/Kröger/Marschner/Winterstein* (Fn.1), Rdnr. 495; *Damrau/Zimmermann* (Fn.45), § 1906 BGB Rdnr.2; *Bienwald* (Fn.4), Teil 1, § 1906 BGB Rdnr.27; *Kern*, MedR 1993, 251; *Wiegand*, FamRZ 1991, 1022; und *Stolz*, BWNotZ 1991, 165; so im Ergebnis jetzt auch *Holzhauer*, FuR 1992, 256, der jedoch unter Hinweis auf § 8 BGB der herrschenden Lehre vorwirft, bei der Begründung des Erfordernisses der Einsichtsfähigkeit nicht präzise genug zu argumentieren; vgl. im übrigen *DJT* (Hrsg.), Sitzungsbericht K zum 57. DJT, 1988, K 244, K 256 (Beschluß III.6.c)).

67 *MünchKomm-Schwab* (Fn.2), § 1906 Rdnr.17 i.V.m. § 1800 Rdnr.30; *ders.*, FamRZ 1990, 687; *ders.* (Fn.9), K 38; *Schumacher*, FamRZ 1991, 281.

68 So der Sache nach auch *Holzhauer*, FuR 1992, 256; und *Knittel* (Fn.2), § 1906 BGB Rdnr.9.

69 *Jürgens/Kröger/Marschner/Winterstein* (Fn.1), Rdnr.495; *Coeppicus*, FamRZ 1992, 751; *Damrau/Zimmermann* (Fn.45), § 1906 BGB Rdnr.2. Die früher erteilte Zustimmung muß aber auch dann als Widerruf sofort beachtet werden, wenn der Betroffene etwa in einem Anfall von geistiger Verwirrtheit die Einrichtung verlassen will, vgl. dazu *Jensen/Röhlig* (Fn.47), S.34. Siehe im übrigen schon: *Gastiger* (Fn.24), S.82; *Möllhoff*, ZGerontol 14 (1981), 422; sowie allgemein *Amelung*, ZStW 104 (1992), 556 f.

heitsentziehenden) Unterbringung vorliegen.[70] Aus diesem Grund kann sich die herrschende Auffassung auch nicht als "Einfallstor" für Unterbringungen ohne vormundschaftsgerichtliche Genehmigungen erweisen, wie einige Autoren[71] mit dem Hinweis auf die drohende Mißbrauchsgefahr von Seiten der Klinik- und Heimleitungen befürchten.

Abgesehen von nicht zu verkennenden Auswirkungen auf die Praxis in Form eines deutlichen Anstiegs zumindest der Unterbringungsverfahren im Falle gänzlicher Nichtbeachtung des Betroffenenwillens,[72] paßt die verbreitete Geringschätzung der Zustimmung jedenfalls nicht zu ihrem großen therapeutischen Wert.[73] Es liegt auf der Hand, daß bei Betroffenen, die freiwillig ihren Aufenthalt in einer geschlossenen Einrichtung nehmen wollen, der obrigkeitliche Einweisungsbeschluß, der ihnen vor Augen führt, daß der eigene Wille keine Geltung mehr hat, eher Abwehrreaktionen auslöst, die während der Dauer der Unterbringung überhaupt nicht oder nur schwerlich wieder abgebaut werden können.[74] Die Anerkennung der Rechtswirksamkeit eines zustimmenden Willens des Betreuten für den Fall seiner Einwilligungsfähigkeit ist deshalb an dieser Stelle auch nicht der "Gefahr einer Aushöhlung der Freiheitsrechte" zuträglich, sondern wahrscheinlicher ist sogar, daß damit - entsprechend den Zielsetzungen des BtG - der effektiven Ausgestaltung des Selbstbestimmungsrechts des Betroffenen zum Durchbruch verholfen wird.[75]

---

70 Hierzu näherhin: *Knittel* (Fn.2), § 1906 BGB Rdnr.10; *Holzhauer*, FuR 1992, 256; *Jürgens/Kröger/Marschner/Winterstein* (Fn.1), Rdnr.495; vgl. zudem *MünchKomm-Schwab* (Fn.2), § 1906 Rdnr.18.

71 *Peters* (Fn.45), S.340; *Friedrichs*, MDR 1992, 9; *Schumacher*, FamRZ 1991, 281 (Problematik "fiktiver" Einwilligungen, die allerdings den Schein der Freiwilligkeit erzeugen); *Dieckmann*, JZ 1988, 799. Siehe in diesem Kontext außerdem *Bruder*, NDV 1989, 47, der aus psychologisch-psychiatrischer Sicht vor allem die Beeinflußbarkeit dementer alter Menschen herausstellt; *ders.*, Gutachten C zum 57. DJT, 1988, C 38 f., aber auch C 46 (Feststellung 9); ähnlich auch *Gaedt/Lang*, BlWohlfPfl. 1992, 219.

72 *Schmidt/Böcker*, Betreuungsrecht, 2. Aufl. 1993, Rdnr.250. Wenn die Unterbringung die erste Maßnahme gegenüber einem noch nicht Betreuten ist, bedarf es darüber hinaus eines Betreuungsverfahrens, vgl. *Jürgens/Kröger/Marschner/Winterstein* (Fn.1), Rdnr.495; *Coeppicus*, FamRZ 1992, 752; *Bienwald* (Fn.4), Teil 1, § 1906 BGB Rdnr.33.

73 I.d.S.: *Holzhauer*, FuR 1992, 256; *Coeppicus*, FamRZ 1992, 752; *Bürgle*, NJW 1988, 1885; siehe im übrigen *v.Eicken/Ernst/Zenz* (Fn.9); S.51.

74 Das zeigen jedenfalls die Erfahrungen nach *Coeppicus*, FamRZ 1992, 752; und *Bürgle*, NJW 1988, 1885.

75 I.d.S.: *Knittel* (Fn.2), § 1906 BGB Rdnr.9; *Coeppicus*, FamRZ 1992, 751; *Griesinger*, NDV 1989, 42; so schon *Kohte*, AcP 185 (1985), 151.

Letztlich kann auch der Kritik von *Klüsener*[76] nicht Folge geleistet werden, wonach bezweifelt wird, ob das innere Gefüge des Betreuungsrechts noch gewahrt bleibe, wenn demgegenüber bei der Frage der Betreuerbestellung dem Betroffenenwillen unter Umständen keine entsprechende Beachtung[77] geschenkt werden müsse. Diese Auffassung übersieht, daß jedenfalls nach der Systematik des Gesetzes der Wille des Betroffenen bei der Betreuerbestellung angemessen zu berücksichtigen ist, d.h., nur sofern es dem Wohl des Betroffenen dient, vermag eine Betreuerbestellung trotz entgegenstehenden Willens auch erforderlich sein.[78]

Darüber hinaus ließe sich fragen, ob neben der Zustimmung des einwilligungsfähigen Betreuten in bezug auf die geplante Unterbringung noch eine gleichgerichtete Erklärung des Betreuers vonnöten ist.

Im Anschluß an die bisher fast einhellige Ansicht[79] ist davon auszugehen, daß eine solche Zuständigkeit des Betreuers, mag er ursprünglich auch speziell für den Aufgabenkreis der Unterbringung oder Aufenthaltsbestimmung bestellt worden sein, nur dann in Betracht kommt, wenn dem Betreuten die natürliche Einsichtsfähigkeit konkret und aktuell fehlt. Soweit der Betreute jedoch von der geistigen Verfassung her in der Lage ist, seine Situation, die in Frage stehende Maßnahme und deren Begründung zu begreifen, ist allein auch seine Einwilligung - als Ausdruck der insoweit (noch) vorhandenen Selbstbestimmung - rechtlich relevant.

Keine andere rechtliche Handhabe gilt grundsätzlich auch in den Fällen zweifelhafter Einwilligungsfähigkeit des Betreuten.[80] Jedoch sollte hier schon im Vorfeld

---

76 *Klüsener*, Rpfleger 1989, 223; *ders.*, Rpfleger 1991, 228.

77 So unterscheidet § 1896 Abs.1 BGB n.F. bei der amtlichen Betreuerbestellung nicht danach, ob diese dem Willen des Betroffenen entspricht oder ihm zuwiderläuft, zu den Einzelheiten näherhin: II 1 e cc.

78 So überzeugend *Jürgens*, BtPrax 1992, 49; aber auch *Kollmer* (Fn.3), S.189.

79 Vgl. dazu nur *Kohte*, AcP 185 (1985), 151; und *Erman-Holzhauer* (Fn.4), § 1793 Rdnr.9 m.z.w.N.

80 In derartigen Fällen ist es nach allgemeiner Auffassung auch nicht statthaft, die Freiwilligkeitserklärung des Betroffenen mittels eines Einwilligungsvorbehalts an die Zustimmung des Betreuers zu binden, da tatsächliche Befugnisse, zu denen auch die Entscheidung über die Aufenthaltsbestimmung/Unterbringung zählt, kraft ihrer Eigenart keinem Einwilligungsvorbehalt zugänglich sind, so *Palandt-Diederichsen* (Fn.45), § 1896 Rdnr.1; *MünchKomm-Schwab* (Fn.2), § 1903 Rdnr.16; *Bienwald* (Fn.4), Teil 2, § 691 FGG Rdnr.9; *ders.*, FamRZ 1992, 1131. In diesem Zusammenhang weist *Klüsener/Rausch*, NJW 1993, 620, mit Recht zudem auf den eingeschränkten Anwendungsbereich des § 691 Abs.2 FGG n.F. hin, was heißen soll, daß bei der Aufenthaltsbestimmung die Anordnung

das Vormundschaftsgericht eingeschaltet werden, um im Rahmen einer richterlichen Anhörung, zu der gegebenenfalls ein psychiatrischer Sachverständiger als Erkenntnisquelle hinzugezogen werden kann, weitestgehend abklären zu können, ob bei dem Betroffenen noch von einer natürlichen Einsichtsfähigkeit ausgegangen werden kann.[81]

Als Zwischenergebnis kann somit auf der Grundlage der zutreffenden herrschenden Auffassung festgehalten werden, daß das Kriterium der Einwilligungsfähigkeit wenigstens dann der Beschreibung der rechtlichen Grenzlinie des Übergangs von der Selbst- zur Fremdbestimmung dient,[82] wenn der Betroffene freiwillig auf seine gegenwärtige Bewegungsfreiheit verzichtet.[83]

cc) Verhältnis zur "natürlichen Geschäftsunfähigkeit" im Sinne des § 104 Nr.2 BGB

Noch nicht geklärt ist damit jedoch das grundsätzliche Problem, ob eine geschäftsunfähige Person diesen - vermittels einer natürlichen Einsichtsfähigkeit - qualifizierten Willen haben kann oder, anders gefragt, ob das BtG im vorbezeichneten Zusammenhang die Möglichkeit eröffnet, daß auch unterhalb der Schwelle der sog. "natürlichen Geschäftsunfähigkeit"[84] im Sinne des § 104 Nr.2 BGB eine Einwilligungsfähigkeit bestehen kann.
Dabei ist es wiederum von Interesse zu erfahren, ob sich zu dieser zentralen Frage eine klare Antwort bereits schon vor Geltung des BtG abzeichnete.

---

eines Einwilligungsvorbehalts nach § 1903 Abs.1 BGB n.F. auch nur für die rechtsgeschäftliche Komponente dieses Aufgabenkreises denkbar wäre; ähnlich mit Anführung von Beispielen *Knittel* (Fn.2), § 1903 BGB Rdnr.7; *MünchKomm-Schwab* (Fn.2), § 1903 Rdnr.26 i.V.m. § 1896 Rdnr.38; *Schwab*, FamRZ 1992, 506; und *BayObLG*, FamRZ 1993, 852, 853; *LG Köln*, FamRZ 1992, 857, 858.

81 Wie hier schon: *AG Recklinghausen*, FamRZ 1988, 653, 658; siehe zudem *DJT* (Fn.66), K 244, K 256 (Beschluß III.6.c)) - angenommener Zusatzantrag *Weth*, wonach sich das Vormundschaftsgericht stets vom Vorliegen der Einsichtsfähigkeit und der Zustimmung überzeugen sollte. Dabei mag es u.U. auch genügen, wenn die Einwilligungsfähigkeit zum Zeitpunkt der Erklärungsabgabe ärztlich bestätigt wird, so jedenfalls *BMJ* (Fn.7), S.71; *Stolz*, BWNotZ 1991, 165.

82 Ungenau: *VGT e.V.* (Hrsg.), 2. VGT, 1991, AG 5, S.91 ff.

83 Eine andere Frage ist, ob dem einsichtsfähigen Betroffenen auch dann eine ähnlich souveräne Rechtsstellung verbleibt, wenn gegen seinen Willen eine (freiheitsentziehende) Unterbringung in Betracht gezogen werden soll, siehe dazu II 1 e cc u. f.

84 Zum Begriff: *Flume*, AT-BGB, Bd.2, 3. Aufl. 1979, § 13, 2; *Holzhauer*, ZRP 1989, 456; *ders.* (Fn.15), B 42.

In der Entscheidung vom 28.4.1967, die sich die obergerichtliche Praxis und herrschende Meinung in der Literatur zu eigen machte, stellte der *BGH*[85] seinerzeit die Struktur der Gebrechlichkeitspflegschaft über Geschäftsfähige in den Vordergrund und nahm gegen das *BayObLG*[86] an, daß der Gebrechlichkeitspfleger zwar einen geschäftsunfähigen, nicht aber einen geschäftsfähigen Pflegebefohlenen gegen dessen Willen unter Entziehung der Freiheit unterbringen dürfe. Das Vormundschaftsgericht dürfe die zwangsweise Unterbringung eines Pfleglings daher nur dann genehmigen, wenn es davon ausgehe, daß dieser geschäftsunfähig ist. Voraussetzung für die Gestattung der Unterbringung in einem solchen Falle sei also stets die gutachterliche (deklaratorische) Feststellung der Geschäftsunfähigkeit.[87]

Demgegenüber waren aber auch schon früher gewichtige Stimmen vornehmlich in der Literatur[88] vorhanden, die keine Veranlassung sahen, zwischen beiden Pflegschaften, der für geschäftsfähige und der für geschäftsunfähige Pflegebefohlene, zu differenzieren, sondern die insgesamt die Gebrechlichkeitspflegschaft als eine Form der Fürsorge verstanden, die zum Zwecke der Unterstützung und nicht anläßlich einer beabsichtigten Bevormundung geschaffen worden sei und die aus diesem Grunde den Pfleger nicht über, sondern als Helfer neben den Gebrechlichen stelle. Für die Frage, ob der Wille des Pflegebefohlenen erheblich sei, komme es im tatsächlichen Bereich der Aufenthaltsbestimmung/Unterbringung[89] daher auch nicht

---

85 *BGHZ* 48, 147, 157 ff.; siehe zudem statt vieler: *Soergel-Damrau* (Fn.17), § 1910 Rdnr.17; *MünchKomm-Goerke* (Fn.17), § 1910 Rdnr.53; *Parensen* (Fn.22), S.120 ff.; weitere Nachweise in erster Linie auch zur Rechtsprechung: Kap.1, Fn.44.

86 *BayObLG*, FamRZ 1962, 39 f.; vgl. insoweit auch zum früheren Streitstand: *Staudinger-Engler* (Fn.59), § 1910 Rdnr.20 m.w.N.; *RGRK-Scheffler*, BGB, IV.Bd., 2.Teil, 10./11. Aufl. 1964, § 1910 Anm.4. Insbesondere *Gernhuber* (Fn.23), § 70 VI 7, bezeichnete diese Spruchpraxis des *BayObLG*, wonach auch die Unterbringung eines geschäftsfähigen Pfleglings für zulässig erachtet wurde, als "skandalösen" Irrweg, der inzwischen jedoch auf einhellige Ablehnung gestoßen sei.

87 Mit *Bienwald*, Untersuchungen zur Rechtsstellung des Gebrechlichkeitspflegers, 1992, S.431 (dort Fn.27), ist jedoch anzumerken, daß allein die Gründe der in Rede stehenden Entscheidung (*BGHZ* 48, 147, 157, 162) und nicht der einschlägige amtliche Leitsatz die generelle Zulässigkeit der Unterbringung geschäftsunfähiger Pfleglinge (wegen ihrer Geschäftsunfähigkeit) zum Ausdruck brachten.

88 So vor allem *Gernhuber* (Fn.23), § 70 VI 7; *Staudinger-Engler* (Fn.59), § 1910 Rdnr.20; *Evertz*, NDV 1983, 204; *Ehrhardt*, ArchSozArb 1979, 176; *Maurer*, FamRZ 1960, 474; ähnlich auch *LG Bonn*, FamRZ 1962, 483, 484 f.; und *AG Berlin-Wedding*, FamRZ 1968, 542, 544; FamRZ 1968, 547, 548.

89 Die (Grund)Entscheidung über die Aufenthaltsbestimmung/Unterbringung ist eine Angelegenheit, die - i.Ggs. zu rechtsgeschäftlichen Folgeangelegenheiten (Vollzugshandlungen) - dem tatsächlichen Bereich zuzuordnen ist; so ausdrücklich *Bienwald* (Fn.87), S.428 f.,441;

auf die Geschäftsfähigkeit, sondern allein auf die zweckgerichtete Willensbildungs- und Äußerungsfähigkeit an, mit der Folge, daß selbst geschäftsunfähige Gebrechliche, solange sie zu einer eigenen Entscheidung imstande seien, nicht gegen ihren Willen freiheitsentziehend untergebracht werden dürften.

Im übrigen wies *Bienwald*[90] darauf hin, daß der *BGH* in seiner damaligen Entscheidung gar nicht auf die Frage eingegangen sei, ob bereits ein anderslautender Wille des Pfleglings genügt hätte, die Unterbringungsentscheidung durch den Pfleger für unzulässig zu halten. Obwohl der Sachverhalt der Entscheidung dazu hätte Anlaß bieten können, habe der *BGH* sich dieser Problemstellung verschlossen. Außerdem habe der *BGH* damals unberücksichtigt gelassen, daß auch ein nach § 104 Nr.2 BGB geschäftsunfähiger Pflegling durchaus mit einer Unterbringung einverstanden sein könne.[91]

Mittlerweile hat sich die gesetzliche Neuregelung jedenfalls bei den Voraussetzungen der Einrichtung einer Betreuung (§ 1896 BGB n.F.) von der Frage der Geschäftsunfähigkeit gelöst. Nach bisher geltendem Recht durfte eine Gebrechlichkeitspflegschaft ohne Einwilligung des Betroffenen (sog. "Zwangspflegschaft")[92] nur dann angeordnet werden, wenn eine Verständigung mit dem Betroffenen nicht möglich war (§ 1910 Abs.3 BGB a.F.), was nach höchstrichterlicher Rechtsprechung[93] - besonders vor dem Hintergrund, daß auf der anderen Seite eine rechts-

---

ders.(Fn.4), Teil 1, § 1906 BGB Rdnr.31 u. § 1896 BGB Rdnr.223; i.d.S. auch *Klüsener/Rausch*, NJW 1993, 619; *Jürgens/Kröger/Marschner/Winterstein* (Fn.1), Rdnr.495; *Maunz/Dürig-Dürig* (Fn.8), Art. 104 Rdnr.10; *BGHZ* 7, 104, 109; *BayObLG*, Rpfleger 1985, 300, 301; siehe zudem bereits oben, Fn.80.

90 *Bienwald* (Fn.4), Teil 1, § 1906 BGB Rdnr.28; *ders.* (Fn.87), S.421 f., 431 (dort Fn.27); vgl. zudem *ders.*, in: Hellmann (Hrsg.), Beiträge zur Reform des Vormundschafts- und Pflegschaftsrechts für Menschen mit geistiger Behinderung, 1986, S.79.

91 Mangels hinreichender Feststellung in den Tatsacheninstanzen zur Frage der Geschäfts(un)fähigkeit der Pflegebefohlenen wurde die Sache zur anderweiten Verhandlung und Entscheidung an das *AG Remscheid* zurückverwiesen, vgl. *BGHZ* 48, 147, 162.

92 Vgl. statt vieler zum Begriff: *Bienwald* (Fn.4), Teil 1, § 1896 BGB Rdnr.34; *MünchKomm-Goerke* (Fn.17), § 1910 Rdnr.18 ff.; *Soergel-Damrau* (Fn.17), § 1910 Rdnr.1,6; *Dieckmann*, JZ 1988, 790; *Gernhuber* (Fn.23), § 70 VI 2; *BMJ* (Hrsg.), BtG-DiskE I, 1987, S.54.

93 *BGHZ* 35, 1, 5 f.; 48, 147, 159; 70, 252, 258; 93, 1, 3 f.; billigend *BVerfGE* 19, 93, 96 f. Siehe zudem die herrschende Literaturmeinung: *Soergel-Damrau* (Fn.17), § 1910 Rdnr.6; *MünchKomm-Goerke* (Fn.17), § 1910 Rdnr.18; *Saage/Göppinger* (Fn.30), Teil II, Rdnr.5. Anders zuletzt *Mende*, Gutachten zu einer Reform des Entmündigungs-, Vormundschafts- und des Pflegschaftsrechts, 1985, S.21, der im Anschluß an *Ehrhardt*, ArchSozArb 1979, 185, davon ausging, daß die Beurteilung der Verständigungsmöglichkeit unter Ausblendung der Frage der Geschäftsfähigkeit hätte vorgenommen werden können. Vgl. insge-

wirksame Einwilligung des Gebrechlichen in die Anordnung der Pflegschaft oder in deren Aufhebung im Wege des § 1920 BGB a.F. dessen Geschäftsfähigkeit erforderte - zunehmend pauschal mit der Geschäftsunfähigkeit im Sinne des § 104 Nr.2 BGB gleichgesetzt wurde.[94] Demgegenüber verlangt die Einrichtung einer Betreuung (vor allem auch) gegen den Willen des Betroffenen laut Gesetzesbegründung[95] nicht mehr, daß dieser zwingend geschäftsunfähig sein muß. Die Schwelle der Geschäftsunfähigkeit liegt danach höher als die der Betreuungsbedürftigkeit.

Allerdings wurde die Möglichkeit einer sog. "Zwangsbetreuung" Geschäftsfähiger schon während der Reformdiskussion heftig kritisiert und auch nach Inkrafttreten des neuen Rechts trotz Eindeutigkeit der gesetzgeberischen Entscheidung[96] weiterhin für unzulässig gehalten. So werden für ein Festhalten an der Prüfung der Geschäftsunfähigkeit bei Betreuerbestellung gegen den Willen[97] des Betroffenen (wenn z.T. auch nur inzidenter)[98] im wesentlichen zwei Argumente angeführt,

---

samt auch *Zenz/v.Eicken/Ernst/Hofmann* (Fn.24), S.44 m.w.N.; und *Bernardi*, SozInf 2/1991, 27.

94 Dem Fall der tatsächlichen Verständigungsunmöglichkeit (geschäftsfähiger Gebrechlicher) wurde dabei unter Berufung auf das seltene Vorkommen keine Bedeutung beigemessen, vgl. *BGHZ* 48, 147, 159. Für die im Entmündigungstatbestand liegenden Voraussetzungen der Vormundschaft über Volljährige spielte die Frage der Geschäftsunfähigkeit dagegen überhaupt keine Rolle; diese stand als Folge der Entmündigung (wegen Geisteskrankheit) neben der Einrichtung der Vormundschaft, so auch *Rausch/Rausch*, NJW 1992, 278; *Holzhauer*, ZRP 1989, 455; *ders.* (Fn.5), S.63.

95 BT-Drucks. 11/4528, S.122 u. S.63 (zu den Motiven); vgl. zudem *Rausch/Rausch*, NJW 1992, 275 f.; *Klüsener*, Rpfleger 1991, 226; *ders.*, Rpfleger 1989, 220. Bei dieser Gelegenheit ist im übrigen zu erwähnen, daß der Reformgesetzgeber eine Regelung der Voraussetzungen und Folgen der natürlichen Geschäftsunfähigkeit bewußt ausgespart hatte, und zwar nicht zuletzt deshalb, um die Verabschiedung der Reform in naher Zukunft nicht zu gefährden, so *Richter*, FamRZ 1989, 910 (dort Fn.5); kritisch hierzu *Schwab* (Fn.9), K 17 f.; *Pardey* (Fn.23), S.3.

96 Nach *Erman-Holzhauer* (Fn.4), Vor § 1896 Rdnr.9, beschränkte sich jedoch die amtliche Begründung (BT-Drucks. 11/4528, S.60 ff.) vorwiegend darauf, den Verzicht auf die konstitutive Feststellung von Geschäftsunfähigkeit zu begründen, ohne näher auf die Möglichkeit einer deklaratorischen Feststellung, wie sie im überkommenen Recht bei der sog. "Zwangspflegschaft" praktiziert wurde, einzugehen; siehe auch *Holzhauer*, ZRP 1989, 456.

97 Im Falle der konsentierten Betreuung spielt die Frage der Geschäftsfähigkeit von vornherein keine Rolle, wie sich aus § 1896 Abs.1 Satz 2 BGB n.F. ergibt, zutreffend *Jürgens*, BtPrax 1992, 48.

98 In diese Richtung *Coeppicus*, FamRZ 1992, 750; *Bienwald* (Fn.4), Teil 1, § 1896 BGB Rdnr.36, 61, 162 f.; *ders.*, Vormundschafts-, Pflegschafts- und Betreuungsrecht in der sozialen Arbeit, 3. Aufl. 1992, S.218; *ders.* (Fn.86), S.94 f. Ähnlich nunmehr *BayObLG*, FamRZ 1994, 720, 721; wohingegen noch offengelassen: *BayObLG*, FamRZ 1994, 319, 320.

nämlich die Gefahr einer Absenkung der Hemmschwelle für staatliche Eingriffe[99] im Vergleich zum bisherigen Recht und die Unzulässigkeit gesetzlicher Vertretung eines Geschäftsfähigen.[100]

Die Annahme, Geschäftsunfähigkeit sei Voraussetzung zur Zwangsbetreuung, vermag jedoch nicht zu überzeugen. So kann der geäußerten Befürchtung, nämlich der Gefahr einer Erweiterung der staatlichen Interventionsmöglichkeiten, schon entgegengehalten werden, daß auch das BtG zur sorgfältigen Feststellung des Wesentlichen, nämlich der krankheits- oder behinderungsbedingten Unfähigkeit des Betroffenen zur Besorgung der eigenen Angelegenheiten, zwingt, ergänzt durch die strikte Beachtung des Erforderlichkeitsgrundsatzes.[101] Außerdem ist zu bedenken, daß das neue Rechtsinstitut der Betreuung funktional nicht nur an die Stelle der Gebrechlichkeitspflegschaft[102] tritt, sondern gleichzeitig die Vormundschaft über Volljährige ersetzt. Keiner der Entmündigungstatbestände des § 6 BGB a.F. hatte

---

99 Daß die Betreuerbestellung stets eine Beschränkung der Freiheit zur Selbstbestimmung mit sich bringt, steht dabei außer Frage, vgl. BT-Drucks. 11/4528, S.59; *Hoffmann/v.Ferber*, BtPrax 1994, 38; *Mees-Jacobi/Stolz*, BtPrax 1994, 83; *Rausch/Rausch*, NJW 1992, 277; *Pardey*, RsDE 15/1991, 27; *Coester*, Jura 1991, 4; *Bürgle*, AnwBl 1989, 509; und dezidiert *Schwab* (Fn.4), S.891 f.

100 So nachhaltig *Bürgle*, AnwBl 1989, 509; *ders.*, NJW 1988, 1883 f.; *Schmidt*, DRiZ 1992, 375; *Rink/Bauer*, FamRZ 1988, 1230. Auch *Holzhauer*, ZRP 1989, 457, - vgl. auch *Erman-Holzhauer* (Fn.4), § 1896 Rdnr.26 - nimmt in Anlehnung an *Pardey* (Fn.23), S.79, 86 ff., eine ähnliche Haltung ein, setzt aber an die Stelle der Geschäftsunfähigkeit die mangelnde Einsicht des Betroffenen in die Erforderlichkeit seiner Betreuung (sog. "subjektive Erforderlichkeit" als ungeschriebenes Tatbestandsmerkmal); dem folgend *Damrau/Zimmermann* (Fn.45), § 1896 Rdnr.8. Zur gesamten Problematik ausführlich: *Knittel* (Fn.2), § 1896 BGB Rdnr.10 ff.; und ähnlich *Gernhuber/Coester-Waltjen*, Lehrbuch des Familienrechts, 4. Aufl. 1994, § 76 III 1; *Schmidt/Böcker* (Fn.72), Rdnr.12 ff.; *Jensen/Röhlig* (Fn.47), S.19 ff.; *Bienwald* (Fn.4), Teil 1, § 1896 BGB Rdnr.182 ff.; und vor allem *Peters* (Fn.46), S.193 ff. m.z.w.N.

101 Ebenso *Rausch/Rausch*, NJW 1992, 278; *Klüsener*, Rpfleger 1991, 226. Nach *Schwab*, FamRZ 1992, 494, - vgl. auch *ders.* (Fn.9), K 19 f. u. *MünchKomm-Schwab* (Fn.2), § 1896 Rdnr.31 - existiert darüber hinaus zwischen dem Tatbestand der natürlichen Geschäftsunfähigkeit und der gedachten Normalität des Vermögens zur Selbstbestimmung ein Zwischenbereich, in welchem eine freie Selbstbestimmung zwar nicht ausgeschlossen, aber doch so gemindert sei, daß Sachverhalte dieser Art nach altem Recht zur Entmündigung gemäß § 114 BGB a.F. (Folge: Beschränkung der Geschäftsfähigkeit) hätten führen können; ein Herausfallen dieses Personenkreises aus dem Schutz des Betreuungsrechts würde nicht gerechtfertigt sein. Ähnlich *Erman-Holzhauer* (Fn.4), § 1896 Rdnr.28.

102 Dem steht nicht entgegen, daß sich die Betreuung aber im großen und ganzen strukturell an der Gebrechlichkeitspflegschaft orientiert, vgl. dazu *Kern*, MedR 1993, 245; *ders.*, MedR 1991, 67 ("erweiterte Gebrechlichkeitspflegschaft"); ähnlich auch *Schmidt*, DRiZ 1992, 374.

die Geschäftsunfähigkeit zur Voraussetzung.[103] Das verbietet es an dieser Stelle auch, Grundsätze des alten Pflegschaftsrechts einfach kurzerhand in das Betreuungsrecht zu übernehmen.[104]

Darüber hinaus ist die Grenze der Geschäftsunfähigkeit so rigide, daß sie insoweit dem nach Flexibilität und Individualbezogenheit strebenden Betreuungsrecht nicht gerecht werden kann.[105] Zwar wird nunmehr in gefestigter Rechtsprechung eine sog. "partielle" Geschäftsunfähigkeit, die sich nur auf einen Kreis bestimmter Angelegenheiten bezieht, anerkannt,[106] eine "Relativierung" des Begriffs der Geschäftsunfähigkeit, welche die Fähigkeit der Person in Beziehung zu der Eigenart und Schwierigkeit der jeweiligen Entscheidung setzen würde, stößt hingegen weiterhin auf Ablehnung.[107] Indessen kann sich auch bei geschäftsfähigen Betroffenen zu ihrem Wohl die Notwendigkeit einer Betreuerbestellung ergeben,[108] so daß der Betreuer im Rahmen des übertragenen Aufgabenkreises auch bei diesem Personenkreis jetzt stets die Funktion eines gesetzlichen Vertreters einnimmt (§ 1902 BGB n.F.), ohne aber in jedem Falle hiervon Gebrauch machen zu müssen,[109] ge-

---

103 Vgl. bereits oben, Fn.94.

104 Wie hier *MünchKomm-Schwab* (Fn.2), § 1896 Rdnr.21; *Klüsener/Rausch*, NJW 1993, 618; *Rausch/Rausch*, NJW 1992, 278; vgl. im übrigen auch *Erman-Holzhauer* (Fn.4), § 1906 Rdnr.65.

105 Zutreffend *Erman-Holzhauer* (Fn.4), Vor § 1896 Rdnr.9; *Jürgens*, BtPrax 1992, 48; *Zenz*, NDV 1989, 35; vgl. auch schon *Zenz/v.Eicken/Ernst/Hofmann* (Fn.24), S.41, 44 ff.

106 So zuletzt *BayObLG*, NJW 1992, 2100, 2101 m.w.N.; *Erman-Holzhauer* (Fn.4), § 1896 Rdnr.29; BT-Drucks. 11/4528, S.71; vgl. zudem *Schwab* (Fn.4), S.884 m.z.w.N. insbesondere zur (entsprechend) vorherrschenden Auffassung im Schrifttum.

107 Hierzu *BayObLG*, NJW 1989, 1678, 1679 m.w.N.; siehe außerdem *Schwab* (Fn.4), S.884 m.w.N.; a.A. *Flume* (Fn.84), § 13, 5. Auch der Gesetzgeber des BtG ist offiziell noch nicht von diesem System abgerückt, obwohl in § 1903 Abs.3 Satz 2 BGB n.F. inzwischen zumindest ansatzweise die sog. "relative" Geschäftsunfähigkeit zum Ausdruck gebracht wird, näher dazu *Bienwald*, BtPrax 1993, 81; *ders.*, FamRZ 1992, 1130 (dort Fn.33); *Erman-Holzhauer* (Fn.4), § 1896 Rdnr.30; vgl. auch schon *Dieckmann*, JZ 1988, 790.

108 Zu denkbaren Fällen: *Rausch/Rausch*, NJW 1992, 275; *Richter*, FamRZ 1989, 910; *Rink*, R & P 1991, 154; *Rink/Bauer*, FamRZ 1988, 1230.

109 Den Gesetzesmaterialien zufolge dient die einheitliche gesetzliche Vertretung dem Schutz des Betreuten, vgl. BT-Drucks. 11/4528, S.135 f. Beachtlich auch *Gernhuber* (Fn.23), § 70 VI 4 m.w.N., der - entgegen der damals h.M. - schon von jeher im Pfleger Geschäftsfähiger nicht einen vom Staat bestellten Bevollmächtigten, sondern einen gesetzlichen Vertreter gesehen hatte, welcher überdies dem Vertretenen nicht notwendig übergeordnet sei; dem zustimmend *Müller-Freienfels*, FS für Helmut Coing, Bd.II, 1982, S.400. Zu den Auswirkungen einer "Doppelzuständigkeit" des Betreuten und des Betreuers im rechtsgeschäftlichen Bereich näherhin: *Peters* (Fn.45), S.252 ff.; und *Jürgens*, BtPrax 1992, 48 f.

schweige denn bei im tatsächlichen Bereich liegenden Gegebenheiten anstelle des Betroffenen entscheidungsberechtigt zu sein.

Von Ausnahmen abgesehen[110] besteht daher kein Anlaß, bei der Prüfung, ob ein Betreuungsverhältnis nach § 1896 BGB n.F. einzurichten ist, Feststellungen zur Geschäfts(un)fähigkeit des Betroffenen zu treffen.[111]

Des weiteren ist zu erörtern, ob auch für einen tiefer in die Grundrechte des Betroffenen hineinreichenden Eingriff, wie ihn die geschlossene Zwangsunterbringung nun einmal bewirkt, von der Frage der Geschäftsunfähigkeit als Eingriffsvoraussetzung abgesehen werden kann.

So wird von etlichen Autoren[112] im wesentlichen unter Anführung bereits genannter Bedenken, nämlich der Sorge um notwendige Rechtssicherheit und ausreichenden Grundrechtsschutz, gefordert, daß eine zivilrechtliche Unterbringung[113] gegen den Willen des Betroffenen nur dann zulässig sei, wenn dieser geschäftsunfähig ist.

Abgesehen davon, daß der Weg sich hierbei - wie schon angesprochen - als nicht gangbar erweist, die in der Rechtsprechung entwickelten Grundsätze zur zwangsweisen Unterbringung eines nach § 1910 BGB a.F. unter Pflegschaft Gestellten ohne weiteres in das Betreuungsrecht zu übertragen,[114] verkennt diese Auffassung

---

110 Wenn z.B. im Hinblick auf § 1896 Abs.2 Satz 2, 1.Alt. BGB n.F. die Wirksamkeit einer Vollmacht in Frage steht, vgl. dazu *Wesche*, Rpfleger 1993, 227; *Klüsener/Rausch*, NJW 1993, 617 f.; *Schwab*, FamRZ 1992, 494; *MünchKomm-Schwab* (Fn.2), § 1896 Rdnr.12, 146; kritisch *Rink*, R & P 1991, 154; a.A. zudem *Coester*, Jura 1991, 6; und ähnlich *Gernhuber/Coester-Waltjen* (Fn.100), § 76 V 4.

111 Diese Regelung hält auch einer verfassungsrechtlichen Prüfung stand, insoweit kann verwiesen werden auf *Rausch/Rausch*, NJW 1992, 276 f.; und *Erman-Holzhauer* (Fn.4), § 1906 Rdnr.65 f.; vgl. zudem *Schumacher/Jürgens*, R & P 2/1988, 4; sowie *DJT* (Fn.66), K 237, K 252 (Beschluß II.2.d)) - abgelehnter Antrag *Herbst*. Zu verfassungsrechtlichen Bedenken hingegen *Knittel* (Fn.2), § 1896 BGB Rdnr.15 m.w.N.

112 Insbesondere *Knittel* (Fn.2), § 1906 BGB Rdnr.12 f.; *Schmidt/Böcker* (Fn.72), Rdnr. 249, 253, 257; *Schmidt*, DRiZ 1992, 379; *Coeppicus*, FamRZ 1992, 751; *Bürgle*, AnwBl 1989, 509 f.; *ders.*, NJW 1988, 1885. Vgl. außerdem *DJT* (Fn.66), K 237, K 252 (Beschluß II.2.e)) - hier allerdings allein den mit 41 Ja-Stimmen, 39 Nein-Stimmen und 6 Enthaltungen denkbar knapp angenommenen Hilfsantrag *Herbst*; und *Riedel/Seidl et al.*, MMW 134 (1992), 36.

113 Soweit eine öffentlichrechtliche Unterbringung in Betracht gezogen wird, kommt es dagegen unstreitig nicht darauf an, ob der Betroffene geschäftsfähig oder geschäftsunfähig ist, vgl. dazu *Bienwald* (Fn.4), Teil 3, B., Vorbem. v. §§ 70 ff. FGG Rdnr.15.

114 So auch *Klüsener/Rausch*, NJW 1993, 621; siehe im übrigen schon oben, Fn.104.

insbesondere, daß eine Gesamtwürdigung von neuem Gesetzeswortlaut, Entstehungsgeschichte sowie Regelungsgehalt des BtG die Feststellung einer Geschäftsunfähigkeit des Betroffenen als zusätzliche Unterbringungsvoraussetzung gerade nicht verlangt.[115]

Der in § 1906 Abs.1 Nr.1 und 2 BGB n.F. als materielle Rechtsgrundlage der zivilrechtlichen Unterbringung ausgewiesene Normtext enthält keinerlei Hinweise zur Prüfung der Geschäftsunfähigkeit des Unterzubringenden; die einzige angesprochene Unfähigkeit ist in der zweiten Tatbestandsalternative diejenige zur Einsicht in die Notwendigkeit der Unterbringung.[116] Wenn nun davon ausgegegangen wird, daß darin zugleich die Voraussetzungen einer auf die medizinische Untersuchung oder Behandlung beschränkten partiellen Geschäftsunfähigkeit impliziert seien,[117] ist dies nur verständlich vor dem Hintergrund einer in der Rechtsprechung bestehenden Tendenz, in den Bereichen Aufenthaltsbestimmung/Unterbringung und ärztliche Behandlung den Mangel an Einwilligungsfähigkeit auf dieselbe Stufe wie die sog. "partielle" Geschäftsunfähigkeit zu stellen.[118] Dieser Gleichsetzung ist aber zu widersprechen, da insoweit der Versuch unternommen wird, begrifflich und tatsächlich Unterschiedliches miteinander zu verknüpfen.[119] Der starre Begriff der Geschäfts(un)fähigkeit steht im Gegensatz zu der relativen Natur der Einsichts- und Steuerungsfähigkeit sowie der darauf aufgebauten Einwilligungsfähigkeit[120] und hat im tatsächlichen Bereich von elementaren Grund-

---

115 Wie hier *Palandt-Diederichsen* (Fn.45), § 1906 Rdnr.4; *Klüsener/Rausch*, NJW 1993, 621; *Kern*, MedR 1993, 251 (dort Fn.120); und *Holzhauer*, ZRP 1989, 457.

116 I.d.S.: *Damrau/Zimmermann* (Fn.45), § 1906 BGB Rdnr.10; *Holzhauer* (Fn.15), B 106; siehe zudem *Kern*, MedR 1993, 251 (dort Fn.120); *ders.*, MedR 1991, 71 (dort Fn.56).

117 So jedenfalls *Bürgle*, AnwBl 1989, 509 f.; *ders.*, NJW 1988, 1885; in diesem Sinne zudem *Schmidt/Böcker* (Fn.72), Rdnr.254.

118 Vgl. dazu *BayObLG*, NJW 1992, 2100, 2101; MedR 1990, 273, 275; *BayObLGZ* 1986, 214, 215 f. m.w.N.; ähnlich auch *Helle*, MedR 1993, 135 f.(dort Fn.20).

119 Instruktiv zum wesensmäßigen Unterschied: *Holzhauer*, ZRP 1989, 457; *Pardey* (Fn.23), S.79; *Mende* (Fn.93), S.12; vgl. auch *Ukena*, MedR 1992, 203 ff. m.w.N. (spezifisch für den Bereich der Heilbehandlung). Siehe zudem *Bienwald*, FamRZ 1992, 1130 (dort Fn.33), der zu bedenken gibt, daß einer Gleichstellung inzwischen auch § 1903 Abs.3 BGB n.F. entgegenstehe. Dessenungeachtet wird es selbstverständlich zahlreiche Fälle geben, bei denen die sachverhaltlichen Gegebenheiten insoweit deckungsgleich sind, so ähnlich *Bienwald* (Fn.87), S.431 (dort Fn.27).

120 Die Einwilligungs(un)fähigkeit wird subjektiv individuell und objektiv konkret verstanden, so ausdrücklich *Holzhauer*, ZRP 1989, 457; vgl. außerdem *Bienwald*, FamRZ 1992, 1131; und *Amelung*, ZStW 104 (1992), 551 ff.

rechtseingriffen wie Unterbringung oder (Zwangs-)Behandlung keine Berechtigung, wovon auch der Gesetzgeber des BtG ausgeht.[121]

Indem das BtG folglich auch bei der Auslegung des Begriffs der Freiheitsentziehung im Rahmen der Unterbringung nach § 1906 Abs.1 BGB n.F. einen von der Frage der Geschäftsfähigkeit unabhängigen Willen ausreichen läßt,[122] verdient deshalb - um wieder auf die Eingangsüberlegung zurückzukommen - die Freiwilligkeitserklärung eines nicht (mehr) Geschäftsfähigen bezüglich seiner Unterbringung genauso Beachtung, sofern er noch über einen von der natürlichen Einsichtsfähigkeit getragenen Willen verfügt, mit der Folge, daß dann auch mangels eines Eingriffs in die Freiheit des Betroffenen eine vormundschaftsgerichtliche Genehmigung entbehrlich ist.[123]

f) Uneingeschränkte Bestimmungsfreiheit des Einsichtsfähigen?

Erwartungsgemäß stellt sich im Anschluß an die Diskussion um die Zulässigkeit einer freiwilligen Unterbringung aufgrund der Einwilligungsfähigkeit noch die Frage, ob im umgekehrten Fall der einwilligungsfähige Betroffene es gleichermaßen in der Hand hätte, allein durch seine Verweigerung eine freiheitsentziehende

---

121 BT-Drucks. 11/4528, S.71 f., 146; vgl. im übrigen *Klüsener/Rausch*, NJW 1993, 619, 621; *Dodegge*, MDR 1992, 439; *Jürgens*, BtPrax 1992, 48; *Jürgens/Kröger/Marschner/Winterstein* (Fn.1), Rdnr.511; und Gastiger, Freiheitsschutz und Haftungsrecht in der stationären und ambulanten Altenhilfe, 2. Aufl. 1993, S.65.

122 *Jürgens/Kröger/Marschner/Winterstein* (Fn.1), Rdnr.499: "Wer nicht geschäftsfähig ist, kann durchaus im natürlichen Sinn einsichtsfähig sein, wie sich z.B. im Recht der Minderjährigen sowie im Arztrecht belegen läßt." Insbesondere unter arztrechtlichen Aspekten: *Bienwald* (Fn.4), Teil 1, § 1896 BGB Rdnr.188; *Lippert/Kern*, Arbeits- und Dienstrecht der Krankenhausärzte von A-Z, 1991, S.40; *Kern/Laufs*, Die ärztliche Aufklärungspflicht, 1983, S.24, 26 ff.; *v.Eicken/Ernst/Zenz* (Fn.9), S.33 f.; *Zimmermann/Damrau*, NJW 1991, 540; *Bernardi*, SozInf 2/1991, 27; *Holzhauer*, NJW 1992, 2328 f. (speziell bzgl. § 41 Nr.3 AMG v. 24.8.1976 - BGBl. I S.2445). Eine solche Ausdifferenzierung wird u.a. auch vorausgesetzt bei: § 8 Abs.4 Satz 2 Bad.-Württ.UBG n.F. (Kap.1, Fn.125); § 8 Abs.5 Satz 2 Nds.MVollzG i.d.F. von Art.11 des "Gesetzes zur Anpassung des Landesrechts an das Betreuungsgesetz" (Kap.1, Fn.122).

123 Zutreffend insoweit *Bienwald* (Fn.4), Teil 1, § 1906 BGB Rdnr.27, 32 u. Teil 3, B., Vorbem. v. §§ 70 ff. FGG Rdnr.16; vgl. daneben *DJT* (Fn.66), K 244, K 256 (Beschluß III.6.c)). Zu weitgehend dagegen: *Schmidt*, DRiZ 1992, 379 u. *Schmidt/Böcker* (Fn.72), Rdnr.249, wonach die Genehmigung durch das Gericht bereits dann nicht vonnöten sein soll, wenn der Geschäftsunfähige einer Unterbringung allein schon mit seinem natürlichen Willen, der lediglich von gewisser Dauer sein müsse, zustimme. Sehr instruktiv zu den verschiedenen Willensebenen, die zuweilen auch infolge einer uneinheitlichen Terminologie verwechselt werden, *Kern*, MedR 1993, 245 f. m.w.N.; vgl. zusätzlich noch *DJT* (Fn.66), K 191 f. (Diskussionsbeitrag von *Helle*).

Unterbringung durch den mit der Aufenthaltsbestimmung bzw. ausschließlich mit der Unterbringung betrauten Betreuer zu verhindern. Anders ausgedrückt läßt sich fragen, ob dem Betreuten für den Fall des Vorhandenseins der natürlichen Einsichtsfähigkeit auch in bezug auf seine ablehnende Willensäußerung eine souveräne Rechtsstellung schlechthin zu belassen ist.

Während sich § 1906 Abs.1 Nr.2 BGB n.F. als zugespitzte Konsequenz der Gesundheits- oder Behandlungsbetreuung auf der selbstbestimmungsrechtlich gleichen Ebene wie § 1904 BGB n.F. bewegt,[124] also eine darauf gestützte Unterbringung gegen den Willen des Betreuten bei dessen Einwilligungsfähigkeit ausgeschlossen ist,[125] zeichnen sich hauptsächlich Meinungsverschiedenheiten darüber ab, ob § 1906 Abs.1 Nr.1 BGB n.F. eine gewisse Aufweichung von dem in den §§ 1906 Abs.1 Nr.2, 1904 BGB n.F. verankerten Prinzip, wonach der einsichts- und steuerungsfähige Betroffene frei über sein physisches Wohlergehen befinden kann,[126] bewirkt.

So wird etwa allein aus dem Vergleich mit § 1906 Abs.1 Nr.2 BGB n.F. gefolgert, daß im Falle der Gefahr einer Selbsttötung oder einer erheblichen gesundheitlichen Schädigung die Unterbringung auch gegen den "natürlichen" Willen des (einsichtsfähigen) Betreuten zulässig sei, weil der Normtext des § 1906 Abs.1 Nr.1 BGB n.F. die vorausbeschriebene Einschränkung der zweiten Fallgruppe gerade nicht enthalte.[127]

Andere wiederum gelangen im Ergebnis zu einer Deckungsgleichheit der Eingriffsschwellen von § 1906 Abs.1 Nr.1 und 2 BGB n.F., indem sie betonen, daß § 1906 Abs.1 Nr.1 BGB n.F. nicht dazu führen dürfe, die Grenze der Einwilligungsunfähigkeit des Betreuten zu überspielen, was wiederum dadurch gesichert erscheine, daß die erwähnte Selbstgefährdung nach § 1906 Abs.1 Nr.1

---

124 So auch *Kollmer* (Fn.3), S.215; *Holzhauer* (Fn.15), B 106; *Wolf*, ZRP 1988, 317; *Schumacher/Jürgens*, R & P 2/1988, S.11; siehe zudem BT-Drucks. 11/4528, S.82, 147.

125 Wie hier *Jürgens/Kröger/Marschner/Winterstein* (Fn.1), Rdnr.511; siehe zudem *Pardey* (Fn.23), S.136.

126 Vgl. nur BT-Drucks. 11/4528, S.71 ff., 140 ff., 147 f.; *Knittel* (Fn.2), § 1904 BGB Rdnr.5; *Peters* (Fn.45), S.332; *Kern*, MedR 1993, 247 ff. m.w.N.; *ders.*, MedR 1991, 68 ff.; *Coester*, Jura 1991, 7; *Wolf*, ZRP 1988, 314; und *LG Berlin*, BtPrax 1993, 66, 68.

127 I.d.S.: *Bernardi*, SozInf 2/1991, 30; vgl. auch *Knittel* (Fn.2), § 1906 BGB Rdnr.12.

BGB n.F. zwangsläufig das Produkt einer psychischen Krankheit oder geistig-seelischen Behinderung sein müsse.[128]
Praktisch bedeute dies, so in erster Linie näher ausführend *Kollmer*[129], daß dem Betroffenen dabei auch regelmäßig die Möglichkeit einer freien Willensbestimmung abgesprochen werden müsse oder, konkreter dargelegt, daß der gemäß § 1906 Abs.1 Nr.1 BGB aufgrund einer Selbstschädigungsgefahr Unterzubringende ohnehin für den Bereich der Aufenthaltsbestimmung/Unterbringung (partiell) geschäftsunfähig im Sinne von § 104 Nr.2 BGB sein werde, weswegen auch nach dem neuen Recht eine Verschlechterung der Situation für geschäftsfähige Betroffene letztlich nicht zu befürchten sei.

Eine weitere Auffassung[130], die offenbar in Fortführung der damaligen Mindermeinung in der Literatur[131] zur Frage der Zwangsunterbringung Pflegebefohlener zu begreifen ist, will gleichfalls mit dem Merkmal der Einwilligungsunfähigkeit den Anwendungsbereich des § 1906 Abs.1 Nr.1 BGB n.F. beschränkt wissen. Indessen könne - entgegen der zuletzt dargestellten Ansicht - auch der geschäftsunfähige Betreute nicht gegen seinen Willen in eine geschlossene Einrichtung eingeliefert werden, wenn er über die (durchaus mögliche) natürliche Einsichtsfähigkeit noch verfüge. Im übrigen wird betreffs beider Varianten als notwendiges Korrektiv hervorgehoben, daß jedenfalls eine geschäftsfähige Person vor dem Hintergrund der zum bisherigen Recht ergangenen Entscheidungen nicht zwangsweise untergebracht werden dürfe.[132]

---

128 So insbesondere *Kollmer* (Fn.3), S.216 unter Berufung auf *Holzhauer* (Fn.15), B 107 und BT-Drucks. 11/4528, S.146.

129 *Kollmer* (Fn.3), S.216 f., 219; ähnlich *Schmidt/Böcker* (Fn.72), Rdnr.249, 254. Jedenfalls für eine Unterbringung nach § 1906 Abs.1 Nr.1 BGB n.F. nunmehr in der Sache - wenn auch ohne Verwendung des Begriffs der Geschäfts(un)fähigkeit - entsprechend: *BayObLG*, FamRZ 1994, 320, 321; FamRZ 1993, 998, 999; FamRZ 1993, 600; siehe zudem *Knittel* (Fn.2), § 1906 BGB Rdnr.16. Allerdings gilt es zu beachten, daß die Fähigkeit zur Freiheit des Willensentschlusses gerade das wesentliche Merkmal der Geschäftsfähigkeit ist, vgl. dazu *Palandt-Heinrichs* (Fn.45), § 104 Rdnr.5.

130 *Bienwald* (Fn.87), S.94 (dort Fn.239); *ders.* (Fn.4), Teil 3, B., Vorbem. v. §§ 70 ff. FGG Rdnr.16 i.V.m. Teil 1, § 1906 BGB Rdnr.27.

131 Oben, Fn.88.

132 *Bienwald* (Fn.4), Teil 1, § 1906 BGB Rdnr.40, 43 u. Teil 3, B., Vorbem. v. §§ 70 ff. FGG Rdnr.16; *ders.* (Fn.98), S.218; *ders.* (Fn.87), S.94.

Einige Autoren[133] plädieren schließlich generell dafür, die rechtliche Grenzziehung zwischen der Selbst- und Fremdbestimmung im Rahmen der freiheitsentziehenden Unterbringung nach § 1906 Abs.1 BGB n.F. maßgebend an der Frage der Einwilligungs(un)fähigkeit des Betroffenen auszurichten. Der Unterschied zum unmittelbar vorerwähnten Standpunkt sei allein darin zu sehen, daß dem Kriterium der Geschäftsfähigkeit jedwede (zusätzliche) Bedeutung abgesprochen werde.

Am besten vertretbar erscheint die letztgenannte Position, da sie als einzige konsequent, d.h., auch soweit die rechtliche Möglichkeit einer nicht konsentierten Unterbringung zur Prüfung ansteht, der Frage nach der Geschäfts(un)fähigkeit des Betroffenen keine Relevanz abgewinnt, sondern eine (vorhandene) Konfliktsituation zwischen der Eigen- und Fremdbestimmung bei der zivilrechtlichen Unterbringung von Grund auf anhand des flexiblen Kriteriums der Einwilligungs(un)fähigkeit zu lösen sucht. Zwar kann dann nicht ausgeschlossen werden, daß eine freiheitsentziehende Unterbringung im Gegensatz zur bisherigen Rechtslage auch gegen den Willen eines (einsichtsunfähigen) Geschäftsfähigen[134] erfolgen könnte[135], allerdings sollte diese Fallkonstellation in ihrer praktischen Bedeutung nicht überschätzt werden. Davon abgesehen, daß in der Praxis schon eine Zwangsbetreuung Geschäftsfähiger - trotz ihrer erwogenen grundsätzlichen Zulässigkeit[136] - wohl eher die Ausnahme bleiben wird, ist klarzustellen, daß selbst im Falle einer solchen (erforderlichen) Betreuerbestellung nicht ohne weiteres Tür und Tor für spätere schwerwiegende Eingriffe wie etwa eine mit Freiheitsentziehung verbundene Unterbringung geöffnet wären.

---

133 *Jürgens/Kröger/Marschner/Winterstein* (Fn.1), Rdnr.499; *Pardey* (Fn.22), S.138 f. (dort Fn.13); ähnlich auch *Ministerium für Arbeit, Gesundheit, Familie und Frauen Bad.-Württ.* (Hrsg.), Arbeitshilfe, 1991, S.71 f.

134 Daß es den Personenkreis der geschäftsfähigen Einwilligungsunfähigen geben kann, wird von *Holzhauer*, NJW 1992, 2329, an anderer Stelle bestätigt; vgl. dazu auch *Amelung*, ZStW 104 (1992), 531.

135 So ähnlich auch *Erman-Holzhauer* (Fn.4), § 1906 Rdnr.66.

136 Vgl. insoweit oben, Fn.101 ff.

g) Zusammenfassung

Somit bleibt festzuhalten:

- Mit der Erstreckung der vormundschaftsgerichtlichen Genehmigung auf sog. "unterbringungsähnliche Maßnahmen" nach § 1906 Abs.4 BGB n.F. will der Gesetzgeber eine lange bestehende Unsicherheit beseitigen, die im Rahmen der Abgrenzung der genehmigungspflichtigen Freiheitsentziehung von der genehmigungsfreien Freiheitsbeschränkung entstanden war. Die nunmehr eigenständige Auslegung des Begriffs "freiheitsentziehende Unterbringung" für den Bereich des Betreuungsrechts (§ 1906 Abs.1 BGB n.F.) hängt aber nicht zuletzt auch davon ab, welcher Auffassung man bei der inzwischen kontrovers geführten Diskussion um den Anwendungsbereich der neuen Bestimmung des § 1906 Abs.4 BGB n.F. folgt. Lediglich der klassische Fall der Unterbringung in einer geschlossenen Einrichtung kann deshalb vorab eindeutig der Vorschrift des § 1906 Abs.1 BGB n.F. zugeordnet werden.

- Das Betreuungsrecht geht unabhängig von der Frage der Geschäftsfähigkeit davon aus, daß eine mit der Zustimmung des einwilligungsfähigen Betreuten erfolgte Unterbringung in eine geschlossene Einrichtung bzw. in die geschlossene Abteilung einer Einrichtung schon überhaupt keinen Eingriff in die Freiheit des Betroffenen darstellt; die Anwendung von § 1906 Abs.1 BGB n.F. kommt insoweit nicht in Betracht.

- Einer ausschließlichen Fremdbestimmung ist die zivilrechtliche Unterbringung nach Maßgabe von § 1906 Abs.1 Nr.1 oder 2 BGB n.F. nur dann zugänglich, wenn die betreute Person, ungeachtet der sonstigen (normierten) Voraussetzungen, einwilligungsunfähig ist. Einer darüber hinausgehenden Prüfung zur Geschäftsunfähigkeit im Sinne einer ungeschriebenen zusätzlichen Eingriffsvoraussetzung bedarf es - wie auch schon bei der Betreuerbestellung von Amts wegen - nicht.

- Gegen den Willen des einsichtsfähigen Betroffenen steht notfalls lediglich der Weg über die öffentlichrechtliche Unterbringung nach den Landesgesetzen[137] offen.[138]

2. Betroffener Personenkreis

Auch wenn im Verlauf der Arbeit schon des öfteren pauschal der Personenkreis umschrieben wurde, für den eine freiheitsentziehende Unterbringung nach § 1906 Abs.1 BGB n.F. in Betracht kommen kann, empfiehlt es sich, diesen nochmals im Zusammenhang mit weiteren problembeladenen Abgrenzungsfragen zur Sprache zu bringen.

a) Betreute

§ 1896 Abs.1 BGB n.F. ermöglicht die Bestellung eines Betreuers bei psychisch kranken sowie bei geistig und seelisch behinderten Volljährigen[139] unter gesetzlich näher geregelten (zusätzlichen) Voraussetzungen. Dieser Kreis von betreuten Personen kann nach der Bestimmung des § 1906 Abs.1 BGB n.F. untergebracht werden[140]. Indessen werden (bloß) körperlich Behinderte von der Unterbringungsmöglichkeit ausgenommen, da selbst eine Betreuerbestellung insoweit allein freiwillig in Form eines eigenen Antrags (§ 1896 Abs.1 Satz 3 BGB n.F.) in Betracht kommen könnte.[141] Dementsprechend spricht § 1906 Abs.1 BGB n.F. in beiden Unterbringungstatbeständen nur von psychischer Krankheit sowie geistiger oder seelischer Behinderung, wobei diese Vorschrift ebensowenig wie § 1896 Abs.1 BGB n.F. die vorgenannten Termini näher konkretisiert. Den

---

137 Vgl. etwa: Art. 1 Abs.1 BayUnterbrG n.F. (Kap.1, Fn.126).

138 I.d.S.: *Klüsener/Rausch*, NJW 1993, 621.

139 Ausnahme: § 1908a BGB n.F. (voweggenommene Betreuerbestellung bei einem Siebzehnjährigen, die allerdings auch erst an dem Tage wirksam werden könnte, an dem der Betroffene volljährig wird).

140 In Eilfällen kann die zivilrechtliche Unterbringung nach der überwiegenden Rechtsprechung sowie einem Großteil der Literatur auch außerhalb eines anhängigen Betreuungsverfahrens und ohne vorherige Betreuerbestellung gemäß §§ 1846 (i.V.m. § 1908i Abs.1 Satz 1) BGB n.F., 70h Abs.3 FGG n.F. in Betracht kommen, zu den Einzelheiten vgl. Kap.3, II 1 b.

141 *Knittel* (Fn.2), § 1896 BGB Rdnr.8, 10. Im übrigen stünde einer Fremdbestimmungsbefugnis in diesem Bereich auch schon der Erforderlichkeitsgrundsatz (§ 1896 Abs.2 BGB n.F.) entgegen, vgl. dazu BT-Drucks. 11/4528, S.116 f.; *MünchKomm-Schwab* (Fn.2), § 1896 Rdnr.17, 23.

Gesetzesmaterialien[142] ist allerdings zu entnehmen, daß mit diesen Begriffen - in Abkehr von der überholten und von den Betroffenen teilweise als diskriminierend empfundenen Terminologie des Entmündigungs- und Pflegschaftsrechts[143] - bestimmte medizinische Befunde bezeichnet werden, die in der gegenwärtigen Fachterminologie und/oder zumindest von der zeitgemäßen Gesetzessprache her geläufig sind.[144] In Ansehung der Aufgabenstellung würde aber nun die detaillierte Aufzählung sämtlicher für das Betreuungsrecht relevanten psychiatrischen Krankheitsbilder sowie geistigen Behinderungen und Varianten seelischen Erlebens den Rahmen dieser Arbeit sprengen; deshalb sei an dieser Stelle - ungeachtet der einen oder anderen Problemstellung bei der noch bevorstehenden Erörterung der Unterbringungsgründe - vornehmlich auf die nach typologischen bzw. ätiologischen und epidemiologischen Gesichtspunken gegliederte Abhandlung von *Schmidt/Böcker*[145] verwiesen.

b) Auswirkung der Regelung des § 1906 Abs.1 BGB n.F. auf die freiheitsentziehende Unterbringung Minderjähriger?

Durch das BtG hat sich am materiellen Recht betreffend die freiheitsentziehende Unterbringung Minderjähriger nichts geändert, weil es für diesen Personenkreis bei der bisherigen Gesetzeslage (§§ 1631b, 1705 Satz 2, 1800, 1915 Abs.1 BGB) bleibt.[146] § 1906 Abs.1 BGB n.F. gilt seinem Wortlaut nach nur für Betreute, also gemäß § 1896 Abs.1 BGB n.F. nur für Volljährige. Dessenungeachtet ließe sich

---

142 BT-Drucks. 11/4528, S.52, 115 f.; BT-Drucks. 11/6949, S.70; vgl. auch *Holzhauer*, ZRP 1989, 455. Zweifel am Erfordernis des Betreuungsgrundes "seelische Behinderung" hegt *MünchKomm-Schwab* (Fn.2), § 1896 Rdnr.13, unter Bezugnahme auf die Kritik des Bundesrates (BT-Drucks. 11/4528, S.206); dem folgend auch *Knittel* (Fn.2), § 1896 BGB Rdnr.4. Kritisch außerdem: *Bürgle*, NJW 1988, 1881; und *Pardey* (Fn.23), S.67.

143 Vgl. etwa: §§ 6 Abs.1 Nr.1, 104 Nr.3, 114 BGB a.F. ("Geisteskrankheit", "Geistesschwäche"); § 1910 BGB a.F. ("Gebrechen"); dazu auch *Mende* (Fn.93), S.17.

144 Eine Rückkehr zur medizinisch-psychiatrischen Terminologie hatte sich zuvor schon weitgehend im Unterbringungsrecht der Länder vollzogen, worauf *Marschner*, in: Brill (Hrsg.), Zum Wohle der Betreuten, 1990, S.94, exemplarisch hinweist.

145 *Schmidt/Böcker* (Fn.72), Rdnr.551 ff. (Kap.4 bis Kap.9); siehe außerdem BT-Drucks. 11/4528, S.116 f.; *Knittel* (Fn.2), § 1896 BGB Rdnr.2 ff.; *Erman-Holzhauer* (Fn.4), § 1896 Rdnr.5 ff.; *MünchKomm-Schwab* (Fn.2), § 1896 Rdnr.6 ff.; *Bienwald* (Fn.4), Teil 1, § 1896 BGB Rdnr.54 ff.; *Gernhuber/Coester-Waltjen* (Fn.100), § 76 II 1; *Jürgens/Kröger/Marschner/Winterstein* (Fn.1), Rdnr.42 ff.; *Peters* (Fn.45), S.60 ff.; *Bruder* (Fn.71), C 6 ff., C 26 ff., C 31 ff.; *Foerster*, MedR 1991, 181; und *BayObLG*, BtPrax 1994, 29. Zum mengenmäßigen Umfang der von der Betreuung Betroffenen vgl. im übrigen auch *Wojnar*, BtPrax 1992, 16 ff.; sowie schon oben, Kap.1, Fn.89.

146 So bereits oben, Fn.24 der Einleitung.

aber fragen, ob die in § 1906 Abs.1 BGB n.F. zum Ausdruck gelangte gesetzgeberische Wertung auch bei der Unterbringung Minderjähriger zu berücksichtigen ist.

Insoweit hatte schon der Bundesrat in seiner Stellungnahme zum Regierungsentwurf[147] den Vorschlag unterbreitet, wenigstens die vormundschaftliche (und pflegschaftliche) Unterbringung Minderjähriger mittels einer Neufassung des § 1800 BGB der differenzierten Regelung des § 1906 Abs.1 bis 3 BGB n.F. anzugleichen und es lediglich für die elterliche Unterbringung eines Minderjährigen bei der Regelung des § 1631b BGB zu belassen. Dem hat sich jedoch weder die Bundesregierung in ihrer Gegenäußerung[148] angeschlossen, noch ist diese Empfehlung vom Rechtsausschuß des Bundestages[149] aufgegriffen worden, und zwar mit dem Hinweis, daß die Verbindung der Reform des Rechts der Vormundschaft und Pflegschaft für Volljährige mit einer "etwaigen" Neuregelung des materiellen Rechts der Unterbringung Minderjähriger angesichts der Vielzahl noch ungeklärter Fragen auf diesem Gebiet die Verabschiedung des allgemein als dringlich eingestuften "BtG-Entwurfs" in naher Zukunft gefährdet hätte.[150]

Gleichwohl wird die gegenwärtige Zweispurigkeit des Gesetzes in der Behandlung der freiheitsentziehenden Unterbringung, der für Volljährige und der für Minderjährige, nicht darüber hinweg täuschen können, daß die restriktive Regelung des § 1906 Abs.1 BGB n.F. - zudem angesichts der in der amtlichen Begründung zum BtG angedeuteten Neuregelungsbedürftigkeit des materiellen Unterbringungsrechts Minderjähriger[151] - die Handhabung der §§ 1631b (1705 Satz 2, 1800, 1915 Abs.1) BGB, in denen die materiellen Unterbringungsvoraussetzungen nur vage mit der Bezugnahme auf das "Wohl" des Betroffenen niedergelegt sind, nachhaltig beeinflussen wird.[152]

---

147 BT-Drucks. 11/4528, S.204 f.

148 BT-Drucks. 11/4528, S.225.

149 BT-Drucks. 11/6949, S.69.

150 Auch ein daran anknüpfender Antrag der SPD-Fraktion, demzufolge die BReg u.a. aufgefordert wurde, bis zum 1.4.1991 über den Sachstand einer Reform des materiellen Rechts der Unterbringung Minderjähriger zu berichten, wurde nicht angenommen, vgl. BT-Drucks. 11/6975 u. BT-Drucks. 11/6949, S.69.

151 Siehe dazu BT-Drucks. 11/4528, S.38, 225.

152 So der Sache nach auch *MünchKomm-Schwab* (Fn.2), § 1800 Rdnr.24; und *Schwab*, FamRZ 1990, 687.

Ausstrahlungen des § 1906 Abs.1 BGB n.F. auf die Unterbringung Minderjähriger dürften im übrigen auch schon vor dem Hintergrund des bundesweit ab 1.1.1991 in Kraft getretenen "Gesetzes zur Neuordnung des Kinder- und Jugendhilferechts (Kinder- und Jugendhilfegesetz - KJHG)" vom 26.6.1990,[153] welches einen ersten Wandel im Unterbringungsrecht für Minderjährige insbesondere wegen der gleichzeitigen Aufhebung des aus dem Jahre 1922 stammenden Jugendwohlfahrtsgesetzes[154] und mit ihm der freiwilligen Erziehungshilfe und Fürsorgeerziehung (§§ 62 ff. JWG) eingeleitet hatte, zu erwarten sein. Das KJHG (Art. 1 - SGB VIII) kennt als Unterbringungsmaßnahme lediglich noch die Inobhutnahme von Kindern und Jugendlichen im Sinne einer vorläufigen Unterbringung nach § 42.[155]

Es steht deshalb zu vermuten, daß insbesondere die richterliche Spruchpraxis in Fragen der freiheitsentziehenden Unterbringung Minderjähriger künftig kaum noch vom Gesetz determiniert werden wird, sondern daß umgekehrt die Zulässigkeit der zivilrechtlichen Unterbringung nach §§ 1631b, 1705 Satz 2, 1800, 1915 Abs.1 BGB bis zu einer gesetzlichen Neuregelung maßgeblich von der betreuungsrechtlichen Unterbringungspraxis (mit-)bestimmt werden wird.

c) Zulässigkeit der freiheitsentziehenden Unterbringung eines Nichtbetreuten im Rahmen "privater Fürsorge"?

Die Bestimmung des (Vorrang-)Verhältnisses zwischen privater Fürsorge und Betreuung bildet ein weiteres Grundproblem des Betreuungsrechts. Danach ist - bezogen auf die Unterbringung - fraglich, ob sogar eine rein private Beistandsperson statt des nicht oder zumindest des nicht unter entsprechend autorisierter Betreuung stehenden einwilligungsunfähigen Betroffenen in dessen geschlossene Unterbringung einwilligen könnte oder ob die Rechtsordnung für diese Belange eine derartige Vertretung im Willen ausschließt.[156]

---

153 BGBl. I S.1163, zuletzt geändert durch "Erstes Gesetz zur Änderung des Achten Buches Sozialgesetzbuch" v. 16.2.1993 (BGBl. I S.239); zur Vordatierung in den neuen Bundesländern vgl. oben, Kap.1, Fn.85.

154 Zuletzt i.d.F. der Bek. v. 25.4.1977 (BGBl. I S.633); letzte Änderung durch Art. 6 § 8 des Gesetzes v. 25.7.1986 (BGBl. I S.1142).

155 Neuerdings i.d.F. der Bek. v. 3.5.1993 (BGBl. I S.637). Näherhin zu den Einzelheiten: *Busch*, ZfJ 1993, 129 ff. m.z.w.N.; aber auch *Coester*, FamRZ 1991, 258 f.; und bereits *Oberloskamp*, ZfJ 1990, 267 f. Vgl. im übrigen *Bienwald* (Fn.4), Teil 3, B., Vorbem. v. §§ 70 ff. FGG Rdnr.13 f.

156 Die Problematik der Einwilligungsermächtigung bzw. der Stellvertretung bei der Einwilligung stellt sich natürlich nicht nur für die Aufenthaltsbestimmung/Unterbringung, sondern

Ausgangspunkt dieser Fragestellung ist das in § 1896 Abs.2 Satz 2 BGB n.F. nunmehr gesetzlich verankerte Subsidiaritätsprinzip,[157] demzufolge die Bestellung eines Betreuers dann nicht erforderlich ist, wenn die Angelegenheiten des Betroffenen auf andere Weise, insbesondere durch einen Bevollmächtigten (1.Alt.),[158] ebenso gut besorgt werden können. Davon betroffen sind selbstredend alle Rechtsgeschäfte mit Ausnahme der höchstpersönlichen, bei denen eine gewillkürte Vertretung kraft Gesetzes ausgeschlossen ist.[159] Wie steht es aber mit der Entscheidungsbefugnis über eine freiheitsentziehende Unterbringung? Darf gegebenenfalls auch der Bereich der persönlichen Freiheit im Wege einer Vollmacht[160] der Bestimmung eines anderen überlassen werden? Hierbei dürfte vor allem die Fallkonstellation[161] von Interesse sein, nach der der Betroffene schon früher im Zustand unbezweifelbarer geistiger Rüstigkeit in eigener Verantwortung einer vertrauten Person vorausschauend eine entsprechende (Betreuungs- oder Vorsorge-)Vollmacht[162] speziell für den krankheits- oder behinderungsbedingten Eintritt seiner

---

in gleicher Weise für andere Bereiche, wie etwa für die Heilbehandlung, so *Schwab*, FS für Joachim Gernhuber, 1993, S.819 ff.; dazu näherhin *Frost*, Arztrechtliche Probleme des neuen Betreuungrechtes, 1994, S.57 ff.

157 Die Institutionalisierung des Subsidiaritätsgedankens ist dabei kein Novum, sondern in erster Linie die Perpetuierung der bisherigen Rechtslage vornehmlich im Recht der Gebrechlichkeitspflegschaft, vgl. dazu m.w.N. *Kollmer* (Fn.3), S.60 ff.

158 Wohl nur *Bienwald* (Fn.4), Teil 1, § 1896 BGB Rdnr.118, vermeidet es ausdrücklich, in diesem Zusammenhang von Subsidiarität der Betreuung zu sprechen. Vgl. dagegen etwa: BT-Drucks. 11/4528, S.52; *Erman-Holzhauer* (Fn.4), § 1896 Rdnr.34; *Palandt-Diederichsen* (Fn.45), § 1896 Rdnr.21; *Damrau/Zimmermann* (Fn.45), § 1896 BGB Rdnr.22. Durch das Prinzip der Subsidiarität werde der namentlich in § 1896 Abs.2 Satz 1 BGB n.F. enthaltene Erforderlichkeitsgrundsatz ergänzt bzw. näher konkretisiert, so *Peters* (Fn.45), S.80.

159 Vgl. dazu *Palandt-Heinrichs* (Fn.45), Einf. v. § 164 Rdnr.4.

160 Die Frage nach der zulässigen Reichweite einer Vollmacht tritt dabei in der Praxis hauptsächlich im Zusammenhang mit einer uneingeschränkt erteilten Generalvollmacht auf, siehe *Tschepe*, AnwBl 1993, 358; *Stolz*, FamRZ 1993, 642; und *LG Frankfurt/M.*, FamRZ 1994, 125; sowie allgemein *LG Wiesbaden*, FamRZ 1994, 778.

161 Auf weitere Gestaltungsmöglichkeiten weisen hin: *MünchKomm-Schwab* (Fn.2), Vor §§ 1896-1908i Rdnr.9; *Peters* (Fn.45), S.316 f.

162 Wenn in den Motiven an dieser Stelle der Begriff "Altersvorsorge-Vollmacht" verwandt wird (BT-Drucks.11/4528, S.52, 122), kann leicht der falsche Eindruck erweckt werden, als käme in anderen Fällen von Krankheit und Behinderung die Erteilung einer Vollmacht gar nicht in Betracht, so zu Recht *MünchKomm-Schwab* (Fn.2), § 1896 Rdnr.28 (dort Fn.41); und *Bienwald* (Fn.4), Teil 1, § 1896 BGB Rdnr.119. Zur Vorsorgevollmacht näherhin *BMJ* (Fn.7), S.67 f.; und grundlegend *Müller-Freienfels* (Fn.109), S.395 ff.; *ders.*, FS für Max Keller, 1989, S.35 ff. Zu unterscheiden sind außerdem "Vollmachten" und "Betreuungsverfügungen": Letztere können nur Vorschläge für einen etwaigen späteren Betreuungsfall enthalten, wohingegen Vollmachten in erster Linie darauf abzielen, die Bestellung eines Betreuers zu vermeiden, so auch *Knittel* (Fn.2), § 1896 BGB Rdnr.27; *Bien-*

Entscheidungsunfähigkeit hin erteilt hat. Gleiches gilt, wenn er eine solche Vollmacht spätestens jetzt noch im Vollbesitz seiner geistigen Kräfte erteilen will.

Was zunächst die rechtsdogmatische Konstruktion der privatrechtlichen "Übertragung der Unterbringung" anbelangt, so ließe sich durchaus mit der Rechtsfigur der Vollmacht operieren. Nach heute überwiegender Meinung ist die Einwilligung in eine Freiheitsbeeinträchtigung zwar keine rechtsgeschäftliche Willenserklärung, sondern lediglich die "Gestattung zur Vornahme einer tatsächlichen Handlung", nämlich in die Freiheitssphäre des Betroffenen einzugreifen; sie ist aber als Willensäußerung eine rechtsgeschäftsähnliche Handlung, auf die die Vollmachtsvorschriften der §§ 164 ff. BGB zumindest analoge Anwendung finden.[163]

Die Entscheidung über die Zulassung oder den Ausschluß der Stellvertretung beurteilt sich definitiv aber nicht nach der vorgegebenen Rechtsnatur der Einwilligung, sondern maßgeblich ist in erster Linie die Art des Rechtsgutes, in das eingegriffen werden soll.[164] In der konkreten Diskussion, ob nun eine freiheitsentziehende Unterbringung im Sinne von § 1906 Abs.1 BGB n.F. ohne Betreuer und folglich auch ohne vormundschaftsgerichtliche Genehmigung erfolgen könnte, soweit der nicht mehr selbst einwilligungsfähige Betroffene zuvor einem privaten Fürsorger entsprechende Vollmacht ausgestellt hat, stehen sich die Ansichten dazu diametral gegenüber.

Für diejenigen, die eine gewillkürte Stellvertretung in dem fraglichen Bereich ablehnen und statt dessen die Bestellung eines Betreuers verlangen, ist der Schutzgedanke, wie er in dem Genehmigungsvorbehalt des § 1906 BGB n.F. zum Ausdruck kommt, der maßgebliche Ansatzpunkt ihrer Auffassung. So bilde die Disposition über die eigene Freiheit einen derart höchstpersönlichen Akt, daß eine Delegation der Willensbildung nur in Ausnahmefällen und unter präventivem Schutz des Staa-

---

wald (Fn.4), Teil 1, § 1896 BGB Rdnr.131; und *Bühler*, BWNotZ 1990, 4 f.; siehe zudem bereits oben, Fn.57.

163 I.d.S.: *Erman-Holzhauer* (Fn.4), § 1793 Rdnr.9 m.w.N.; *Schwab* (Fn.156), S.820; *ders.*, FamRZ 1992, 495; *Wesche*, Rpfleger 1993, 227; *Bernardi*, SozInf 2/1991, 26; *Evertz*, NDV 1983, 201; *BGH*, NJW 1964, 1177; und *LG Stuttgart*, Justiz 1994, 62, 63 m.w.N. Vgl. allgemein zur Dogmatik der Einwilligung, ihrer Behandlung in Rechtsprechung und Literatur sowie zu ihren entscheidungsstrukturellen Grundlagen und normativen Grenzen auch *Amelung*, ZStW 104 (1992), 526 ff., 535 ff., 544 ff., 821 ff.

164 So der Sache nach insbesondere *Kohte*, AcP 185 (1985), 151.

tes zugelassen werden könne. Da zudem von anderer Seite, nämlich in bezug auf den Qualitätsvergleich zwischen staatlicher Betreuung und nicht-staatlicher Hilfe, betrachtet, vor allem eine gerichtliche Überwachung des privaten Fürsorgers nicht stattfinde, könne die freiheitsentziehende Unterbringung eines Betroffenen mittels eines Bevollmächtigten folglich auch nicht genauso trefflich wie durch einen Betreuer wahrgenommen werden.[165]

Demgegenüber vertritt insbesondere *Diederichsen*[166] die Meinung, daß zulässiger Gegenstand einer Vorsorgevollmacht auch die Einwilligung in eine aufenthaltsbestimmende Maßnahme und damit zugleich in eine freiheitsentziehende Unterbringung sein könne. Zur Begründung ließe sich anführen, daß die in Frage stehende Einwilligung nicht eine rechtsgeschäftsähnliche Handlung sei, die, wie außerdem auch der Vergleich mit den höchstpersönlichen Rechtsgeschäften (z.B. Verlöbnis, Eheschließung, Testamentserrichtung, Erbvertrag) zeige, ausschließlich vom Betroffenen persönlich vorgenommen werden könnte. Vielmehr offenbare die Zulässigkeit der Betreuung in Aufenthaltsangelegenheiten, daß der Gesetzgeber durchaus an die Wahrnehmung dieser persönlichen Interessen des Betroffenen durch andere gedacht habe. Deshalb müsse es dem Betroffenen auch im Vorfeld seiner Erkrankung oder Behinderung unbenommen bleiben, selbst einer Person seines Vertrauens die Vertretung bei einer sich abzeichnenden freiheitsentziehenden Unterbringung für den Fall der eigenen Einwilligungsunfähigkeit zu übertragen.[167]

---

165 *Schwab* (Fn.156), S.819 f.; *ders.*, FamRZ 1992, 495 f.; *MünchKomm-Schwab* (Fn.2), § 1896 Rdnr.30; *Schmidt/Böcker* (Fn.72), Rdnr.21; *Stolz*, FamRZ 1993, 643 f.; zustimmend *Erman-Holzhauer* (Fn.4), § 1896 Rdnr.39 f.; *Klüsener/Rausch*, NJW 1993, 618; neuerdings zudem *LG Frankfurt/M.*, FamRZ 1994, 125; und wohl *Wesche*, Rpfleger 1993, 228. Vgl. darüber hinaus auch *Jürgens*, BtPrax 1994, 11 (zur Unzulässigkeit der Erteilung einer Untervollmacht durch den Betreuer); und *VGT e.V.* (Hrsg.), 3. VGT, 1993, AG V, S.82.

166 *Palandt-Diederichsen* (Fn.45), Einf. v. § 1896 Rdnr.8; dem folgend *Knittel* (Fn.2), § 1896 BGB Rdnr.20; ähnlich *Schmidt/Böcker* (Fn.72), Rdnr.250; und offensichtlich auch *Tschepe*, AnwBl 1993, 358.

167 Vgl. insoweit auch *Uhlenbruck*, MedR 1992, 140 f. und *Füllmich*, NJW 1990, 2302, zur parallel auftauchenden Frage nach der Zulässigkeit gewillkürter Stellvertretung in Gesundheitsangelegenheiten; siehe zudem *LG Göttingen*, VersR 1990, 1401 f. m. Anm. *Deutsch*, a.a.O., S.1402 (bzgl. der Bevollmächtigung eines Dritten zur Einwilligung in eine Operation).

Vom Ergebnis her in die gleiche Richtung weist ferner der Vorschlag von *Kern*[168], daß nichts dagegen spreche, § 1896 Abs.2 Satz 2, 1.Alt. BGB n.F. als eine "familienrechtliche Spezialregelung" zu begreifen, die den allgemeinen Grundsatz, daß die Stellvertretung in höchstpersönlichen Angelegenheiten nicht zulässig sei, außer Kraft setze.

Die überzeugenderen Argumente kann meines Erachtens die Auffassung für sich in Anspruch nehmen, die es letztlich für möglich hält, sich auch betreuungsersetzend auf rein privatrechtlichem Wege der Entscheidungsbefugnis eines anderen über die eigene Freiheit rechtswirksam zu unterwerfen.
Zwar geht zunächst der Einwand fehl, die erstgenannte Ansicht hindere die Betroffenen daran, die Besorgung ihrer persönlichen Interessen auch den Personen zu überantworten, die ihnen genehm sind. Denn selbst bei Bestellung eines Betreuers hat der Betroffene ohne Rücksicht auf seine Geschäftsfähigkeit ein bindendes Vorschlagsrecht gemäß § 1897 Abs.4 Satz 1 BGB n.F.[169]
Zu bedenken ist aber, daß mit der Zulassung gewillkürter Stellvertretung in dem fraglichen Bereich (entsprechend der vorgezeichneten Begründung) im Grunde nur einem Leitmotiv der Reform, nämlich Autonomie und Eigenkompetenz hilfebedürftiger Menschen zu stärken, zum Erfolg verholfen wird,[170] gibt man anhand einer Gegenüberstellung beider Fürsorgeformen, der privaten Fürsorge mit Hilfe einer Vollmacht und der Betreuung, zu erkennen, daß selbst die Vertretung durch einen Bevollmächtigten noch im Rahmen der Ausübung des Selbstbestimmungsrechts des Betroffenen liegt bzw. seiner Einflußnahme entspringt, wohingegen das Handeln eines gerichtlich bestellten Betreuers eine klare - staatlich organisierte - Fremdbestimmung für den Betroffenen bedeutet.[171]
Im übrigen liefe die Gegenansicht im Ergebnis auch auf eine partielle "Entmündigung" des Betroffenen hinaus, wenn ihm als mündigen Individuum ver-

---

168 *Kern*, NJW 1994, 757, 759; sowie *ders.*, MedR 1993, 249. Die Ausführungen dort gelten zwar vorzugsweise dem Arztrecht, eine Beschränkung hierauf ist aber nicht ersichtlich.

169 So zu Recht *Schwab* (Fn.156), S.821; vgl. dazu auch näher *Gernhuber/Coester-Waltjen* (Fn.100), § 76 IV 3.

170 Anders aber *Stolz*, FamRZ 1993, 644, demzufolge die genannte Zielsetzung des BtG eher unterlaufen würde, ließe man eine gewillkürte Vertretung in dem fraglichen Bereich zu.

171 So grundsätzlich *Müller-Freienfels* (Fn.109), S.399 f., zum Unterschied von gewillkürter und gesetzlicher Vertretung.

wehrt würde, selbst zu bestimmen, ob und wem er sich anvertrauen will, wenn er seine Selbstbestimmungsfähigkeit einmal verlieren sollte.[172]

Die gesetzliche Aufwertung der Vorsorgevollmachten durch § 1896 Abs.2 Satz 2, 1.Alt. BGB n.F. sollte deshalb - ihre Wirksamkeit vorausgesetzt[173] - nicht auf Vermögensangelegenheiten begrenzt werden,[174] zumal auch die Gesetzesmaterialien die Personensorge nunmehr stärker in den Vordergrund rücken als das bisher geltende Recht.[175]
Weiterhin bedeutete das auch eine Entlastung für Vormundschaftsgericht und Betreuerkapazität. Neben der Stärkung der Selbstbestimmung des Betroffenen wäre damit zugleich ein in der Praxis nicht unbedeutender Schritt zur Privatisierung des Familienrechts getan.[176]

Schließlich bliebe lediglich noch zu klären, ob gerade für den Fall, daß die Vollmacht erst mit Eintritt des Vorsorgefalls ihre Wirkung entfaltet,[177] nicht doch

---

172 Instruktiv allgemein *LG Stuttgart*, Justiz 1994, 62, 64.

173 Bestehen Zweifel an der Geschäftsfähigkeit des Betroffenen im Zeitpunkt der Vollmachtserteilung, so hat der Vormundschaftsrichter diesen aufgrund seiner Amtsermittlungspflicht (§ 12 FGG) nachzugehen, wie hier *Bienwald* (Fn.4), Teil 1, § 1896 BGB Rdnr.138 f.; *Bühler*, BWNotZ 1990, 1; vgl. insoweit auch *OLG Stuttgart*, Justiz 1994, 125, 126 f.; und oben, Fn.110. Andererseits wird nach ganz h.M. die Wirksamkeit einer Vollmacht im allgemeinen nicht dadurch berührt, daß der Vollmachtgeber nach ihrer Erteilung geschäftsunfähig wird (arg. §§ 168 Satz 1, 672, 675 BGB, 86 ZPO), vgl. statt vieler: *Erman-Holzhauer* (Fn.4), § 1896 Rdnr.35; *MünchKomm-Schwab* (Fn.2), § 1896, Rdnr.146, 152 m.w.N.; *Cypionka*, NJW 1992, 208; *BayOblG*, FamRZ 1993, 1249; *LG Wiesbaden*, FamRZ 1994, 778. Siehe daneben auch oben, Fn.119, 122.

174 Ein anders gelagertes Problem ist, ob ein geschäftsfähiger Betreuter, dem ein Betreuer für den Aufgabenkreis Aufenthaltsbestimmung/Unterbringung zugewiesen ist, zusätzlich einen Dritten für denselben Tätigkeitsbereich bevollmächtigen könnte, vgl. hierzu *DST* (Hrsg.), Hinweise und Empfehlungen zum BtG, 1991, S.20; und grundlegend zur Frage der Kompetenzverteilung zwischen Betreuer und Bevollmächtigtem: *Peters* (Fn.45), S.319 ff.

175 BT-Drucks. 11/4528, S.59, 70, 121 f.; vgl. auch etwa *Kern*, MedR 1991, 67; *Taupitz*, JuS 1992, 10; *Jürgens/Kröger/Marschner/Winterstein* (Fn.1), Rdnr.197; *LG Stuttgart*, Justiz 1994, 62, 63; mit grds. Zustimmung *OLG Stuttgart*, Justiz 1994, 125, 126.

176 I.d.S.: *Knittel* (Fn.2), § 1896 BGB Rdnr.20; *Cypionka*, NJW 1992, 208; vgl. zudem *Uhlenbruck*, MedR 1992, 141 (für medizinische Maßnahmen).

177 Was die Frage des Wirksamwerdens einer solchen Vollmacht anbelangt, wird zwecks Vermeidung beträchtlicher Zweifelsfragen z.T. vorgeschlagen, das Inkrafttreten vom Nachweis eines ärztlichen Attests über die Einwilligungsunfähigkeit des Betroffenen abhängig zu machen, vgl. der Sache nach *Palandt-Diederichsen* (Fn.45), Einf. v. § 1896 Rdnr.8; und zu den Einzelheiten: *Bühler*, BWNotZ 1990, 3 f.; ähnlich *Damrau/Zimmermann* (Fn.45), § 1896 BGB Rdnr.24; kritisch dagegen *Weser*, MittBayNot 1992, 171, unter Hinweis auf die - aus Haftungsgründen - übliche ärztliche Zurückhaltung bei solchen Bescheinigungen.

(wenigstens) ein sog. "Vollmachtsbetreuer"[178] gemäß § 1896 Abs.3 BGB n.F. bestellt werden müßte, um die mangelnde Kontrollmöglichkeit des Betroffenen auszugleichen.[179] Denn insoweit kann vorausgeschickt werden, daß der Betroffene jedenfalls ab dem fraglichen Zeitpunkt zumindest faktisch[180] nicht mehr in der Lage wäre, seinen Bevollmächtigten hinreichend zu beaufsichtigen.[181]

Nach den Vorstellungen des Gesetzgebers[182] kann in der Regel auf die Bestellung eines Vollmachtsbetreuers jedoch schon dann verzichtet werden, wenn der Betroffene in der Betreuungsvollmacht vorsorglich zwei Bevollmächtigte bestellt hat, die sich gegenseitig kontrollieren können oder von denen einer Überwachungsfunktionen übernimmt.

---

178 Vgl. dazu *Knittel* (Fn.2), § 1896 BGB Rdnr.34 ff.; *MünchKomm-Schwab* (Fn.2), § 1896 Rdnr.144 ff.; im übrigen sind auch andere Begriffe als Synonyme gebräuchlich: "Auftragsbetreuer", so *BMJ* (Fn.7), S.68; *Bühler*, BWNotZ 1990, 2; "Überwachungsbetreuer", so *Palandt-Diederichsen* (Fn.45), Einf. v. § 1896 Rdnr.8 u. § 1896 Rdnr.29; oder "Kontrollbetreuer", so etwa *Erman-Holzhauer* (Fn.4), § 1896 Rdnr.42 in Anlehnung an *Jürgens/Kröger/Marschner/Winterstein* (Fn.1), Rdnr.75 u. *Damrau/Zimmermann* (Fn.45), § 1896 BGB Rdnr.26. Auch das alte Recht kannte schon das Institut des sog. "Überwachungspflegers", vgl. dazu *Müller-Freienfels* (Fn.109); S.421; und vor allem *Gernhuber*, FamRZ 1976, 196.

179 Zum eingeschränkten Aufgabenkreis des Vollmachtsbetreuers: BT-Drucks. 11/4528, S.226; *Knittel* (Fn.2), § 1896 BGB Rdnr.38; *Erman-Holzhauer* (Fn.4), § 1896 Rdnr.42; *MünchKomm-Schwab* (Fn.2), § 1896 Rdnr.50; und *Bienwald* (Fn.4), Teil 1, § 1896 BGB Rdnr.151 ff.

180 Wie hier *Erman-Holzhauer* (Fn.4), § 1896 Rdnr.42; *Damrau/Zimmermann* (Fn.45), § 1896 BGB Rdnr.26; *Bienwald* (Fn.87), S.94; und insbesondere *MünchKomm-Schwab* (Fn.2), § 1896 Rdnr.148. Auch wenn letztlich im Hinblick auf § 1896 Abs.3 BGB n.F. das tatsächliche Unvermögen des Betroffenen zur Überwachung genügt, wird dieser natürlich oft auch außerstande sein, rechtsgeschäftliche Konsequenzen (z.B. Widerruf der Vollmacht) zu ziehen; siehe schon oben, Fn.119.

181 Nicht zuletzt aus diesem Grund stellt sich auch hier nicht die - schlußendlich zu verneinende - Frage, ob der (geschäftsfähige) Fürsorgebedürftige u.U. gezwungen sein könnte, rechtsgeschäftliche Hilfe der staatlichen vorzuziehen. Dessenungeachtet aber zur allgemeinen Problematik: *Knittel* (Fn.2), § 1896 BGB Rdnr.21; *Schmidt/Böcker* (Fn.72), Rdnr.20a; *MünchKomm-Schwab* (Fn.2), § 1896 Rdnr.32; *Schwab* (Fn.156), S.822 f.; *Erman-Holzhauer* (Fn.4), § 1896 Rdnr.37; *Palandt-Diederichsen* (Fn.45), § 1896 Rdnr. 21; und *Damrau/Zimmermann* (Fn.45), § 1896 BGB Rdnr.23.

182 BT-Drucks. 11/4528, S.123; *Knittel* (Fn.2), § 1896 BGB Rdnr.37; *Bienwald* (Fn.4), Teil 1, § 1896 BGB Rdnr.147; *Richter*, FamRZ 1989, 910. Eine solche Doppelbevollmächtigung sollte zudem unter Ausschluß des wechselseitigen Widerrufsrechts erteilt werden, so jedenfalls zur praktischen Handhabung *Palandt-Diederichsen* (Fn.45), Einf. v. § 1896 Rdnr.8; *Erman-Holzhauer* (Fn.4), § 1896 Rdnr.42; und *Bühler*, BWNotZ 1990, 3; vgl. im übrigen *VGT e. V.* (Fn.165), AG V, S.82.

Aber selbst wenn der Betroffene keine entsprechenden Vorkehrungen getroffen hätte, rechtfertigt sein bloßes Unvermögen, den Bevollmächtigten zu überwachen, die Vollmachtsbetreuung nicht. Eine andere Verfahrensweise würde dem Willen des Betroffenen auch nicht gerecht werden und die vorangestellten Überlegungen ad absurdum führen, berücksichtigt man, daß der Betroffene dem privaten Fürsorger just für den Fall der eigenen Entscheidungsunfähigkeit seine Interessen anvertraut hat, und zwar in der Absicht, ein Betreuungs- und Unterbringungsverfahren insbesondere wegen der damit auch verbundenen erheblichen Belastungen, nicht zuletzt durch die richterlichen Anhörungen und Begutachtungen durch gerichtlich bestellte Sachverständige, zu vermeiden.[183] Für die Erforderlichkeit der Bestellung eines Betreuers nach § 1896 Abs.3 BGB n.F. muß deshalb hinzukommen, daß erkennbare Anzeichen für einen Fehlgebrauch der Vollmacht oder eine unzureichende Ausübung der privaten Fürsorge vorliegen.[184]

Im Hinblick auf die beschriebene Ausgangssituation wird also die - zuweilen auch von Angehörigen oder dem Arzt des Betroffenen "angeregte" - Einrichtung einer Vollmachtsbetreuung nur dann angezeigt sein, wenn in Form von berechtigten Zweifeln an einer ordnungsgemäßen Vollmachtsausübung ein konkreter Überwachungsbedarf besteht, dem anderweitig nicht abgeholfen werden kann.[185]

---

183 So der Sache nach überzeugend *Schwab* (Fn.156), S.822; *ders.*, FamRZ 1992, 495.

184 BT-Drucks. 11/4528, S.52, 123; *Erman-Holzhauer* (Fn.4), § 1896 Rdnr.42; *Schwab* (Fn.156), S.822; *Bienwald* (Fn.4), Teil 1, § 1896 BGB Rdnr.146; *Wesche*, Rpfleger 1993, 228; *Cypionka*, NJW 1992, 208; skeptisch *Weser*, MittBayNot 1992, 170.

185 Funktionell zuständig für die (alleinige) Bestellung des Vollmachtsbetreuers wäre dann der Rechtspfleger, § 3 Nr.2a i.V.m. § 14 Abs. Nr.4 RpflG n.F. Erst wenn auch dieses Rechtsinstitut zum Schutz des Betroffenen nicht ausreichen sollte, käme als ultima ratio die Bestellung eines Betreuers für das Fürsorgegebiet selbst in Betracht, vgl. dazu *Schwab* (Fn.156), S.818, 822; *Cypionka*, NJW 1992, 208; im übrigen auch *Bühler*, BWNotZ 1990, 2.

3. Befugnis des Betreuers

Im Gegensatz zur landesrechtlichen Unterbringung und abgesehen vom Fall des § 1846 (i.V.m. § 1908i Abs.1 Satz 1) BGB n.F. nimmt nicht das Vormundschaftsgericht die "Unterbringung" vor, sondern Träger der Unterbringungsentscheidung nach § 1906 Abs.1 BGB n.F. ist der Betreuer.[186] Dem Gericht obliegt es nur, das Handeln des Betreuers präventiv zu überprüfen und gegebenenfalls zu genehmigen (§ 1906 Abs.2 BGB n.F.).[187] Daraus folgt, daß die gerichtliche Gestattung der positiven (Vor-)Entscheidung des Betreuers zwar zur Unterbringung befugt, eine entsprechende Verpflichtung des Betreuers gleichsam aber nicht begründet wird; ob er von der Genehmigung des Vormundschaftsgerichts letztendlich Gebrauch macht, steht weiterhin in seinem pflichtgemäßen Ermessen.[188]

a) Kompetenz zur Unterbringung

Voraussetzung ist selbstverständlich, daß der Aufgabenkreis[189] des Betreuers den Bereich der Unterbringung erfaßt. Obwohl eine im BtG-DiskE I in § 1897 Satz 3 vorgesehene Regelung,[190] wonach dem Betreuer die Unterbringungsbefugnis nur dann als Aufgabe zuzugestehen sei, wenn das Gericht dies ausdrücklich angeordnet

---

186 Vgl. statt vieler: *Knittel* (Fn.2), § 1906 BGB Rdnr.2; *Erman-Holzhauer* (Fn.4), § 1906 Rdnr.18, 61; und *MünchKomm-Schwab* (Fn.2), § 1906 Rdnr.4, 35; zudem BT-Drucks. 11/4528, S.148.

187 Diese Genehmigung ist freilich dann die "Unterbringungsmaßnahme" i.S.d. Verfahrensvorschriften, vgl. nur § 70 Abs.1 Nr.1b FGG n.F.; siehe zudem *LG Köln*, FamRZ 1993, 110, 111; und *Peters* (Fn.45), S.330 f. Im übrigen weist *Bienwald* (Fn.4), Teil 1, § 1906 BGB Rdnr.33, zutreffend darauf hin, daß das neue Recht keine Grundlage mehr für die früher mögliche Praxis biete, bereits mit der Anordnung der Gebrechlichkeitspflegschaft die Genehmigung einer vom Pfleger beabsichtigten Unterbringung auszusprechen (arg. Einheitsentscheidung: erst mit der Bestellung des Betreuers ist der Betroffene ein "Betreuter" und damit eine Person, die gemäß § 1906 Abs.1 BGB n.F. untergebracht werden darf).

188 § 1906 Abs.1 BGB n.F. spricht deshalb auch von "Zulässigkeit" der Unterbringung; vgl. zudem *Knittel* (Fn.2), § 1906 BGB Rdnr.63; *Bienwald* (Fn.4), Teil 3, B., Vorbem. v. §§ 70 ff. FGG Rdnr.7; und *Helle*, MedR 1993, 134. Sieht der Betreuer trotz erteilter Genehmigung von der beabsichtigten Unterbringung ab, ist die Genehmigung ggf. zurückzunehmen, so *Keidel/Kuntze/Winkler*, FG, Teil A, 13. Aufl. 1992, § 70g Rdnr.17. Zur grundsätzlichen Selbständigkeit seinerzeit auch von Vormund und Pfleger: *Parensen* (Fn.22), S.107 m.w.N.; sowie *Jochum/Pohl* (Fn.24), Rdnr.112 f., 178.

189 Die Neuregelung vermeidet bewußt den Begriff "Wirkungskreis", um jegliche verbalen Erinnerungen an die Gebrechlichkeitspflegschaft auszulöschen, vgl. dazu *Schmidt/Böcker* (Fn.72), Rdnr.25 f.; und BT-Drucks. 11/4528, S.120 f.; siehe im übrigen *MünchKomm-Schwab* (Fn.2), § 1896 Rdnr.34.

190 Vgl. hierzu *BMJ* (Fn.92), S.47, 112.

habe, nicht in das Gesetz übernommen wurde,[191] gibt es nach wie vor zahlreiche Stimmen in der Literatur, die eine pauschale Betrauung mit der Personensorge nicht genügen lassen wollen und vielmehr verlangen, daß die Unterbringung - zumindest als Aufenthaltsbestimmung[192] - dem Betreuer ausdrücklich als Aufgabenkreis zugewiesen sein müsse.[193]

Gegen das Erfordernis einer derartigen Sonderzuweisung spricht jedoch in erster Linie § 1896 Abs.4 BGB n.F.[194] Zieht man aus dieser Vorschrift den Umkehrschluß, so muß die Befugnis zur Unterbringung im Bestellungsbeschluß des Betreuers nicht ausdrücklich genannt sein. Insoweit vermag auch nicht verwundern, daß der Gesetzgeber an dieser Stelle für den milderen Freiheitseingriff die höhere Hürde errichtet hat,[195] hält man sich vor Augen, daß die Kontrolle des Post- und Fernmeldeverkehrs im Vergleich zur freiheitsentziehenden Unterbringung einem (zusätzlichen) gerichtlichen Genehmigungsverfahren dafür nicht unterliegt.[196] Hinzu kommt, daß bei einer Sonderzuweisung möglicherweise der Eindruck entstünde, die Entscheidung über die Notwendigkeit der Unterbringung sei bereits vorweggenommen und der Betreuer könne von einer Unterbringung nur bei einer Besserung des psychischen oder geistigen Zustandes des Betroffenen wieder Abstand nehmen.[197] Die generelle Benennung der Personensorge als Aufgabenkreis kann deshalb auch die Kompetenz zur Unterbringung begründen.[198]

---

191 BT-Drucks. 11/4528, S.124.

192 Zur darin enthaltenen Unterbringungsbefugnis *Bienwald* (Fn.4), Teil 1, § 1896 Rdnr.223; *ders.*, RsDE 7/1989, 34 f.(dort Fn.75); vgl. darüber hinaus *Knittel* (Fn.2), § 1896 BGB Rdnr.32 m.w.N.; und *VGT e.V.* (Fn.165), AG V, S.83.

193 I.d.S.: *Palandt-Diederichsen* (Fn.45), § 1896 Rdnr.28; *Knittel* (Fn.2), § 1906 BGB Rdnr.2; *MünchKomm-Schwab* (Fn.2), § 1906 Rdnr.4 u. § 1896 Rdnr.36; ähnlich *Erman-Holzhauer* (Fn.4), § 1906 Rdnr.61; und wohl auch *Bienwald* (Fn.4), Teil 1, § 1906 BGB Rdnr.33; sowie *Coeppicus*, FamRZ 1992, 751.

194 Argumentum e contrario: *Damrau/Zimmermann* (Fn.45), § 1906 BGB Rdnr.6 (dort Fn.10).

195 So aber *Schwab*, FamRZ 1992, 496.

196 Vgl. *Jürgens/Kröger/Marschner/Winterstein* (Fn.1), Rdnr.497; und BT-Drucks. 11/4528, S.124.

197 Zu diesen Bedenken: BT-Drucks. 11/4528, S.124; ähnlich auch *Bürgle*, NJW 1988, 1885.

198 Siehe *Damrau/Zimmermann* (Fn.45), § 1906 BGB Rdnr.6; *Klüsener/Rausch*, NJW 1993, 618; und *Rink*, R & P 1991, 159. Grundlegend zur Umschreibung der Aufgabenkreise: BT-Drucks. 11/4528, S.120 f.; *Damrau/Zimmermann* (Fn.45), § 1896 BGB Rdnr.16 f.; *Jürgens/Kröger/Marschner/Winterstein* (Fn.1), Rdnr.81 ff.; und auch *Pankoke-Schenk*, NDV 1989, 51.

Wurde im übrigen dem Betreuer als Aufgabe lediglich die "Gesundheitsfürsorge" oder sogar nur die "Entscheidung über die Einwilligung in eine bestimmte ärztliche Behandlung" übertragen, kommt selbst bei Vorliegen der sonstigen Voraussetzungen des § 1906 Abs.1 Nr.1 bzw. 2 BGB n.F. eine freiheitsentziehende Unterbringung nicht in Betracht.[199]

b) Kombination mit einer Gesundheitsbetreuung

Desgleichen fällt umgekehrt die Sorge für die Gesundheit des Betroffenen nicht durch die - selbstverständlich mögliche - bloße Übertragung des Aufgabenkreises "Aufenthaltsbestimmung" oder "Unterbringung" in die Zuständigkeit des Betreuers.[200] Demzufolge scheidet eine medizinische Unterbringung[201] nach dem Sinn der Vorschrift des § 1906 Abs.1 Nr.2 BGB n.F. allein schon dann aus, wenn der Betreuer nicht auch für das Aufgabengebiet der Gesundheitsfürsorge oder wenigstens der Fürsorge für die konkrete Behandlung bestellt worden ist,[202] es sei denn, daß der Betreute in die Notwendigkeit der Behandlung Einsicht zeigt und sich trotz erfolgter Zwangsunterbringung behandeln bzw. untersuchen läßt.[203] Gesetzt den Fall, der Betroffene würde allerdings erst nach seiner Unterbringung entgegen früherer Einsicht die Behandlung verweigern, könnte die Unterbringung nicht aufrechterhalten werden; nötigenfalls müßte dann der Aufgabenkreis des Betreuers mit allen damit verbundenen Verfahrensschritten erweitert werden. Auch in Anbetracht dieser Situation ist deshalb noch keine Verletzung des Erforderlichkeitsgrundsatzes

---

199 Wie hier *Knittel* (Fn.2), § 1906 BGB Rdnr.2; *MünchKomm-Schwab* (Fn.2), § 1906 Rdnr.4; *Damrau/Zimmermann* (Fn.45), § 1906 BGB Rdnr.6.

200 So der Sache nach *Palandt-Diederichsen* (Fn.45), § 1896 Rdnr.28; *MünchKomm-Schwab* (Fn.2), § 1896 Rdnr.40; und *Helle*, MedR 1993, 136 (dort Fn.22); siehe auch die entsprechenden Nachweise zum bisherigen Recht der Gebrechlichkeitspflegschaft in Kap.1, Fn.50. Dagegen a.A. bezüglich der Reichweite einer Aufenthaltsbestimmung *Schmidt/Böcker* (Fn.72), Rdnr.28.

201 I.Ggs. zur fürsorglichen Unterbringung nach § 1906 Abs.1 Nr.1 BGB n.F., der allein der Aufgabenkreis der Unterbringung zugrundeliegen könnte, so jedenfalls *Damrau/Zimmermann* (Fn.45), § 1906 Rdnr.6. Zur Terminologie "medizinische"/ "fürsorgliche" Unterbringung siehe im übrigen *Erman-Holzhauer* (Fn.4), § 1906 Rdnr.21, 23.

202 Vgl. dazu *Knittel* (Fn.2), § 1906 BGB Rdnr.2; *Erman-Holzhauer* (Fn.4), § 1906 Rdnr.61; *Damrau/Zimmermann* (Fn.45), § 1906 BGB Rdnr.6; sowie *Rink*, R & P 1991, 159.

203 Im Regelfall dürfte der Betroffene aber ebenfalls in bezug auf die betreffende Maßnahme (Untersuchung des Gesundheitszustandes, Heilbehandlung, ärztlicher Eingriff) dann einsichtsunfähig sein, so auch *Erman-Holzhauer* (Fn.4), § 1906 Rdnr.32; und *Damrau/Zimmermann* (Fn.45), § 1906 BGB Rdnr.10; hintergründig zudem *MünchKomm-Schwab* (Fn.2), § 1906 Rdnr.16; sowie schon *Holzhauer* (Fn.15), B 106.

nach § 1896 Abs.2 Satz 1 BGB n.F. programmiert,[204] wenn von vornherein im Wege einer vorausschauenden Betrachtung die typischen Erweiterungsfälle bei der Bestimmung des Aufgabenkreises miteinbezogen sind, mit dem Ziel, aufwendige Kompetenzerweiterungsverfahren, die weder im Interesse der Betroffenen noch des Gerichts liegen können, tunlichst zu vermeiden.[205]

c) Obligatorische Besprechung

Nach § 1901 Abs.2 Satz 3 BGB n.F. ist der Betreuer grundsätzlich gehalten, "wichtige Angelegenheiten", wie etwa eine freiheitsentziehende Unterbringung,[206] vor ihrer Erledigung mit dem Betroffenen zu besprechen. Ihm kommt insbesondere die Pflicht zu, den Betreuten über die geplante Maßnahme zu informieren und dabei dessen Wünsche und Vorstellungen zu eruieren.[207]

Die Stärkung des persönlichen Kontaktes im Gegensatz zu (in der Vergangenheit vielfach beklagter) anonymer Verwaltung gehört zu den wesentlichen Anliegen des Reformgesetzes. Insoweit ist die Bestimmung des § 1901 Abs.2 Satz 3 BGB n.F. als konkrete Ausprägung des im neuen Recht zum Handlungsmaßstab erhobenen "Grundsatzes der persönlichen Betreuung"[208] zu verstehen. Zugleich dient sie der

---

204 Gesetzlicher Ansatzpunkt nach altem Recht: § 1901 Abs.1 BGB a.F., der die Personensorge des Vormunds oder Pflegers (§ 1915 Abs.1 BGB) nur so weit reichen ließ, wie es der Zweck der Vormundschaft oder Pflegschaft erforderte; siehe auch *Kollmer*, FuR 1993, 327; *Zenz/v.Eicken/Ernst/Hofmann* (Fn.24), S.48 f.; und *Jochum/Pohl* (Fn.24), Rdnr.152.

205 So auch zur möglichen Aufgabenvereinigung der Unterbringungsbefugnis mit einer Gesundheits- oder Behandlungsbetreuung *MünchKomm-Schwab* (Fn.2), § 1906 Rdnr.4 i.V.m. § 1896 Rdnr.35. Im übrigen sei an dieser Stelle darauf hingewiesen, daß § 1906 Abs.1 BGB n.F. lediglich die Ermächtigungsnorm für die Unterbringung gibt, nicht auch für damit verbundene ärztliche Maßnahmen, wie hier *Kern*, MedR 1993, 251; *Helle*, MedR 1993, 135 f.; und *Knittel* (Fn.2), § 1904 BGB Rdnr.6 unter Hinweis auf BayObLG, MedR 1990, 273, 275; vgl außerdem noch unten, sub IV.

206 Zur besonderen Hervorhebung in den Gesetzesmotiven: BT-Drucks. 11/4528, S.134.

207 Was die Frage nach einer Geltung der allgemeinen Willens- und Wunschbeachtungsmaxime des § 1901 Abs.2 Satz 1 BGB n.F. im speziellen Sorgebereich der Unterbringung anbelangt, konkretisieren die wohldefinierten Spezialgrundsätze der Nr.1 und 2 des § 1906 Abs.1 BGB n.F. die (wunsch-)immanente Schranke des Wohls des Betreuten i.S.v. § 1901 Abs.2 Satz 1 (2.HS) BGB n.F. verbindlich , so dezidiert mit Anführung von Beispielen *Kollmer* (Fn.3), S.217 ff; siehe zudem in die gleiche Richtung weisend *Frommann*, NDV 1992, 4 f.

208 Vgl. hierzu BT-Drucks. 11/4528, S.52, 68 ff.; BT-Drucks. 11/6949, S.66; *Jürgens/Kröger/Marschner/Winterstein* (Fn.1), Rdnr.156 ff.; *Deinert*, Handbuch der Betreuungsbehörde, 1993, S.59 f.; *Mees-Jacobi/Stolz*, BtPrax 1994, 84; und *Bienwald*, BtPrax 1993, 80.

Verdeutlichung, daß die betreute Person nicht reines Objekt der Fürsorge, sondern stets Subjekt der Hilfe ist.[209] Lediglich für den Fall, daß die Erörterung der beabsichtigten Unterbringung dem Wohl des Betreuten zuwiderlaufen würde[210] oder dieser aufgrund seiner Behinderung/Krankheit schon gar nicht mehr geistig in der Lage wäre, einer Besprechung zu folgen bzw. diese zu realisieren, erübrigt sich eine solches Gebot.[211]

d) Konsequenzen einer Mißachtung des Genehmigungserfordernisses / eines Unterlassens gebotener Besprechung

Veranlaßt der Betreuer nun eine freiheitsentziehende Unterbringung, die zwar seinem Funktionsbereich angehört, zu deren Vornahme er aber in Ermangelung einer gerichtlichen Genehmigung - vom Eilfall des § 1906 Abs.2 Satz 2 BGB n.F. einmal abgesehen - formal nicht befugt ist, oder initiiert er die vorbezeichnete Maßnahme, ohne einer gebotenen Besprechung nach § 1901 Abs.2 Satz 3 BGB n.F. nachgekommen zu sein, begeht er gegenüber dem Betroffenen eine im Wege der Aufsicht zu ahndende Pflichtverletzung, die sogar zu seiner Entlassung durch das Vormundschaftsgericht führen kann.[212] Gleiches gilt - wie auch schon nach bisherigem Recht -, wenn der Betreuer den ihm gegebenen Ermessensspielraum überschreitet, mißbraucht oder nicht ausübt.[213]

---

209 Dazu näherhin: *Peters* (Fn.45), S.228 ff., 260; *Kollmer* (Fn.3), S.153 f.; *ders.*, FuR 1993, 330; *MünchKomm-Schwab* (Fn.2), § 1901 Rdnr.14.

210 Wenn z.B. nach den Besonderheiten des Einzelfalls damit die psychische Belastbarkeit des Betroffenen über Gebühr beansprucht würde, vgl. *Jürgens/Kröger/Marschner/Winterstein* (Fn.1), Rdnr.172; *Damrau/Zimmermann* (Fn.45), § 1901 BGB Rdnr.7; und *Peters* (Fn.45), S.233 f.

211 So auch *Damrau/Zimmermann* (Fn.45), § 1901 BGB Rdnr.9.

212 Vgl. § 1837 Abs.2 und 3 i.V.m. § 1908i Abs.1 Satz 1 BGB n.F.; sowie § 1908b Abs.1 BGB n.F. (vormals restriktiver: §§ 1885 (a.F.), 1886, 1781 i.V.m. §§ 1897 Satz 1 (a.F.), 1915 Abs.1 BGB). Siehe zum Ganzen: BT-Drucks. 11/4528, S.113 f., 152 f., 159 f.; *Kollmer* (Fn.3), S.191; *ders.*, FuR 1993, 331; *MünchKomm-Schwab* (Fn.2), § 1901 Rdnr.12, 14; und insbesondere zu Fragen der Haftung des Betreuers: *Deinert/Schreibauer*, BtPrax 1993, 185 ff.; *Gernhuber/Coester-Waltjen* (Fn.100), § 76 IV 5.

213 Etwa dann, wenn der Betreuer von der erteilten Genehmigung grundlos keinen Gebrauch macht, so jedenfalls *Erman-Holzhauer* (Fn.4), § 1906 Rdnr.67; *Bienwald* (Fn.4), Teil 3, B., Vorbem. v. §§ 70 ff. FGG, Rdnr.8; vgl. auch *Knittel* (Fn.2), § 1906 BGB Rdnr.25; und *LG Köln*, FamRZ 1993, 110, 111 m.w.N. Außerdem wohl allgemein zum Verlust der Betreuervergütung bei Befugnisüberschreitung: *BayObLG*, FamRZ 1994, 779 f.

Darüber hinaus macht sich der Betreuer - läßt man wiederum § 1906 Abs.2 Satz 2 BGB n.F. außer Betracht - regelmäßig wegen Freiheitsberaubung oder einer Anstiftung zu dieser nach §§ 239,(26) StGB strafbar, wenn er dem Betroffenen die Bewegungsfreiheit entzieht, ohne die vormundschaftsgerichtliche Genehmigung eingeholt zu haben.[214] Der in der Vergangenheit zuweilen geläufige Weg zum Verbotsirrtum (§ 17 StGB) dürfte ihm dabei unter Geltung des BtG endgültig abgeschnitten sein.[215]

Was im übrigen das rechtliche Schicksal eines - vor dem Hintergrund einer solchen (ohne vormundschaftsgerichtliche Genehmigung veranlaßten) Unterbringung - geschlossenen zivilrechtlichen Vertrages zwischen Betreuer und Einrichtungsträger anbelangt, so hindert bereits der Gesichtspunkt des gesetzlichen Verbots das Entstehen einer wirksamen Verpflichtung, denn der auf eine strafbare Handlung (hier: § 239 StGB) gerichtete Vertrag ist gemäß § 134 BGB nichtig.[216] Die Frage nach der Erforderlichkeit einer separaten gerichtlichen (Vertrags-)Genehmigung[217] und deren Mißachtung könnte demnach hier dahingestellt bleiben.

4. Erforderlichkeit der Unterbringung zum Wohl des Betreuten

Eine Unterbringung gemäß § 1906 Abs.1 BGB n.F. ist nur zulässig, wenn sie zum Wohl des Betreuten erforderlich ist. Das Wohl des Betroffenen wird dabei - wie schon eingangs bemerkt - durch die in den Nr. 1 und 2 genannten Gründe näher definiert, wobei das Vorliegen der Voraussetzungen eines der beiden Unterbringungstatbestände genügt, um eine wohldienliche Unterbringung des Betreuten zu

---

214 Selbst bei Vorliegen der materiellen Unterbringungsvoraussetzungen, dazu m.w.N. sehr instruktiv: *Klie*, RsDE 6/1989, 70 ff.; und *Kollmer* (Fn.3), S.191 f.; a.A. dagegen *Holzhauer* (Fn.15), B 80 (bloße Pflichtwidrigkeit ohne Folgen bezüglich § 239 StGB); *ders.* (Fn.5), S.83 f. Zur Konstellation, daß des öfteren sogar schon von Angehörigen ohne rechtliche Grundlage vollendete Tatsachen geschaffen werden: *Coeppicus*, FamRZ 1993, 1017 ff. (anhand eines zugetragenen Sachverhalts).

215 So auch *Kollmer* (Fn.3), S.192 m.w.N.

216 Strafvorschriften sind jedenfalls im Zweifel Verbotsgesetze, vgl. dazu *MünchKomm-Mayer-Maly*, BGB, Bd.1, 3. Aufl. 1993, § 134 Rdnr.47 f.; ferner *Palandt-Heinrichs* (Fn.45), § 134 Rdnr.23; und *BGHZ* 115, 123, 125.

217 Siehe etwa nur ganz allgemein zur Frage der Genehmigungsbedürftigkeit von (unbefristeten) Pflegeheimverträgen nach § 1907 Abs.3, 1.Alt. BGB n.F.(entsprechend § 1902 Abs.2 Satz 1 BGB a.F.): *Knittel* (Fn.2), § 1907 BGB Rdnr.18; *MünchKomm-Schwab* (Fn.2), § 1907 Rdnr.10; und *Coeppicus*, FamRZ 1993, 1026. Mit der Unterbringung wird zuweilen auch eine Wohnraumaufgabe des Betroffenen verbunden sein, dazu näher unten, sub IV.

legitimieren.[218] Für beide Alternativen gilt des weiteren der Erforderlichkeitsgrundsatz, der insoweit - bei Eingriffen in die persönliche Freiheitssphäre - Ausdruck des verfassungsrechtlichen Gebots der Verhältnismäßigkeit ist.[219] Aus ihm folgt, daß der Betreute auch nur dann untergebracht werden darf, wenn weniger einschneidende Maßnahmen nicht ausreichen. Darunter fallen sowohl freiwillige Behandlungen im stationären Bereich als auch ambulante oder teilstationäre Versorgungs- und Behandlungsalternativen wie die Betreuung durch sozialpsychiatrische Dienste, geriatrische Zentren, (gerontopsychiatrische) Tages- und Nachtkliniken, Übergangseinrichtungen, therapeutische Wohngemeinschaften oder niedergelassene Psychiater.[220] Außerdem dürfen die mit der Unterbringung verbundenen Nachteile nicht außer Verhältnis zu den ohne sie drohenden Gefahren stehen.[221] Von diesen allgemeinen Erwägungen abgesehen, bedarf es nachfolgend allerdings für § 1906 Abs.1 Nr.1 und 2 BGB n.F. einer differenzierten Betrachtung.

a) Fürsorgliche Unterbringung: § 1906 Abs.1 Nr.1 BGB n.F.

Voranzustellen ist, daß die Vorschrift des § 1906 Abs.1 Nr.1 BGB n.F. im Gesetzgebungsverfahren weitgehend unumstritten war. Sie enthält gegenüber dem bisherigen Recht in erster Linie notwendige Klarstellungen und Einschränkungen.[222]

aa) Selbstgefährdung

Grund für eine freiheitsentziehende Unterbringung kann danach die Gefahr sein, daß sich der Betreute - gemäß dem Vorbild entsprechender Vorschriften der

---

218 Vgl. BT-Drucks. 11/4528, S.146; siehe außerdem schon oben, Fn.207.

219 So auch *Knittel* (Fn.2), § 1896 BGB Rdnr.17; *MünchKomm-Schwab* (Fn.2), § 1896 Rdnr.24; *Deinert*, DAVorm 1992, 642; *AG Soltau*, BtPrax 1993, 212; vgl. zudem *BVerfGE* 19, 342, 348 f.; und zuletzt *BVerfG*, NJW 1993, 778; sowie im übrigen *Zenz/v.Eicken/Ernst/Hofmann* (Fn.24), S.36.

220 I.d.S.: *Jürgens/Kröger/Marschner/Winterstein* (Fn.1), Rdnr.498; *BMJ* (Fn.7), S.17; und näherhin *Oesterreich*, ArchSozArb 1992, 5 ff. Insbesondere vor diesem Hintergrund ist auch die vielfach erhobene Forderung nach einer besseren Vernetzung der "ambulanten Hilfen" zu sehen, vgl. nur *Scholle*, NDV 1989, 56; und *Schumacher/Jürgens/Mahnkopf* (Fn.24), AG 1 B, S.61, These 4.

221 Sog. Verhältnismäßigkeit im engeren Sinn, vgl. dazu BT-Drucks. 11/4528, S.146; *Palandt-Diederichsen* (Fn.45), § 1906 Rdnr.6; *Erman-Holzhauer* (Fn.4), § 1906 Rdnr.18; sowie *Damrau/Zimmermann* (Fn.45), § 1906 BGB Rdnr.4.

222 Wie hier *Jürgens/Kröger/Marschner/Winterstein* (Fn.1), Rdnr.500.

Landesunterbringungsgesetze[223] - selbst tötet oder sich einen erheblichen gesundheitlichen Schaden zufügt. Während unter dem Begriff der Selbsttötung an dieser Stelle nur der aktive Suizid zu verstehen ist,[224] verlangt die Gesundheitsbeschädigung dagegen nicht, daß der Betreute selbst Hand an sich legt, sondern die Selbstgefährdung kann diesbezüglich auch im Unterlassen bestimmter Handlungen bestehen, wie etwa einer Verweigerung der Nahrungsaufnahme. Sie braucht außerdem überhaupt nicht Folge zielgerichteten Verhaltens zu sein, so daß beispielsweise die Gefahr genügt, die durch planloses Herumirren des Betroffenen auf verkehrsreichen Straßen entsteht.[225]

bb) Ursache

Weiterhin muß die Gefahr der Selbstschädigung aufgrund einer psychischen Krankheit oder geistigen oder seelischen Behinderung gegeben sein. Hier fällt zunächst auf, daß es nach neuem Recht nicht auf einen bestimmten Schweregrad der Krankheit oder Behinderung ankommt,[226] sondern darauf, daß die genannte Krankheit und/oder Behinderung für die zu befürchtende Selbstgefährdung kausal ist.[227] Nicht daraus resultierende Selbstgefährdungen rechtfertigen keine Unterbringung.[228] So kann jedenfalls derjenige, der sich "lediglich aus Freude an den Genüssen des Lebens oder aus Leichtsinn" selbst gesundheitlich schädigt, nicht zur Ab-

---

223 Vgl. etwa § 11 Abs.1 Satz 2 NW.PsychKG (Kap.1, Fn.17); § 8 Abs.1 Satz 1 BlnPsychKG (Kap.1, Fn.30).

224 So auch *Erman-Holzhauer* (Fn.4), § 1906 Rdnr.21, wonach jedenfalls die Selbsttötung hier nicht allgemein als letzte Konsequenz einer gesundheitlichen Selbstgefährdung verstanden werden könne.

225 Siehe dazu BT-Drucks. 11/4528, S.146 f.; *Knittel* (Fn.2), § 1906 BGB Rdnr.18; *Münch-Komm-Schwab* (Fn.2), § 1906 Rdnr.12; *Damrau/Zimmermann* (Fn.45), § 1906 BGB Rdnr.9; und *Schmidt/Böcker* (Fn.72), Rdnr.253; im übrigen *OLG Frankfurt/M.*, BtPrax 1993, 138, 139. Vgl. seinerzeit schon *Kowerk*, R & P 4/1985, 142 f.; sowie *Evertz*, NDV 1983, 200.

226 Anders - gegenüber § 1896 Abs.1 Satz 1 BGB n.F. und insofern auch bzgl. § 1906 Abs.1 BGB n.F. - andeutungsweise das alte Recht in §§ 104 Nr.3, 114 BGB a.F., dazu näherhin m.w.N. *Schwab* (Fn.4), S.885, 889; *Ehrhardt*, ArchSozArb 1979, 172 f.; und *Kollmer* (Fn.3), S.213.

227 So der Sache nach auch *Bienwald* (Fn.4), Teil 1, § 1906 BGB Rdnr.35; und *Friedrichs*, MDR 1992, 9.

228 Vgl. in diesem Zusammenhang auch die Kritik von *Gaedt/Lang*, BlWohlfPfl. 1992, 218, 220 f., wonach zumindest langfristig zu befürchten sei, daß der Krankheitsbegriff - u.U. auf bloß störende Angewohnheiten - wieder ausgedehnt werde könnte mit der Folge einer "Repsychiatrisierung des Behindertenbereiches".

wendung dieser Gefahren untergebracht werden.[229] Ungleich schwieriger gestaltet sich die Antwort auf die Frage, wann ein Suchtverhalten im Bereich der Drogen, Medikamente und Rauschmittel den Wert einer psychischen Krankheit oder seelischen Behinderung erreicht hat. Zwar werden nach heutigem Verständnis und demzufolge auch von der Gesetzesbegründung her die sog. "Abhängigkeitskrankheiten" als psychische Krankheiten im Sinne der §§ 1896 Abs.1 Satz 1, 1906 Abs.1 BGB n.F. begriffen.[230] Dies bedeutet aber nicht, daß mit der Feststellung etwa von Drogenabhängigkeit schon in jedem Fall ein medizinischer Befund im vorbezeichneten Sinne gegeben ist. Vielmehr bedarf es hier noch eines sinngemäßen Rückgriffs auf die Rechtsprechung zum alten Pflegschaftsrecht, wonach die Sucht entweder im ursächlichen Zusammenhang mit einer psychischen Krankheit stehen muß oder vorausgesetzt wird, daß der durch den Suchtmittelgebrauch erreichte Persönlichkeitsabbau bereits die Qualität einer psychischen Krankheit angenommen hat.[231]

Im übrigen kann nach überwiegender Auffassung nicht automatisch aus dem Versuch der Selbsttötung auf das Vorliegen einer psychischen Krankheit oder seelischen Behinderung zurückgeschlossen werden, selbst wenn nach den Erkenntnissen der Suizidforschung der in freiverantwortlicher Selbstbestimmung vorgenommene Suizidversuch in der Praxis nur äußerst selten vorkommen mag.[232]

---

229 I.d.S.: BT-Drucks. 11/4528, S.146 (etwa durch starkes Rauchen oder übermäßiges Essen); *Palandt-Diederichsen* (Fn.45), § 1906 Rdnr.4; *MünchKomm-Schwab* (Fn.2), § 1906 Rdnr.13; und *Jensen/Röhlig* (Fn.47), S.51. Insoweit wird auch der Rechtsprechung des *BVerfG* (*BVerfGE* 22, 180, 218 ff.) Rechnung getragen, näher dazu oben, Kap.1, Fn.41.

230 Ausdrücklich: BT-Drucks. 11/4528, S.116. Zur "Alkoholabhängigkeit" näherhin: *Hundt*, 2. VGT, 1991, S.111 ff.; und *Crefeld*, BtPrax 1993, 6 (zur Veränderlichkeit auch von gesellschaftlichen Vorgaben). Vgl. zudem *BayObLG*, MedR 1994, 33 m. Problemstellung *Kern*, a.a.O., S.33.

231 So auch *Jürgens/Kröger/Marschner/Winterstein* (Fn.1), Rdnr.501; und *BayObLG*, MedR 1994, 33 unter Hinweis auf *BayObLG*, NJW 1990, 774 f.; FamRZ 1991, 608, 609; NJW 1990, 775; sowie *LG Regensburg*, FamRZ 1994, 125, 126. Vgl. zudem *Jensen/Röhlig* (Fn.47), S.54; und *Bernardi*, SozInf 2/1991, 27.

232 Dazu näherhin: *Jürgens/Kröger/Marschner/Winterstein* (Fn.1), Rdnr. 502 (kritisch zum Begriff des "Bilanzselbstmords"); *Knittel* (Fn.2), § 1906 BGB Rdnr.17; *Palandt-Diederichsen* (Fn.45), § 1906 Rdnr.4; und bereits *Marschner* (Fn.23), S.68 f., 102 f.; z.T. abweichend *Coeppicus*, FamRZ 1991, 896 ff. (grds. liegt eine seelische Behinderung vor).

cc) Ernstliche und konkrete Gefahr

Voraussetzung der Unterbringung ist außerdem eine konkrete Gefahr, d.h., nach der gesamten Situation muß die Wahrscheinlichkeit einer Selbstschädigung bestehen. Gefahren, die sich bloß möglicherweise ergeben könnten, oder Umstände, die lediglich dem Pflegepersonal die Beaufsichtigung des Betroffenen erleichtern sollen, reichen angesichts des grundgesetzlich geschützten Freiheitsrechtes nicht aus.[233] Allerdings ist dieser Gefahrbegriff auch nicht zu verwechseln mit § 1906 Abs.2 Satz 2 BGB n.F., wo sich die Gefahr auf den Aufschub einer Eilmaßnahme bezieht.[234]

Auf dem Gebiet der zu erwartenden gesundheitlichen Schädigung muß es sich ferner um einen erheblichen Schaden handeln,[235] wobei neben objektiven Kriterien auch Alter, Konstitution und Krankheitsgeschichte des Betroffenen eine nicht unbedeutende Rolle spielen.[236] Insgesamt darf jedoch nicht verkannt werden, daß eine drohende Verwahrlosung etwa des drogensüchtigen oder altersdementen Betreuten (sog. "Vermüllungssyndrom") für sich gesehen noch keine ernstliche Gesundheitsgefahr im vorbezeichneten Sinne beinhaltet.[237]

---

233 BT-Drucks. 11/4528, S.146; *MünchKomm-Schwab* (Fn.2), § 1906 Rdnr.12; *Deinert*, DA-Vorm 1992, 642; und *AG Soltau*, BtPrax 1993, 212.

234 Eine solche Verwechslung findet sich aber in BT-Drucks. 11/4528, S.146. Strenger ist auch der Begriff "gegenwärtige Gefahr", wie etwa in § 1 Abs.4 Bad.-Württ.UBG n.F. (Kap.1, Fn.125); vgl. dazu auch schon *Juchart*, UBG, 1983, § 1 Anm. 2.4.3; zudem *Klüsener/Rausch*, NJW 1993, 621.

235 Dies entspricht der Vorgabe des *BVerfG* (*BVerfGE* 58, 208, 226 ff.), derzufolge nicht jede Gefährdung des persönlichen Wohls (auch) eines psychisch Kranken eine Unterbringung rechtfertigt, siehe bereits oben, Kap.1, Fn.43. Vgl. zudem *Jürgens/Kröger/Marschner/Winterstein* (Fn.1), Rdnr.503; sowie unter Anführung von Beispielen *Bienwald* (Fn.4), Teil 1, § 1906 BGB Rdnr.39. Nicht erforderlich ist aber die Gefahr eines "schweren" Gesundheitsschadens i.S.v. § 1904 BGB n.F., siehe dazu *Knittel* (Fn.2), § 1904 BGB Rdnr.11 m.w.N.

236 So ähnlich auch *Bienwald* (Fn.4), Teil 1, § 1906 BGB Rdnr.71.

237 Vgl. nur *Erman-Holzhauer* (Fn.4), § 1906 Rdnr.20; *Jürgens/Kröger/Marschner/Winterstein* (Fn.1), Rdnr.505; und *Coester*, Jura 1991, 9; kritisch dagegen zur Nichteinbeziehung der "Verwahrlosung" als Unterbringungsgrund: *Bürgle*, AnwBl 1989, 511; *ders.*, NJW 1988, 1885 f. Zur speziellen Problematik der Unterbringung einer Betreuten nach § 1906 Abs.1 Nr.1 BGB n.F. zur Verhinderung einer Schwangerschaft: BT-Drucks. 11/4528, S.76; und insbesondere *Damrau/Zimmermann* (Fn.45), § 1905 BGB Rdnr.10 m.w.N.

dd) Keine Unterbringung bei Gefahr anderer als gesundheitlicher Schäden

Die Gefahr eines anderen als eines gesundheitlichen Schadens kann schon gar nicht Grundlage einer Unterbringung nach § 1906 Abs.1 Nr.1 BGB n.F. sein. Dies gilt vor allem für einen drohenden Vermögensschaden.[238] Nach der Vorstellung des Gesetzgebers könne dieser Gefahr durch Anordnung eines Einwilligungsvorbehalts gemäß § 1903 Abs.1 BGB n.F. oder, bei tatsächlichem Handeln des Betreuten, mittels sicherer Aufbewahrung der durch den Betroffenen gefährdeten eigenen Gegenstände begegnet werden.[239] Inwieweit dieser Vorschlag nun tatsächlich praktikabel ist, bleibt abzuwarten. Die Regelung entspricht jedenfalls der vom Grundgesetz gebotenen Güterabwägung zwischen den Freiheitsrechten des Betreuten und der Gefahr für Sachschäden. Mittelbar können allerdings auch Schäden an anderen Rechtsgütern Auslöser einer vorübergehenden Unterbringung des Betroffenen sein, insbesondere wenn dieser Gefahr läuft, durch sein Verhalten seine familiären Beziehungen zu zerstören und dies wiederum zu einer nachhaltigen Verschlimmerung seines Leidens führt.[240] In solchen Fällen wird aber besonders sorgfältig zu prüfen sein, ob eine konkrete Gefahr im Sinne des § 1906 Abs.1 Nr.1 BGB n.F. vorliegt und diese erheblich genug ist.[241]

ee) Keine Unterbringung im Drittinteresse oder im Interesse der Allgemeinheit

Anders als die Einrichtung einer Betreuung[242] kann eine zivilrechtliche Unterbringung nach § 1906 Abs.1 Nr.1 BGB n.F. auch nicht ausnahmsweise im bloßen In-

---

238 Denkbar ist aber z.B. auch die Gefährdung der eigenen sozialen Existenz, etwa durch objektiv unbegründete Kündigungen des Arbeits- und/oder Mietverhältnisses, vgl. dazu *Bienwald* (Fn.98), S.227 (dort Fn.218).

239 BT-Drucks. 11/4528, S.82,146; *Palandt-Diederichsen* (Fn.45), § 1906 Rdnr.4; und *Damrau/Zimmermann* (Fn.45), § 1906 BGB Rdnr.7.

240 Dieses Beispiel wird ausdrücklich in der amtlichen Begründung angeführt, vgl. BT-Drucks. 11/4528, S.146; siehe auch *Erman-Holzhauer* (Fn.4), § 1906 Rdnr.21; *Damrau/Zimmermann* (Fn.45), § 1906 Rdnr.7; sowie *Gastiger* (Fn.121), S.66; skeptisch dagegen *MünchKomm-Schwab* (Fn.2), § 1906 Rdnr.12; und *Knittel* (Fn.2), § 1906 BGB Rdnr.6.

241 Wie hier *Jürgens/Kröger/Marschner/Winterstein* (Fn.1), Rdnr.504; und *Bienwald* (Fn.4), Teil 1, § 1906 BGB Rdnr.38.

242 Zur Betreuung im Drittinteresse näherhin: BT-Drucks. 11/4528, S.117 f.; *Knittel* (Fn.2), § 1896 BGB Rdnr.7; *Damrau/Zimmermann* (Fn.45), § 1896 BGB Rdnr.10; *Bienwald* (Fn.4), Teil 1, § 1896 BGB Rdnr.164 ff.; *Gernhuber/Coester-Waltjen* (Fn.100), § 76 II 3;

teresse Dritter oder der Allgemeinheit erfolgen. Für den Schutz von öffentlichen Interessen oder Drittinteressen sind ausschließlich die Unterbringungsgesetze der Länder maßgebend.[243] So darf beispielsweise eine Unterbringung durch den Betreuer keineswegs allein zu dem Zweck erfolgen, Straftaten des Betreuten zu verhindern.[244] Etwas anderes gilt lediglich dann, wenn nach der Art der Straftaten Gefahren für die Gesundheit des Betroffenen, z.B. durch Notwehrmaßnahmen des Angegriffenen, verbunden sind.[245] Demnach wird von der Neuregelung zumindest hier eine rechtsdogmatisch klare Abgrenzung zwischen zivilrechtlicher und öffentlichrechtlicher Unterbringung vollzogen, mit der Folge, daß die kontroverse Diskussion zum bisherigen Recht[246] nunmehr als überholt gilt.[247]

b) Medizinische Unterbringung: § 1906 Abs.1 Nr.2 BGB n.F.

Die problematischere Vorschrift stellt eindeutig § 1906 Abs.1 Nr.2 BGB n.F. dar, wonach eine freiheitsentziehende Unterbringung auch dann zulässig ist, wenn diese einer notwendigen Untersuchung, Heilbehandlung oder einem ärztlichen Eingriff dient, die ohne solche Unterbringung nicht oder nicht im erforderlichen Umfang möglich sind und der Betreute aufgrund einer psychischen Krankheit oder geistig-seelischen Behinderung außerstande ist, die Notwendigkeit der Unterbringung einzusehen oder nach dieser Einsicht zu handeln. Gleichwohl auch diese Bestimmung auf den ersten Blick die Intention des Gesetzgebers wiedergeben mag, das im überkommenen Recht herausgebildete Kriterium der "Anstaltsbedürftigkeit" bzw.

Coeppicus, FamRZ 1992, 744; *Schwab*, FamRZ 1992, 494 f.; und schon oben, Kap.1, Fn.40.

243 Vgl. dazu BT-Drucks. 11/4528, S.81 f.,146; *Jensen/Röhlig* (Fn.47), S.35, 54; *Kern*, MedR 1993, 251; *Bienwald* (Fn.4), Teil 3, B., Vorbem. v. §§ 70 ff. FGG Rdnr.9; *Schumacher/Jürgens*, R & P 2/1988, 11 f.; und vor allem instruktiv *Holzhauer* (Fn.15), B 108 f. Gerade wegen dieses - der öffentlichrechtlichen Unterbringung - vorbehaltenen Bereichs befürchten *Gaedt/Lang*, BlWohlfPfl. 1992, 218, 220, die Ansammlung aller "Problemfälle" früher oder später in der "Psychiatrie". Siehe im übrigen *DJT* (Fn.66), K 198 (Diskussionsbeitrag von *Weth*).

244 *Damrau/Zimmermann* (Fn.45), § 1906 BGB Rdnr.3; siehe zudem etwa *Schumacher/Jürgens/Mahnkopf* (Fn.24), AG 10, S.185, These 4.

245 So auch *Erman-Holzhauer* (Fn.4), § 1906 Rdnr.20; *Bienwald* (Fn.4), Teil 1, § 1906 BGB Rdnr.9; *MünchKomm-Schwab* (Fn.2), § 1906 Rdnr.12; und schon *Schwab* (Fn.9), K 34 f.

246 Siehe oben, Kap.1, Fn.40.

247 I.d.S.: *Klüsener/Rausch*, NJW 1993, 621; *Jürgens/Kröger/Marschner/Winterstein* (Fn.1), Rdnr.505; *Damrau/Zimmermann* (Fn.45), § 1906 BGB Rdnr.3; und *Giese*, RsDE 2/1988, 30; siehe zudem *LG Berlin*, BtPrax 1993, 66, 69 f.

"stationären Behandlungsbedürftigkeit" enger zu fassen,[248] so ist darauf aufmerksam zu machen, daß schon im Gesetzgebungsverfahren höchst fraglich war, ob § 1906 Abs.1 Nr.2 BGB n.F. überhaupt den Anforderungen einer rechtsstaatlich gebotenen restriktiven Regelung der materiellen Unterbringungsvoraussetzungen gerecht wird.[249]

aa) Notwendigkeit einer medizinischen Maßnahme

Weitgehend Einigkeit herrscht insofern noch, als die medizinische Maßnahme in Gestalt einer Untersuchung des Gesundheitszustandes, einer Heilbehandlung oder eines ärztlichen Eingriffs[250] sowohl der sog. "Anlaßkrankheit"[251] als auch einer im Verhältnis zu der die Betreuungsbedürftigkeit begründenden Krankheit oder Behinderung interkurrenten, dann wohl immer somatischen Krankheit gelten kann.[252] Die vorwiegend während des Gesetzgebungsverfahrens vertretenen Auffassungen, die den Anwendungsbereich der Nr.2 des § 1906 Abs.1 BGB n.F. auf andere Krankheiten als die Anlaßkrankheit beschränken und eine Unterbringung wegen letzterer dagegen nur nach § 1906 Abs.1 Nr.1 BGB n.F. zulassen wollten, haben sich nicht durchsetzen können.[253]

In das Kreuzfeuer der Kritik geraten ist jedoch § 1906 Abs.1 Nr.2 BGB n.F. insbesondere dadurch, daß nach dem Wortlaut des Gesetzes die Gefahr eines

---

248 Vgl. dazu *Jürgens/Kröger/Marschner/Winterstein* (Fn.1), Rdnr.508; und oben, Kap.1, Fn.38.

249 Wegen durchgreifender Bedenken hatte die Fraktion DIE GRÜNEN im Rechtsausschuß des Bundestages beantragt, § 1906 Abs.1 Nr.2 BGB n.F. völlig zu streichen (BT-Drucks. 11/6969, S.3, 8); dem Antrag war jedoch keine Mehrheit beschieden, vgl. BT-Drucks. 11/6949, S.76. Ähnlich auch bereits *Schumacher/Jürgens*, R & P 2/1988, 12; und *Schumacher/Jürgens/Mahnkopf* (Fn.24), AG 3, S.76 f.

250 Näherhin zu den in gleicher Weise in § 1904 BGB n.F. genannten Maßnahmen: *Winkler-Wilfurth*, Betreuung und Heilbehandlung, 1992, S.13 ff., 151; und *Schreiber*, FamRZ 1991, 1015 f. Die "Notwendigkeit" bezieht sich auf Gesundheitsschäden, denen der Betreute ohne die medizinische Maßnahme ausgesetzt wäre, so auch *MünchKomm-Schwab* (Fn.2), § 1906 Rdnr.14.

251 Damit ist die psychische Krankheit oder geistig-seelische Behinderung gemeint, die zur Betreuerbestellung geführt hat.

252 Vgl. statt vieler: *Erman-Holzhauer* (Fn.4), § 1906 Rdnr.24 f.; *MünchKomm-Schwab* (Fn.2), § 1906 Rdnr.14; und *Schmidt/Böcker* (Fn.72), Rdnr.257 f.; zudem BT-Drucks. 11/4528, S.147.

253 So aber *Schumacher/Jürgens/Mahnkopf* (Fn.24), AG 3, S.77 u. S.78, These 2; ähnlich neuerdings *Rink*, R & P 1991, 159.

"gewichtigen" Gesundheitsschadens nicht unbedingt vorausgesetzt wird. Der amtlichen Begründung ist dazu zu entnehmen, daß der Eingriffstatbestand vor allem auch für unterbringungsähnliche Maßnahmen nach § 1906 Abs.4 BGB n.F. in Frage komme;[254] gerade hierbei könne die erforderliche Güterabwägung ergeben, daß auch bei der Gefahr von Gesundheitsbeschädigungen, die weniger schwer wiegen, zumindest eine zeitweilige Unterbringungsmaßnahme gerechtfertigt sein könne.[255] Im übrigen sei eine Untersuchung bereits dann notwendig, wenn der Gesundheitszustand des Betreuten aus medizinischer Sicht geklärt werden müsse; dabei werde sich auch die Schwere anderenfalls drohender Gesundheitsschäden oftmals erst nach der Untersuchung sicher bestimmen lassen.[256]

Erhebliche verfassungsrechtliche Bedenken werden demgegenüber in erster Linie von *Schumacher*[257] geäußert, der unter Hinweis auf die vom *BVerfG* ausdrücklich auch psychisch Kranken in gewissen Grenzen zugebilligte "Freiheit zur Krankheit"[258] befürchtet, daß in Ermangelung eines gesetzlichen Maßstabs für die Beurteilung der Notwendigkeit der medizinischen Maßnahme, wie er zum Beispiel in § 1904 BGB n.F. umschrieben ist, letztlich sogar bei Bagatellerkrankungen der Weg für eine Zwangsunterbringung offen sei. Weil der Gesetzgeber es unterlassen habe, präzise und konkrete Kriterien für die Notwendigkeit einer Heilbehandlung oder anderen Maßnahme nach § 1906 Abs.1 Nr.2 BGB n.F. aufzustellen, werde außerdem die Entscheidung über die Unterbringung weitgehend dem ärztlichen Sachverständigen im Unterbringungsverfahren überantwortet. Vornehmlich hieran werde deutlich, daß diese Vorschrift - gemessen an Art. 104 Abs.2 Satz 1 GG - eben keine justitiable Regelung für eine Freiheitsentziehung vorgebe.[259]

---

254 Hierzu näher unten, sub III 5 a.

255 BT-Drucks. 11/4528, S.147. Ähnlich *Erman-Holzhauer* (Fn.4), § 1906 Rdnr.27, weil die fehlende gesetzliche Einschränkung der Verhältnismäßigkeit zugleich der Verfolgung des Ziels der Flexibilität diene; des weiteren *Damrau/Zimmermann* (Fn.45), § 1906 BGB Rdnr.11; und *Stolz*, BWNotZ 1991, 166.

256 BT-Drucks. 11/4528, S.147; vgl. zudem *Schmidt/Böcker* (Fn.72), Rdnr.256.

257 *Schumacher*, FamRZ 1991, 280; dem zustimmend *Palandt-Diederichsen* (Fn.45), § 1906 Rdnr.5. Kritisch auch *Rink*, R & P 1991, 158 f., wonach die Vorschrift gerade bei endogenen psychischen Erkrankungen, deren voraussichtliche Dauer nie absehbar seien, eine "Dauerunterbringung (der Betroffenen) zur Zwangsbehandlung" ermögliche; *ders.*, FuR 1990, 259, 263 ff., macht außerdem unter Anführung von UN-Prinzipien völkerrechtliche Bedenken gegenüber der Regelung in § 1906 Abs.1 Nr.2 BGB n.F. geltend.

258 Vgl. oben, Fn.235 m.w.N.

259 So *Schumacher*, FamRZ 1991, 280; ähnlich *Bürgle*, AnwBl 1989, 510; und *Marschner*, 1. VGT, 1989, S.80, These 6.

Hält man sich nun etwa die gesundheitsbedrohlichen (Neben-)Wirkungen moderner psychiatrischer Behandlungsmethoden - insbesondere im Bereich der Elektroschockanwendungen sowie der Applikation von Neuroleptika,[260] - vor Augen, so sind die verfassungsrechtlichen Aspekte der Kritik durchaus angebracht. Insbesondere muß mit Nachdruck darauf hingewiesen werden, daß gerade dem Richter die Aufgabe zukommt, der möglichen Gefahr einer "Vernunfthoheit des Arztes über den Patienten" und einer umfassenden staatlichen Gesundheitsbetreuung zu begegnen.[261] Den erhobenen Bedenken kann meines Erachtens allerdings schon dadurch Rechnung getragen werden, daß die in Rede stehende Norm einer einschränkenden Korrektur im Wege verfassungskonformer Auslegung unter dem Gesichtspunkt der Verhältnismäßigkeit unterzogen wird.[262] Danach läßt sich die Vorschrift des § 1906 Abs.1 Nr.2 BGB n.F. als verfassungsgemäß halten, wenn man als ungeschriebene Voraussetzung hinzuverlangt, daß - wie in § 1906 Abs.1 Nr.1 BGB n.F. formuliert ist - bei Ausbleiben der medizinischen Maßnahme ein erheblicher, wenn auch nicht notwendigerweise schwerer gesundheitlicher Schaden droht.[263]

Darüber hinaus bedingt die Notwendigkeit einer Heilbehandlung oder sonstigen Maßnahme, daß sich einerseits die gesundheitliche Gefahr für den Betreuten nicht auf weniger einschneidende Weise abwenden läßt und sich andererseits die medizinische Maßnahme auch eignen muß, den gewünschten Erfolg - bei der Untersuchung des Gesundheitszustandes wenigstens im Sinne der Klarheit der Dia-

---

260 Hierzu näher *Lehmann*, 1. VGT, 1989, S.82 ff.; *Schreiber*, FamRZ 1991, 1019 f.; *Rink*, FuR 1990, 263.

261 *BVerfGE* 58, 208, 227; vgl. zudem *Baumann*, Unterbringungsrecht, 1966, S.25; sowie *Less*, Die Unterbringung von Geisteskranken, 1989, S.244.

262 Dies ist möglich, wenn - wie hier - das vom Gesetzgeber Gewollte im Grunde nur eingegrenzt oder präzisiert wird; vgl. zur verfassungskonformen Gesetzesinterpretation lediglich *Stein*, Staatsrecht, 14. Aufl. 1993, § 20 II 1 d; und *Stern*, Staatsrecht, Bd.I, 2. Aufl. 1984, § 4 III 8 d m.w.N. Dagegen neigt *Schumacher*, FamRZ 1991, 280 f., dazu, die Vorschrift des § 1906 Abs.1 Nr.2 BGB n.F. als verfassungswidrig anzusehen.

263 Wie hier *Knittel* (Fn.2), § 1906 BGB Rdnr.20; *MünchKomm-Schwab* (Fn.2), § 1906 Rdnr.14; und *Mees-Jacobi/Stolz*, BtPrax 1994, 85 unter Hinweis auf *Bienwald* (Fn.4), Teil 1, § 1906 BGB Rdnr.47. Zu weitgehend wohl *Pardey* (Fn.23), S.136, demzufolge § 1906 Abs.1 Nr.2 BGB n.F. nur haltbar sei, wenn die "Gefahr schwerer Schäden als zusätzliches Kriterium" gefordert werde; ähnlich *Jensen/Röhlig* (Fn.47), S.38. Zu einer diesbezüglichen Angleichung von § 1906 Abs.1 Nr.2 BGB n.F. an § 1904 BGB n.F. vgl. auch schon *Bundesvereinigung Lebenshilfe für geistig Behinderte e.V.*, Stellungnahme zum Fragenkatalog des Rechtsausschusses, S.148.

gnose[264] - herbeizuführen.[265] Die Gesetzesmotive erwähnen hier besonders Alkoholentziehungskuren, die nach dem derzeitigen Erkenntnisstand der medizinischen Wissenschaft jedenfalls nur dann einen erfolgsversprechenden Verlauf nehmen können, wenn sie auch im Einvernehmen mit dem Betroffenen geschehen.[266] Deswegen darf eine Unterbringung zur Entwöhnungstherapie anders als zum Zweck einer reinen "Entgiftungsbehandlung" nicht unter Zwang durchgeführt werden.[267] Das Beispiel ist übertragbar auch auf andere Krankheiten und therapeutische Verfahren. So kann etwa eine Behandlung mit Neuropsychopharmaka allenfalls eine psychotherapeutische Behandlung einleiten bzw. begleiten, die Medikation selbst läßt hingegen keine Verbesserung des Gesundheitszustandes des Betroffenen erwarten.[268] Als erforderliche Heilbehandlung wird man daher auch im psychiatrischen Bereich nur die pharmakologische Behandlung betrachten können, die in akuten Krankheitsstadien geeignet ist, die Ansprechbarkeit des Patienten für weitergehende Behandlungsverfahren herzustellen.[269]

bb) Notwendigkeit der Unterbringung

Des weiteren schreibt die Vorschrift des § 1906 Abs.1 Nr.2 BGB n.F. vor, daß die notwendige medizinische Maßnahme nicht ohne Unterbringung durchgeführt wer-

---

264 So *Damrau/Zimmermann* (Fn.45), § 1906 BGB Rdnr.10; allgemein zur ärztlichen Diagnostik auch *Crefeld*, FuR 1990, 278.

265 BT-Drucks. 11/4528, S.147; *MünchKomm-Schwab* (Fn.2), § 1906 Rdnr.14; *Deinert* (Fn.208), S.66; *Knittel* (Fn.2), § 1906 BGB Rdnr.22; und *Dodegge*, NJW 1993, 2359.

266 BT-Drucks. 11/4528, S.147. Vgl. zudem *LG Frankfurt/M.*, FamRZ 1993, 478, 479, wonach in solchen Fällen eine zwangsweise Unterbringung dann auch nicht zur Erzwingung der Krankeits- und Behandlungseinsicht erfolgen könne; so auch *Palandt-Diederichsen* (Fn.45), § 1906 Rdnr.5.

267 BT-Drucks. 11/4528, S.147; *Palandt-Diederichsen* (Fn.45), § 1906 Rdnr.6; *Jensen/Röhlig* (Fn.47), S.38; *MünchKomm-Schwab* (Fn.2), § § 1906 Rdnr.14; *Jürgens/Kröger/Marschner/Winterstein* (Fn.1), Rdnr. 509; *Stolz*, BWNotZ 1991, 166; und *LG Regensburg*, FamRZ 1994, 125, 126; z.T. abweichend *Coeppicus*, FamRZ 1991, 895 (auch bzgl. der "Entgiftungsphase" nur bei Lebensgefahr, der Gefahr "länger dauernden Siechtums" oder völliger Verwahrlosung). Dagegen vertritt *Bürgle*, NJW 1988, 1886, die Auffassung, daß in Fällen fortgeschrittenen Suchtverhaltens immer noch zu prüfen bleibe, ob eine Unterbringung - ohne Rücksicht auf den Erfolg einer stationären Behandlung - nicht doch geboten sei, um dem Betroffenen wenigstens "ein menschenwürdiges Leben zu ermöglichen oder eine Verschlimmerung des Leidens zu verhindern"; ähnlich *Knittel* (Fn.2), § 1906 BGG Rdnr.22; *BayObLG*, FamRZ 1993, 600; vgl. zudem *VGT e.V.* (Fn.69), AG 7, S.110, These 8.

268 Instruktiv *LG Berlin*, BtPrax 1993, 66, 69 (zur Wirkung der Behandlung mit Neuroleptika bei chronifizierten Wahnvorstellungen).

269 So ausdrücklich auch *Jürgens/Kröger/Marschner/Winterstein* (Fn.1), Rdnr.509.

den kann. Für diese Prüfung ist nicht allein ausschlaggebend, ob eine stationäre Heilbehandlung oder Untersuchung der üblichen Praxis entspricht.[270] Besteht etwa die Möglichkeit, die erforderliche Maßnahme auch auf ambulantem Wege vorzunehmen, sei es auch nur in einiger Entfernung vom Aufenthaltsort des Betroffenen, so hat eine freiheitsentziehende Unterbringung zu unterbleiben.[271] Auf der anderen Seite ist indes zu berücksichtigen, daß eine medizinische Behandlung ohne Freiheitsentziehung sehr oft nicht möglich ist, wenn der Betroffene seine Behandlungsbedürftigkeit nicht wahrhaben will. Es wird sich also - mit Ausnahme der vorerwähnten Einschränkungen - vielfach um Unterbringungen handeln, die eine der genannten Maßnahmen gegen den Willen des Betreuten ermöglichen sollen.[272]

cc) Persönliches Unvermögen zur Entscheidung

Schließlich muß der Betreute die Notwendigkeit der Unterbringung nicht erkennen können oder, wenn er es dennoch vermag, nicht in der Lage sein, danach zu handeln, weil eine psychische Krankheit oder eine geistige oder seelische Behinderung ihn daran hindert. Ebenso wie eine ärztliche Behandlung gegen den natürlichen Willen eines Einsichtsfähigen ausgeschlossen ist, soll auch die Unterbringung, die eine solche Maßnahme zum Ziel hat, lediglich die Möglichkeit eröffnen, Defizite in der Einsichts- und Steuerungsfähigkeit des Betroffenen auszugleichen.[273] Dies bedeutet konkret, daß - wie auch schon an anderer Stelle vorweggenommen[274] - die Unterbringung eines einsichtsfähigen, aber therapieunwilligen Betroffenen nicht zulässig ist.[275] Dabei ist zu beachten, daß allein aus der fehlenden Behandlungsbereitschaft des Betreuten nicht zwangsläufig auch dessen Einsichtsunfähigkeit abgeleitet werden kann.[276]

---

270 I.d.S.: *Bienwald* (Fn.4), Teil 1, § 1906 BGB Rdnr.45.

271 Kostengesichtspunkte haben insoweit zurückzustehen, siehe *Bienwald* (Fn.4), Teil 1, § 1906 Rdnr.45; so auch *Knittel* (Fn.2), § 1906 BGB Rdnr.14; vgl. zudem *Jürgens/Kröger/Marschner/Winterstein* (Fn.1), Rdnr.510.

272 Vgl. dazu BT-Drucks. 11/4528, S.147; *Palandt-Diederichsen* (Fn.45), § 1906 Rdnr.5; *MünchKomm-Schwab* (Fn.2), § 1906 Rdnr.15; sowie *Mulke*, Einflüsse und Folgen des Gesetzes über die Betreuung Volljähriger auf die Gruppe psychiatrisch kranker Menschen, 1990, S.33.

273 BT-Drucks. 11/4528, S.147 f.

274 Dazu oben, Fn.125 m.w.N.

275 So der Sache nach auch *Erman-Holzhauer* (Fn.4), § 1906 Rdnr.28; *MünchKomm-Schwab* (Fn.2), § 1906 Rdnr.16; und *Stolz*, BWNotZ 1991, 166.

276 Wie hier *Jürgens/Kröger/Marschner/Winterstein* (Fn.1), Rdnr.511; *Pardey* (Fn.23), S.136; zu der Problematik allgemein vgl. auch *Kern*, MedR 1993, 247; und *Ukena*, MedR 1992,

5. Verhältnis zur öffentlichrechtlichen Unterbringung

Im nachfolgenden wird nun die bereits in der Einleitung angeschnittene Frage nach dem Verhältnis von zivilrechtlicher und öffentlichrechtlicher (landesgesetzlicher) Unterbringung noch näher zu untersuchen sein.

a) Aufrechterhaltung der materiellrechtlichen Zweispurigkeit

Wie schon mehrfach betont, hält der Gesetzgeber bewußt an dem Nebeneinander von zivilrechtlicher und öffentlichrechtlicher Unterbringung bezüglich der materiellrechtlichen Regelungen fest; beide Unterbringungswege werden lediglich einem einheitlichen gerichtlichen Verfahrensrecht (§§ 70 ff. FGG n.F.) unterstellt.[277] Ohne die (bloß noch) theoretische Frage nach den verfassungsrechtlichen Grenzen einer Vereinheitlichung auch des materiellen Unterbringungsrechts wieder aufzugreifen,[278] sind mannigfaltige Gründe vorhanden, die die gesetzgeberische Entscheidung, an der grundsätzlichen Duplizität des Unterbringungsrechts nichts zu ändern, plausibel erscheinen lassen.

Gegen die völlige Abschaffung der zivilrechtlichen Unterbringung spricht zunächst, daß andernfalls die Entscheidung über Notwendigkeit und Dauer der Unterbringung ausschließlich in die Hände von Behörden und Gerichten gegeben wäre, die keine vergleichbaren engen Kontakte zum Untergebrachten hätten, wie sie der Betreuer wegen des Grundsatzes der persönlichen Betreuung haben muß.[279] Zahlreiche Vorteile einer zivilrechtlichen Unterbringung gegenüber der öffentlichrechtlichen werden zudem insbesondere erst bei einer länger andauernden Unterbringung deutlich. So kann der Betreuer die Unterbringung ohne Einschaltung des Vormundschaftsgerichts beenden, sobald sie - gegebenenfalls nach Abstimmung mit den behandelnden Ärzten[280] - nicht mehr erforderlich ist. § 1906 Abs.3 Satz 1 BGB n.F.

---

203 (dort Fn.13). Davon zu unterscheiden ist allerdings die (wohl) begründete Annahme, daß mit der mangelnden Krankheitseinsicht des Betroffenen regelmäßig auch die fehlende Einsicht in die Unterbringungsbedürftigkeit verbunden ist, siehe dazu BT-Drucks. 11/4528, S.147; sowie darüber hinaus oben, Fn.203.

277 Hierzu näher unten, sub Kap.3.

278 Vgl. dazu schon oben, Fn.23 der Einleitung.

279 BT-Drucks. 11/4528, S.80; *Schlüter/Liedmeier*, ZGerontol 23 (1990), 76; siehe im übrigen bereits oben, Fn.208.

280 *Knittel* (Fn.2), § 1906 BGB Rdnr.25, 28.

sieht ausdrücklich eine entsprechende Pflicht des Betreuers vor.[281] Hinzu kommt etwa, daß mit dem Vorhandensein eines Betreuers sichergestellt wird, daß dem Untergebrachten auch außerhalb des Freiheitsentzuges die erforderliche Hilfestellung nicht versagt bleibt.[282]

Auch der umgekehrte Weg mit dem Ziel, die öffentlichrechtliche Unterbringung in der zivilrechtlichen aufgehen zu lassen, hätte sich genauso als nachteilig erwiesen. Zwar mag es auch im Interesse des Betreuten liegen, vor den straf- und zivilrechtlichen Reaktionen eines Angriffs auf Rechtsgüter Dritter oder der Allgemeinheit bewahrt zu werden. Jedoch würde der auf das subjektive und objektive Wohl des Betroffenen ausgerichtete Gedanke der Betreuung über Gebühr strapaziert, wenn der Betreuer zum Schutz von öffentlichen Interessen oder Drittinteressen gegen den Betreuten vorgehen müßte.[283]

b) Verbleibender Überschneidungsbereich

Die Verengung der zulässigen Ziele der zivilrechtlichen Unterbringung in § 1906 Abs.1 BGB n.F. bringt demnach mit sich, daß Fälle reiner Fremdgefährdung nunmehr eindeutig den Landesunterbringungsgesetzen vorbehalten bleiben.[284] Zivilrechtliche und öffentlichrechtliche Unterbringung können sich also lediglich noch im Bereich der erheblichen Selbstgefährdung überschneiden, sei es durch Selbsttötung oder auch nur als Folge einer denkbaren zivil- oder strafrechtlichen Notwehrhandlung Dritter auf einen Aggressionsausbruch des Betroffenen hin,[285] sei es

281 BT-Drucks. 11/4528, S.81 f., 148; *Bienwald* (Fn.4), Teil 1, § 1906 BGB Rdnr.13, 55 f.; *Wolf*, ZRP 1988, 317; *Holzhauer* (Fn.15), B 116; sowie *BayObLG*, BtPrax 1994, 98, 99.

282 Arg. § 1901 Abs.4 Satz 2 BGB n.F., vgl. BT-Drucks. 11/4528, S.81. Zu weiteren Einzelheiten: *Wolf*, ZRP 1988, 317; und *DJT* (Fn.66), K 191 (Diskussionsbeitrag von *Helle*).

283 So überzeugend *Erman-Holzhauer* (Fn.4), § 1896 Rdnr.44; und schon *Holzhauer* (Fn.15), B 100, B 116; zudem *DST* (Fn.174), S.12.

284 Insbesondere zum abschließenden Charakter von § 1906 Abs.1 Nr.1 BGB n.F. siehe oben, Fn.243. *Klüsener/Rausch*, NJW 1993, 622, geben allerdings zu bedenken, daß derartige Fälle in der Praxis eher selten seien. In aller Regel werde ein psychisch Kranker, von dem die Gefahr einer Fremdgefährdung ausgehe, auch selbst dringend behandlungsbedürftig sein und aufgrund seiner psychischen Beeinträchtigung die Notwendigkeit der Behandlungsunterbringung nicht erkennen. Zugleich könne in vielen Fällen angenommen werden, daß der Betroffene sich dann auch selbst durch sein krankhaftes Verhalten in (erhebliche) Gefahr bringe; dem folgend *Knittel* (Fn.2), § 1906 BGB Rdnr.3; und ähnlich *Krüger*, BtPrax 1992, 94.

285 Vgl. *Jürgens/Kröger/Marschner/Winterstein* (Fn.1), Rdnr.505; und *Damrau/Zimmermann* (Fn.45), § 1906 BGB Rdnr.3.

im Hinblick darauf, daß bei Unterlassung der medizinischen Behandlung ein gewichtiger gesundheitlicher Schaden für den Betroffenen droht.[286] Dies wirft allerdings die anschließende Frage auf, wie eine Regelung der Konkurrenz im geltenden Recht auszusehen hätte.

c) Vorrang zivilrechtlicher Unterbringung?

Für die Frage der Konkurrenz ist zu unterscheiden, ob der Betroffene bereits einen Betreuer mit der Aufgabe der Unterbringung hat oder nicht. Trifft das erste zu, so darf die Unterbringungsentscheidung grundsätzlich nicht an der Willensbildung des Betreuers vorbei erfolgen. Vielmehr ist im Falle der Erreichbarkeit des Betreuers dessen Entscheidung zwingend einzuholen.[287] Erst wenn dieser dann nicht tätig wird, sei es, daß er sich gegen eine Unterbringung ausspricht oder, sei es, daß er überhaupt keine Erklärung abgibt, kann eine öffentlichrechtliche Unterbringung nach den Landesunterbringungsgesetzen betrieben werden.[288] Hat der Betroffene hingegen keinen Betreuer oder umfaßt dessen Aufgabenkreis nicht die Unterbringung, kommt von vornherein eine öffentlichrechtliche Unterbringung in Betracht.[289] Nach alledem läßt sich prognostizieren, daß im Bereich der materiellrechtlichen Voraussetzungen kaum Probleme zur Frage des Vorrangverhältnisses auftreten werden. Die eigentlichen Abgrenzungsschwierigkeiten liegen eher im Bereich der vorläufigen Unterbringungsmaßnahmen und damit - ohne der späteren Darstellung vorgreifen zu wollen[290] - im Verfahrensrecht.

---

286 So kann eine erhebliche Selbstgefährdung auch darin bestehen, daß der Betroffene eine notwendige diagnostische oder therapeutische Behandlung ablehnt, vgl. dazu *Damrau/Zimmermann* (Fn.45), § 1906 BGB Rdnr.8 m.w.N.; und *Holzhauer* (Fn.15), B 106 ff.

287 Vgl. insoweit auch schon die eindeutige Feststellung des *BVerfG* (*BVerfGE* 58, 208, 228), wonach der zivilrechtlichen Unterbringung der Vorzug zu geben sei; siehe dazu schon oben, Kap.1, Fn.66.

288 I.d.S.: *Knittel* (Fn.2), § 1906 BGB Rdnr.4; *Jürgens/Kröger/Marschner/Winterstein* (Fn.1), Rdnr.505; *Bienwald* (Fn.4), Teil 3, B., Vorbem. v. §§ 70 ff. FGG Rdnr.6; *Klüsener/Rausch*, NJW 1993, 622; *Krüger*, BtPrax 1992, 94; und *Fischer/Mann*, NJW 1992, 1542 (dort Fn.27).

289 *Damrau/Zimmermann* (Fn.45), § 1906 BGB Rdnr.3; vgl. außerdem *Holzhauer* (Fn.15), B 109, demzufolge das Vormundschaftsgericht auch dann noch die Möglichkeit haben sollte, von der öffentlichrechtlichen auf die zivilrechtliche Unterbringung "umzuschalten" und, statt die Unterbringung anzuordnen, eine Betreuung mit der Aufgabe der Unterbringung zu veranlassen.

290 Insbesondere wird viel dabei auch von der Auslegung des Anwendungsbereiches des § 1846 BGB n.F. (i.V.m. § 1908i Abs.1 Satz 1 BGB n.F.) abhängen, dazu näher sub Kap.3, II 1 b.

III. Unterbringungsähnliche Maßnahmen

1. Allgemeines

Zu den umstrittensten Punkten des neuen Betreuungsrechts und insgemein auch zu dem Bereich, der mitunter die größten praktischen Schwierigkeiten verursacht, zählen die unterbringungsähnlichen Maßnahmen.[291] Für diese bestimmt § 1906 Abs.4 BGB n.F., daß die Absätze 1 bis 3 (des § 1906 BGB n.F.) entsprechend gelten, "wenn dem Betreuten, der sich in einer Anstalt, einem Heim oder einer sonstigen Einrichtung aufhält, ohne untergebracht zu sein, durch mechanische Vorrichtungen, Medikamente oder auf andere Weise über einen längeren Zeitraum oder regelmäßig die Freiheit entzogen werden soll."

Das bedeutet, daß die Vorschrift für gewisse Maßnahmen, die zwar keine freiheitsentziehende Unterbringung sind, aber auf andere Weise die Bewegungsfreiheit entziehen, die entsprechende Anwendung der Regelungen über die Unterbringung anordnet. Derartige unterbringungsähnliche Maßnahmen sind bei Betroffenen im Rahmen dieser Bestimmung lediglich unter den sinngemäß anzuwendenden Voraussetzungen des § 1906 Abs.1 bis 3 BGB n.F. zulässig. Insbesondere bedarf der Betreuer, wenn er solche unterbringungsähnlichen Maßnahmen veranlaßt oder die Zustimmung hierzu gibt, der Genehmigung des Vormundschaftsgerichtes.

Schon allein die von zahlreichen Abänderungen geprägte Entstehungsgeschichte dieser Norm,[292] auf die im einzelnen auch noch bei den einschlägigen Tatbestandsmerkmalen zurückzukommen sein wird, gibt allerdings Anlaß zu der Vermutung, daß die Meinungen über den grundsätzlichen Auslegungsmaßstab des § 1906 Abs.4 BGB n.F. divergieren.

2. Enges oder weites Verständnis von § 1906 Abs.4 BGB n.F.?

In der Tat stehen sich Vertreter einer engen Auslegung der Vorschrift des § 1906 Abs.4 BGB n.F. und Befürworter eines weitgefaßten Anwendungsbereiches der

---

291 So auch *Bischof/Wolff*, BtPrax 1993, 192; und *Kern*, MedR 1993, 251.

292 Hierzu ausführlich im Zusammenhang *Holzhauer*, FuR 1992, 249 ff.; *Knittel* (Fn.2), § 1906 BGB, Erläuterungen IIb, S.3 ff.; sowie *Rink*, FuR 1990, 261.

neuen Regelung gegenüber.[293] Während insbesondere die frühere, im Vordringen begriffene Rechtsprechung[294] dafür herangezogen werden kann, den § 1906 Abs.4 BGB n.F. - bezogen auf den Schutz der körperlichen Bewegungsfreiheit - extensiv auszulegen, setzt sich vornehmlich *Holzhauer*[295] mit mannigfaltigen Gründen für eine Beschränkung des Umfangs vormundschaftsgerichtlicher Kontrolle ein, und zwar dergestalt, daß seiner Auffassung nach "freiheitsentziehende" Maßnahmen von § 1906 Abs.4 BGB n.F. nur dann erfaßt werden sollen, wenn sie darauf hinauslaufen, daß durch sie der ständige Aufenthalt des Betroffenen gegen seinen Willen festgelegt wird.[296]

Läßt man die spezielle Kontroverse zunächst außer Betracht, ob § 1906 Abs.4 BGB n.F. auch einschlägig ist, wenn der Betroffene bereits freiheitsentziehend untergebracht ist,[297] trägt *Holzhauer* im wesentlichen hierfür vor, daß eine weite Interpretation der in Rede stehenden Vorschrift im Sinne eines Anschlusses an die oben zitierte Frankfurter Rechtsprechung weder von ihrem Wortlaut noch von ihrem der Gesetzgebungsgeschichte zu entnehmenden Zweck noch von Verfassungs wegen geboten sei.[298] Für ein restriktives Verständnis falle zudem ins Gewicht, daß andernfalls Genehmigungen nach § 1906 Abs.4 BGB n.F. zu einem "Massengeschäft" auszuarten drohen, das wenig sinnvoll sei und zur Denaturierung der richterlichen Tätigkeit führe.[299] Hinzu komme, daß eine vorhergehende richterliche Kontrolle von freiheitsbeeinträchtigenden Maßnahmen ohne Unterbringungscharakter in Anbetracht der Tatsache, daß diese in hohem Maße - je nach dem Gesundheitszustand des Betroffenen und der Personalsituation der Einrichtung

---

293 Vor diesem Hintergrund treten auch die einzelnen Varianten vormundschaftsgerichtlicher Entscheidungspraxis in der Anwendung des § 1906 Abs.4 BGB n.F. zu Tage, vgl. insoweit die Untersuchung von *Bischof/Wolff*, BtPrax 1993, 193 ff.; zudem *Klie*, BtPrax 1993, 38 f.

294 *AG Frankfurt/M.*, FamRZ 1988, 1209 ff.; *LG Berlin*, R & P 1990, 178 ff.; dazu näherhin bereits oben, Fn.40 ff. Vgl. zudem etwa *Damrau/Zimmermann* (Fn.45), § 1906 BGB Rdnr.1, 17; *MünchKomm-Schwab* (Fn.2), § 1906 Rdnr.7, 19, 23; *Jürgens/Kröger/Marschner/Winterstein* (Fn.1), Rdnr. 492, 520; *Schmidt*, DRiZ 1992, 379; *Rink/Bauer*, FamRZ 1988, 1235.

295 *Holzhauer*, FuR 1992, 253 ff.; *ders.*, BtPrax 1992, 54 ff.; dem folgend *Palandt-Diederichsen* (Fn.45), § 1906 Rdnr.12; sowie *Kern*, MedR 1993, 251.

296 Vgl. ausdrücklich *Holzhauer* (Fn.5), S.76.

297 Dazu ausführlich unten, sub 4 c.

298 Näher zu den Einzelheiten *Holzhauer*, FuR 1992, 250 ff.; *ders.*, BtPrax 1992, 54 f., Thesen 2, 4 u.6.

299 I.d.S.: *Holzhauer*, BtPrax 1992, 54, These 2.

- situationsabhängig sind, kaum vernünftig durchgeführt werden könne. So erscheine es nahezu ausgeschlossen, die situativen Voraussetzungen für eine künftige Fixierung oder sedierende Medikation hinreichend vorwegzunehmen.[300] Den Heimbereich betreffend wäre die fraglos angezeigte Kontrolle solcher Maßnahmen auch ohnehin besser bei den - dem konkreten Sachverhalt im allgemeinen näherstehenden - Heimbehörden aufgehoben.[301] Im übrigen dürfe nicht außer acht gelassen werden, daß wenigstens für Einrichtungen in öffentlicher Trägerschaft der Umgang etwa mit Fixierungen inzwischen üblicherweise durch Richtlinien[302] in einer Weise geregelt sei, die neben der beabsichtigten Selbstkontrolle auch eine Fremdkontrolle leichter ermögliche.

Obgleich der vorgenannte Standpunkt, der die juristische Relevanz unterbringungsähnlicher Maßnahmen deutlich abwertet, sich vertreten läßt, so sprechen meines Erachtens die einleuchtenderen Argumente doch für diejenige Auffassung, die für ein weites Verständnis von § 1906 Abs.4 BGB n.F. plädiert.

Zur Begründung ist einmal ins Feld zu führen, daß § 1906 Abs.4 BGB n.F. - neben der expliziten Bezugnahme des *Regierungsentwurfes* auf den Frankfurter Beschluß[303] - bereits auf dem 57. Deutschen Juristentag in dem weiteren Sinn verstanden worden war, und zwar ausweislich zweier Beschlüsse,[304] die später vom Bundesrat in dessen Stellungnahme zum Regierungsentwurf[305] aufgegriffen und von der Bundesregierung in ihrer Gegenäußerung[306] akzeptiert wurden. So hatte der Bundesrat zunächst den Begriff "unterbringungsähnliche Maßnahmen" als irreführend beanstandet und wollte ihn durch "freiheitsbeschränkende Maßnahmen" ersetzt haben. Ferner hat die Einengung, die der Wortlaut von § 1906 Abs.4 BGB n.F. vor allem in Gestalt der Ausblendung familialer Pflegeverhältnisse auf die

300 So jedenfalls *Holzhauer*, FuR 1992, 258 f.; *ders.*, BtPrax 1992, 55, These 7.

301 *Holzhauer*, FuR 1992, 259 ff.; *ders.* (Fn.5), S.85 ff.; vgl. daneben auch *VGT e.V.* (Fn.82), AG 4, S.73.

302 Genannt seien etwa die Fixierungsrichtlinien des Landesbetriebes Pflegen & Wohnen, Hamburg, abgedruckt in BtPrax 1992, 30 ff.; vgl. dazu auch die Stellungnahme von *Linnhoff u.a.*, BtPrax 1993, 56 f.; *v.Eicken/Ernst/Zenz* (Fn.9), S.62, 94; sowie schon oben, Kap.1, Fn.86.

303 BT-Drucks. 11/4528, S.149; vgl. zudem *Holzhauer* (Fn.5), S.74 f.

304 *DJT* (Fn.66), K 244 f., K 256 (Beschlüsse III.6.d)).

305 BT-Drucks. 11/4528, S.209 f.

306 BT-Drucks. 11/4528, S.228.

Kritik des Bundesrates hin erfahren hat, nur auf der Grundlage des weiten Verständnisses einen Sinn.[307]

Zwar ist nicht bekannt, aus welchem Grund in der endgültigen, vom Rechtsausschuß beschlossenen Gesetzesfassung dann jegliche Klammerdefinition gestrichen und an Stelle der Freiheitsbeschränkung der Begriff der Freiheitsentziehung als Prädikat in den Hauptsatz des § 1906 Abs.4 BGB n.F. eingearbeitet worden ist. Die Annahme liegt aber auf der Hand, daß auch damit das Einschwenken auf die Frankfurter Linie signalisiert werden sollte.[308] Denn im Zuge des gesamten Satzumbaues ist die noch im *Regierungsentwurf* enthaltene Formulierung, daß der Betroffene durch die Maßnahme "am Verlassen seines Aufenthaltsortes gehindert werden soll", entfallen. Die Maßnahmen müssen daher nicht den Zweck verfolgen, die betroffene Person in der Einrichtung festzuhalten; vielmehr genügt es, daß deren Auswirkungen einer Unterbringung gleichkommen.[309]

Dem eben Gesagten ließe sich anfügen, daß beispielsweise enge Fixierungsmaßnahmen für die Betroffenen oft weitaus gravierender als eine "bloße" (geschlossene) Unterbringung als solche sein können, die im günstigsten Fall das gesamte Areal einer Einrichtung einbezieht und sich im ungünstigsten Fall immer noch auf eine Abteilung oder Station einer Einrichtung erstreckt.[310]

Was darüber hinaus das - zur rechtspolitischen Absicherung der engen Auslegung von § 1906 Abs.4 BGB n.F. - ins Spiel gebrachte Instrumentarium des Heimgeset-

---

307 Sogar *Holzhauer* (Fn.5), S.76 f., 81, gesteht als Nachteil der engen Auslegung ein, daß der Tatbestand des § 1906 Abs.4 BGB n.F. dann nur schwer zu begrenzen und die später hineingekommene (familiale) Ausschlußklausel auf Grundlage der engen Auffassung wenig sinnvoll sei. Vgl. im übrigen noch unten, sub 4 b.

308 Dagegen a.A. *Holzhauer*, FuR 1992, 252 f., der in der terminologischen Änderung von dem Begriff der Freiheitsbeschränkung zu dem der Freiheitsentziehung vielmehr eine Rückbesinnung auf die enge Auffassung vermutet; siehe auch *Erman-Holzhauer* (Fn.4), § 1906 Rdnr.7.

309 Vgl. BT-Drucks. 11/6949, S.76; sowie *Damrau/Zimmermann* (Fn.45), § 1906 BGB Rdnr.17; *Dodegge*, MDR 1992, 438; und *Schwab*, FamRZ 1990, 687.

310 So auch *BayObLG*, BtPrax 1993, 139, 140; *LG Berlin*, R & P 1990, 178, 179; und *Wojnar*, 3. VGT, 1993, S.143 ff. (insbesondere zur Erlebenssituation Demenzkranker); siehe zudem *Holzhauer*, FuR 1992, 253 f.; sowie unten, sub 4 c.

zes (HeimG)[311] anbelangt, gibt *Klie*[312] in überzeugender Weise zu bedenken, daß die dem Individualrechtsschutz der Heimbewohner besonders verpflichtete Heimaufsicht zumeist sowohl von der fachlichen Kompetenz als auch von der zeitlichen Inanspruchnahme her gar nicht in der Lage sein wird, die komplexen Problemsituationen in der stationären Altenhilfe wahrzunehmen, geschweige denn darauf zu reagieren, so daß es fatal wäre, zu glauben, die vorgehende Kontrolle freiheitsbeschränkender Maßnahmen sei bei den zuständigen Heimaufsichtsbehörden allein in den besseren Händen.[313]
Als Lücke des HeimG tritt hinzu, daß eine gesetzliche Grundlage dafür fehlt, die Vorschriften für das Verfahren bei Fixierungen - entsprechend den verbindlichen (Dienst-)Anweisungen für alle Heime öffentlicher Träger - auch für den etwa dreifachen Bestand von Heimen in gemeinnütziger und privater Trägerschaft[314] vorzuschreiben.[315]

Zum Schluß trägt die extensive Auslegung von § 1906 Abs.4 BGB n.F. in hohem Maße auch zur Bewußtmachung und Reflexion, also zur Schärfung der "Grundrechtssensibilität" im Bereich sozialer Abhängigkeitsverhältnisse, bei, so daß über kurz oder lang davon auszugehen ist, daß in der Praxis weit mehr auf freiheitsbeeinträchtigende Zwangsmaßnahmen verzichtet werden wird.[316]
Erste statistische Angaben der Länder für das Jahr 1992[317] scheinen jedenfalls eine gegenläufige Tendenz nicht zu bestätigen und damit auch die befürchtete Hypertrophie der Genehmigungsverfahren nach § 1906 Abs.4 BGB n.F. zu widerlegen.

---

311 In der Neufassung des Gesetzes v. 23.4.1990 (BGBl. I S.763).

312 *Klie*, Altenheim 1991, 420 ff.; kritisch zur Wirksamkeit der Heimaufsicht auch *VGT e. V.* (Fn.165), AG XIII, S.139.

313 Selbst *Holzhauer*, FuR 1992, 260 f., setzt für seine enge Auffassung voraus, daß vor allem "wiederkehrende Prüfungen" der Heimaufsicht nach § 9 HeimG dann effektiver gehandhabt werden müßten; siehe auch *ders.*, BtPrax 1992, 55 f., These 10; sowie *ders.* (Fn.5), S.90.

314 Zur Situation in den alten Bundesländern: *Holzhauer*, FuR 1992, 260; *ders.*, BtPrax 1992, 56, These 11; *Klie*, Heimaufsicht, 1988, S.35.

315 Zu Recht gibt auch *Kern*, MedR 1993, 251, darüber hinaus zu verstehen, daß Richtlinien zwar die praktischen Probleme verringern helfen können, ohne jedoch die grundsätzlich aufgeworfene Frage nach der Interpretation von § 1906 Abs.4 BGB n.F. zu beantworten. Kritisch außerdem schon *Rink*, FuR 1990, 262.

316 Instruktiv *Klie*, RsDE 6/1989, 82; vgl. außerdem *Schumacher/Jürgens/Mahnkopf* (Fn.24), AG 1 A, S.47, These 4.

317 Die Statistik weist folgendes aus: Insgesamt wurden bundesweit 9 831 Genehmigungen nach § 1906 Abs.4 BGB n.F. / 19 643 Unterbringungsgenehmigungen nach § 1906 Abs.1 BGB n.F. erteilt; 602/483 entsprechende Anträge wurden abgelehnt. Hinzu kommen noch

3. Begriff

Wenn die Gesetzesmaterialien[318] nun etwa das Festbinden des Betroffenen durch einen Leibgurt in seinem Bett bzw. am Stuhl oder das Abschließen der Türen, ohne daß der Betroffene einen Schlüssel erhielte oder ein Pförtner das ständige (unkontrollierte) Ein- und Ausgehen ermöglichen würde, als denkbare unterbringungsähnliche Maßnahmen aufzählen, darf jedoch nicht verkannt werden, daß damit zunächst nur die in Betracht kommende Wirklichkeit beschrieben, nicht aber schon eine genaue rechtliche Grenzziehung vorgegeben werden soll, so daß man nicht umhinkommt, in jedem Einzelfall anhand der gesetzlichen Merkmale sorgfältig zu prüfen, ob auch eine unter § 1906 Abs.4 BGB n.F. fallende Maßnahme vorliegt.[319]

a) Freiheitsentziehung, die nicht Unterbringung ist

Hierbei gilt es zunächst abzuklären, wann auf der Grundlage des zutreffenden weiten Verständnisses eine Freiheitsentziehung im Sinne dieser Vorschrift gegeben ist und welche Mittel diesbezüglich genannt werden; anschließend wäre danach zu fragen, wie eine Abgrenzung zur freiheitsentziehenden Unterbringung selbst vorgenommen werden könnte.

aa) Entzug der Freiheit

Sofern also die beabsichtigte Maßnahme gegebenenfalls nicht schon als Unterbringung nach § 1906 Abs.1 BGB n.F. zu qualifizieren ist, erfaßt § 1906 Abs.4 BGB n.F. objektiv jede Maßnahme, die dem Betroffenen die Bewegungsfreiheit entzieht.[320] Insoweit macht es dann auch keinen Sinn mehr, innerhalb des § 1906

---

1 443/1 149 Verfahren, die sich auf andere Weise erledigt haben, vgl. zum Ganzen *Knittel* (Fn.2), § 1906 BGB Rdnr.7, 31; sowie zum Vergleich, Kap.1, Fn.74.

318 BT-Drucks. 11/4528, S.82, 148 f.; vgl. des weiteren *BMJ* (Fn.7), S.71 f.; *Dodegge*, MDR 1992, 438 f.; *Foerster*, MedR 1991, 184. Instruktiv zudem die anschauliche Kasuistik der tatsächlichen Möglichkeiten und Wege freiheitsbeeinträchtigender Maßnahmen, dargestellt in der Untersuchung von *v.Eicken/Ernst/Zenz* (Fn.9), S.38 ff. In diesem Zusammenhang weist *Holzhauer*, FuR 1992, 250, auch darauf hin, daß die Beispiele des BtG-DiskE I für § 1906 Abs.4 BGB n.F. erst in der amtlichen Begründung zum *Regierungsentwurf* - vor dem Hintergrund der Frankfurter Rechtsprechung - um die des Festbindens und Eingitterns vermehrt wurden.

319 So mit Recht *MünchKomm-Schwab* (Fn.2), § 1906 Rdnr.21.

320 *MünchKomm-Schwab* (Fn.2), § 1906 Rdnr.23.

Abs.4 BGB n.F. wieder zwischen freiheitsentziehenden und freiheitsbeschränkenden Maßnahmen zu differenzieren. Denn mit Einführung der neuen Vorschrift zeigt der Gesetzgeber gerade, daß er einen weiten Bereich dessen, was bisher gemeinhin als bloße "Freiheitsbeschränkung" betrachtet wurde, im Rahmen der Betreuung Volljähriger der freiheitsentziehenden Unterbringung gleichstellen will.[321] Auch für derartige Maßnahmen gilt nunmehr dasselbe wie für die (freiheitsentziehende) Unterbringung selbst.

Als freiheitsentziehende Maßnahmen im Sinne des § 1906 Abs.4 BGB n.F. haben demnach sämtliche Behinderungen der Bewegungsfreiheit zu gelten, die nicht mehr mit zumutbaren Mitteln überwunden werden können[322] und gegen bzw. ohne Willen des Betroffenen erfolgen.[323] Dabei spielt es auch keine Rolle, ob der Betroffene den aktuellen Willen zur Fortbewegung hat oder nicht; es genügt vielmehr, daß er sich aufgrund der Maßnahme nicht körperlich bewegen könnte, wenn er es wollte.[324]

Als gängige Mittel, mit deren Hilfe die Freiheit des Betroffenen entzogen werden kann bzw. darf, nennt das Gesetz ausdrücklich "mechanische Vorrichtungen"[325] und "Medikamente", bezieht darüber hinaus aber auch sonstige Maßnahmen wie

---

321 Vgl. dazu *MünchKomm-Schwab* (Fn.2), § 1906 Rdnr.23; und *VGT e.V.* (Fn.82), AG 4, S.76, These 3.

322 Jedenfalls insoweit auch noch *MünchKomm-Schwab* (Fn.2), § 1906 Rdnr.23.

323 Wie hier *LG Frankfurt/M.*, FamRZ 1993, 601; siehe zudem *Dodegge*, NJW 1993, 2359; *ders.*, MDR 1992, 438; *Bienwald* (Fn.4), Teil 1, § 1906 BGB Rdnr.63; und offensichtlich auch *Palandt-Diederichsen* (Fn.45), § 1906 Rdnr.12 (obwohl ansonsten für eine enge Auffassung von § 1906 Abs.4 BGB n.F. plädiert wird).

324 I.d.S.: *OLG Hamm*, BtPrax 1993, 172, 173; *LG Frankfurt/M.*, FamRZ 1993, 601; sowie *Dodegge*, NJW 1993, 2359; und bereits *VGT e.V.* (Fn.82), AG 4, S.76, These 3.

325 Vgl. etwa: *BayObLG*, BtPrax 1993, 139 f. (Anbinden im Bett durch Beckengurt); *OLG Hamm*, BtPrax 1993, 172 ff. (Bettgitter und Bauchgurt am Rollstuhl); *LG Köln*, FamRZ 1993, 110 f. (Fixierstuhl oder -tuch im Bett); *LG Frankfurt/M.*, FamRZ 1993, 601 (Therapietisch am Rollstuhl). Dagegen reicht ein besonderer, flexibel gehandhabter Türschließmechanismus noch nicht aus, um als Fallbeispiel einer freiheitsentziehenden Maßnahme in diesem Sinne genannt zu werden, so jedenfalls *KreisG Schwedt/Oder*, FamRZ 1993, 601, 602.

etwa die Verwendung elektronischer Melder[326] oder den Einsatz von Hypnose[327] als weitere Beispiele einer Freiheitsentziehung ein.[328]

Keine Freiheitsentziehung liegt dagegen vor, wenn beispielsweise typische Sicherungsmaßnahmen wie das Anbringen eines Bettgitters oder das Fixieren im Rollstuhl in der Weise angewandt werden, daß sie den Betroffenen vor Gefahren schützen, ohne jedoch eine willentliche Fortbewegung unmöglich zu machen.[329] Gleiches gilt für die Fälle, in denen es dem Betroffenen am natürlichen Willen zur Ortsveränderung fehlt[330] oder in denen die betroffene Person aufgrund ihrer körperlichen Verfassung schon gar nicht, d.h. auch ohne die entsprechende Maßnahme, in der Lage wäre, sich fortzubewegen.[331]

Ebensowenig kann innerhalb von § 1906 Abs.4 BGB n.F. begrifflich von einer Freiheitsentziehung gesprochen werden, wenn die Maßnahme mit Einwilligung des Betroffenen vorgenommen wird, wobei auch die herrschende Meinung an dieser Stelle zu Recht wieder die natürliche Einsichtsfähigkeit genügen läßt.[332] Fürs erste

---

326 Hierzu *AG Hannover*, BtPrax 1992, 113 ff.

327 So auch *Bienwald* (Fn.4), Teil 1, § 1906 BGB Rdnr.76.

328 Zur Gesetzesformulierung der Freiheitsentziehung "auf andere Weise" noch anfangs kritisch *Bienwald*, RsDE 7/1989, 39. Vgl. zum Ganzen auch *Knittel* (Fn.2), § 1906 BGB Rdnr.32; *MünchKomm-Schwab* (Fn.2), § 1906 Rdnr.24; *Palandt-Diederichsen* (Fn.45), § 1906 Rdnr.15; *Schmidt/Böcker* (Fn.72), Rdnr.260; und *Dodegge*, NJW 1993, 2359.

329 Anschaulich das Beispiel bei *BMJ* (Fn.7), S.70: "Ein Bettgitter wird so niedrig angebracht, daß ein unruhiger Betroffener zwar vor dem unwillkürlichen Herausfallen geschützt wird, eine willentliche Überwindung des Gitters aber möglich bleibt". Vgl. dazu auch *Jensen/Röhlig* (Fn.47), S.34, 68.

330 Aber: Zur Begründung der Genehmigungspflicht reicht es aus, wenn nicht ausgeschlossen werden kann, daß der Betroffene noch zu einer natürlichen Willensbildung im Hinblick auf die Fortbewegung imstande ist, so jedenfalls *OLG Hamm*, BtPrax 1994, 32, 33 f. unter Bezugnahme auf *OLG Hamm*, BtPrax 1993, 172, 173 f.; und *Palandt-Diederichsen* (Fn.45), § 1906 Rdnr.14; siehe außerdem schon oben, Fn.60.

331 So liegt keine Freiheitsentziehung vor, wenn etwa ein völlig Bewegungsunfähiger durch die Anbringung eines Sitzgurtes am Stuhl vom Herunterfallen auf den Fußboden geschützt wird, vgl. hierzu *MünchKomm-Schwab* (Fn.2), § 1906 Rdnr.23; *Schmidt/Böcker* (Fn.72), Rdnr.261; *Stolz*, FamRZ 1993, 645; *Dodegge*, MDR 1992, 438; sowie *OLG Hamm*, BtPrax 1994, 32, 34.

332 Vgl. statt vieler: *Knittel* (Fn.2), § 1906 BGB Rdnr.36; *Erman-Holzhauer* (Fn.4), § 1906 Rdnr.55; *Damrau/Zimmermann* (Fn.45), § 1906 BGB Rdnr.18; *Stolz*, FamRZ 1993, 645; *Dodegge*, MDR 1992, 439; sowie *Arbeitsgruppe "Freiheitsentziehende Maßnahmen" nach dem BtG im Kreis Soest* (Hrsg.), Merkblatt "Freiheitsentziehende Maßnahmen für Angehörige, deren Verwandte in Heimen oder ähnlichen Einrichtungen wohnen", abgedruckt in BtPrax 1994, 13 f. Dagegen a.A. vornehmlich *MünchKomm-Schwab* (Fn.2), § 1906, Rdnr.30.

kann deshalb auf die oben dargestellten Grundsätze zu § 1906 Abs.1 BGB n.F.[333] Bezug genommen werden. Ergänzend ist allerdings zu bemerken, daß die Beurteilung der Einwilligungsfähigkeit des Betroffenen gerade im Rahmen des § 1906 Abs.4 BGB n.F. problembeladen sein kann. So wird sich hauptsächlich bei medikamentöser Ruhigstellung die Erkundung danach oft äußerst schwierig gestalten, da hier in aller Regel ein Einfluß der Medikamente auf die natürliche Einsichtsfähigkeit des Betroffenen nicht ausgeschlossen werden kann.[334] Es sprechen daher gewichtige Gründe dafür, die Verabreichung eines sedierenden Medikamentes, das auf die Dämpfung des körperlichen Bewegungstriebes abzielt, von der die Einwilligung des Betreuers und die Genehmigung des Vormundschaftsgerichts an sich entbehrlich machenden, selbstverantworteten Zustimmung des Betroffenen auszunehmen, zumal es anzufügen gilt, daß die Applikation eines solchen Mittels leicht mit der Gefahr der Abhängigkeit korreliert.[335]

Überdies ist noch zu beachten, daß eine globale, abstrakte und generelle Zustimmung, die dem Betroffenen etwa im Aufnahmevertrag eines Heimes oder psychiatrischen Krankenhauses abverlangt wird, angesichts der inhaltlichen Unbestimmtheit einer solchen Erklärung und wegen fehlender (vorheriger) Aufklärung über die (jeweilige) Erforderlichkeit der einzelnen Maßnahme(n) wirkungslos wäre.[336]

Ergänzend ließe sich aber fragen, ob ein geistig noch nicht verwirrter Heimbewohner sich bereits bei Abschluß etwa eines Heimvertrages im voraus - für den Bedarfsfall - mit bestimmten, genau umschriebenen einschränkenden Maßnahmen wie etwa der Anbringung eines unüberwindlichen Bettgitters oder dem nächtlichen Abschließen der Pflegeabteilung einverstanden erklären könnte. Bejahendenfalls würde sich als Frage anschließen, ob er während der Dauer des Heimvertrages an

---

333 Sub II 1 e aa.

334 Wie hier *Jürgens/Kröger/Marschner/Winterstein* (Fn.1), Rdnr.520; *Dodegge*, MDR 1992, 439.

335 I.d.S.: *Knittel* (Fn.2), § 1906 BGB Rdnr.36; *Erman-Holzhauer* (Fn.4), § 1906 Rdnr.41, 56; vgl. außerdem auch *Gaedt/Lang*, BlWohlfPfl. 1992, 219.

336 So auch *Erman-Holzhauer* (Fn.4), § 1906 Rdnr.55; und ähnlich *Gastiger* (Fn. 121), S.72, 94 f.; sowie *OLG Schleswig*, DAVorm 1991, 687, 688. Vgl. darüber hinaus zum Stand der Rspr. und zu den Voraussetzungen eines Aufklärungsverzichts in bezug auf ärztliche Behandlungsmaßnahmen *Roßner*, NJW 1990, 2291 ff.

die einmal abgegebene Erklärung gebunden wäre.[337] Zwar wird nunmehr - seit Inkrafttreten des BtG - wohl überwiegend die Auffassung vertreten, daß auch eine solche "Vorab-Einwilligung"[338] eines einsichtsfähigen Betroffenen grundsätzlich ihre Wirksamkeit entfaltet.[339] Unbestritten bleibt allerdings, daß das einmal erteilte Einverständnis in derartige Maßnahmen jederzeit frei widerruflich ist, wobei die Zustimmung auch schon dann als widerrufen angesehen werden muß, wenn der Betroffene wegen der Verschlechterung seines Gesundheitszustandes, z.B. infolge altersbedingten geistigen Abbauprozesses, die natürliche Einsichtsfähigkeit als Grundlage der rechtswirksamen Einwilligung verliert.[340]

Vergleichbares dürfte meines Erachtens auch für die Fälle gelten, in denen der geistig noch rüstige Betroffene seine - antezipierte - Einwilligung in gewisse vorbezeichnete Maßnahmen im Rahmen einer sog. "Betreuungsverfügung" zum Ausdruck gebracht hat.[341]

bb) Abgrenzung zur Unterbringung nach § 1906 Abs.1 BGB n.F.

Spätestens jetzt dürfte der Zeitpunkt gekommen sein, um endlich Stellung zu der bislang ausgeklammerten Frage nach der rechtlichen Abgrenzung der Absätze 1 und 4 des § 1906 BGB n.F. zu beziehen.[342] Dabei gilt es nun eine Antwort darauf zu finden, ob § 1906 Abs.1 BGB lediglich den "klassischen" Unterbringungstatbestand im Sinne einer geschlossenen Unterbringung verkörpert oder ob die im Rahmen von § 1906 Abs.4 BGB n.F. angesprochenen Maßnahmen gegebenenfalls auch

---

337 Vgl. zu diesem - auch seinerzeit schon strittigen - Problemkreis *Klie*, RsDE 6/1989, 71; *Gastiger*, NDV 1989, 84; *Evertz*, NDV 1983, 201 ff. mit Erwiderung *Linzbach*, NDV 1984, 199 f.; sowie *LG Hamburg*, RsDE 5/1989, 87, 88; und *AG Recklinghausen*, FamRZ 1988, 653, 655.

338 Dazu näherhin *Uhlenbruck*, MedR 1992, 135 ff. (allerdings dort zur Frage der rechtlichen Zulässigkeit der antezipierten Einwilligung in einen Heileingriff).

339 So etwa *Jensen/Röhlig* (Fn.47), S.34; *Dodegge*, MDR 1992, 439; *Zimmermann/Damrau*, NJW 1991, 544; a.A. *Friedrichs*, MDR 1992, 9.

340 *BMJ* (Fn.7), S.71; *Gastiger* (Fn.121), S.72 f.; ähnlich auch *VGT e.V.* (Fn.82), AG 4, S.77, These 6; *Dodegge*, MDR 1992, 439; und *Bernardi*, SozInf 2/1991, 30 f.

341 Zu weitgehend von daher *Epple*, BWNotZ 1992, 29.

342 Insoweit sei vorab auch auf die leicht zu Mißverständnissen führende Unterscheidung von *Holzhauer*, FuR 1992, 255 (vgl. zudem *Erman-Holzhauer* (Fn.4), § 1906 Rdnr.36, 58), hingewiesen, wonach - entgegen BT-Drucks. 11/4528, S.149 - allein die Unterbringung nach § 1906 Abs.1 BGB n.F. als Maßnahme des Betreuers angesehen werden könne, während eine unterbringungsähnliche Maßnahme primär von der Einrichtung ausgehe; vgl. auch kritisch *MünchKomm-Schwab* (Fn.2), § 1906 Rdnr.28.

schon unter den Begriff der freiheitsentziehenden Unterbringung subsumiert werden können, so daß es insoweit auf § 1906 Abs.4 BGB n.F. überhaupt nicht mehr ankäme.[343]

Von dem hier vertretenen Standpunkt der weiten Interpretation des § 1906 Abs.4 BGB n.F. aus betrachtet, ist vornehmlich *Schwab*[344] darin beizupflichten, daß die freiheitsentziehende Unterbringung jedenfalls nicht schon mit jeder Maßnahme, die dem Betroffenen die Bewegungsfreiheit partiell nimmt, in Verbindung gebracht werden kann; vielmehr muß zur Freiheitsentziehung das Element der Unterbringung, d.h. die Separierung der gesamten Lebensführung der betroffenen Person auf einen begrenzten Raumkomplex, hinzukommen. Entsprechend dieser zutreffenden Differenzierung wäre also die ständige Eingitterung in einer sonst offenen Einrichtung bereits als Unterbringung gemäß § 1906 Abs.1 BGB n.F. zu werten, wohingegen in der gleichen Institution das zeitweilige Anbringen eines Bettgitters etwa (nur) zur Nachtzeit nicht die begrifflichen Voraussetzungen des § 1906 Abs.1 BGB erfüllen würde; derartige Fälle unterlägen ausschließlich der Beurteilung nach § 1906 Abs.4 BGB n.F.[345]

Demnach kann als Ergebnis festgehalten werden, daß der Unterbringungsbegriff in § 1906 Abs.1 BGB n.F. nicht einzig und allein auf die Unterbringung in einer geschlossenen Einrichtung reduziert werden kann, sondern durchaus auch für Maßnahmen wie etwa ein dauerndes Eingittern offen steht.[346]

b) Finalität der Maßnahme

Für die Anwendung des § 1906 Abs.4 BGB n.F. ist weiterhin Voraussetzung, daß durch die Maßnahme "die Freiheit entzogen werden soll", d.h., der Genehmigungspflicht unterliegen nur solche Maßnahmen, die zumindest auch mit der

---

343 Eine ganz andere nicht zu verwechselnde Frage ist, ob die bereits erteilte Unterbringungsgenehmigung nach § 1906 Abs.1 BGB n.F. über die freiheitsentziehende Unterbringung hinaus weitere Beschränkungen der körperlichen Bewegungsfreiheit gestattet hat, dazu näher unten, sub 4 c.

344 *MünchKomm-Schwab* (Fn.2), § 1906 Rdnr.6.

345 *MünchKomm-Schwab* (Fn.2), § 1906 Rdnr.6, 22.

346 So auch die Sicht der Gegenäußerung der Bundesregierung, BT-Drucks. 11/4528, S.228; siehe dazu schon oben, Fn.50.

Intention eingesetzt werden, den Betroffenen in seiner Bewegungsfreiheit einzuschränken.[347]

Wird hingegen nur ein therapeutischer Zweck verfolgt, so daß die Freiheitsentziehung lediglich als eine in Kauf genommene (Neben-)Folge in Erscheinung tritt,[348] wie etwa bei einer Fixierung, die den Betroffenen davon abhalten soll, den Wundverband nach einem operativen Eingriff abzureißen oder den angelegten Gips zu beschädigen,[349] fehlt es an der gesetzlich erforderten Finalität der Maßnahme.[350]

Die Motivation einer Medikamentenverabreichung wird allerdings in vielen Fällen nur schwer zu hinterfragen sein, zumal nicht von der Hand zu weisen ist, daß therapeutische Zwecke auch nur vorgetäuscht werden können.[351]
Nicht genehmigungsbedürftig wäre etwa die Gabe von Schmerzmitteln oder Medikamenten, die lediglich die Schlaflosigkeit beheben sollen und als Nebenwirkung den Bewegungsdrang des Betroffenen einengen.[352] Dagegen würde § 1906 Abs.4 BGB n.F. eingreifen, wenn Sedativa appliziert werden sollen, um die Pflege oder die Aufsicht der betroffenen Person zu erleichtern.[353]

---

347 Wie hier *Knittel* (Fn.2), § 1906 BGB Rdnr.33; *MünchKomm-Schwab* (Fn.2), § 1906 Rdnr.25; *Bienwald* (Fn.4), Teil 1, § 1906 BGB Rdnr.64; *Damrau/Zimmermann* (Fn.45), § 1906 BGB Rdnr.19; *Dodegge*, MDR 1992, 438; und *VGT e.V.* (Fn.165), AG XIII, S.140.

348 In seiner Stellungnahme zum Regierungsentwurf hatte der Bundesrat sogar vorgeschlagen, Maßnahmen zu Heilzwecken generell von § 1906 Abs.4 BGB n.F. auszunehmen, vgl. BT-Drucks. 11/4528, S.210. Diesem Vorschlag ist die BReg in ihrer Gegenäußerung allerdings nicht gefolgt, siehe dazu näherhin BT-Drucks. 11/4528, S.228 f. Auch die vom Rechtsausschuß sodann erarbeitete Beschlußempfehlung verzichtete jedenfalls auf eine gesetzliche Festschreibung der Ausnahmeregelung für Heilzwecke, BT-Drucks. 11/6949, S.15, 76.

349 Zu weiteren Anwendungsfällen: *Erman-Holzhauer* (Fn.4), § 1906 Rdnr.44; *Dodegge*, MDR 1992, 438.

350 So jedenfalls die vorherrschende Meinung, vgl. statt vieler: BT-Drucks. 11/4528, S.228 f.; *Knittel* (Fn.2), § 1906 BGB Rdnr.34; *MünchKomm-Schwab* (Fn.2), § 1906 Rdnr.25; *VGT e.V.* (Fn.165), AG XIII, S.140; und *LG Frankfurt/M.*, FamRZ 1993, 601. Dagegen a.A. *Rink*, FuR 1990, 262, der insoweit wohl keine Einschränkung des § 1906 Abs.4 BGB n.F. zulassen will.

351 Letztlich ist im Zweifel eine objektiv freiheitsentziehende Maßnahme genehmigungspflichtig, so auch *Knittel* (Fn.2), § 1906 BGB Rdnr.35; *MünchKomm-Schwab* (Fn.2), § 1906 Rdnr.25; *LG Frankfurt/M.*, FamRZ 1993, 601. Darüber hinaus wäre stets zu prüfen, ob eine Genehmigung nach § 1904 BGB n.F. erforderlich ist, dazu auch unten, sub IV.

352 BT-Drucks. 11/4528, S.149; *BMJ* (Fn.7), S.72; siehe zudem *Erman-Holzhauer* (Fn.4), § 1906 Rdnr.56.

353 I.d.S.: *MünchKomm-Schwab* (Fn.2), § 1906 Rdnr.25.

Einen hochproblematischen Grenzfall nimmt die Verabfolgung von Psychopharmaka zur Dämpfung eines krankhaften, ungesteuerten "Bewegungszwanges" ein.[354] Um auch hier eine einigermaßen praktikable Abgrenzung zu ermöglichen, erscheint es sachgerecht, in Anlehnung an *Holzhauer*[355] die Frage in diesem Zusammenhang insoweit zu stellen, ob das Psychopharmakon dem Betroffenen wegen der sog. "Anlaßkrankheit"[356] oder in Anbetracht einer zwischenzeitlich aufgetretenen Erkrankung somatischer Natur zugeführt werden soll; nur in letzterem Fall, d.h. der Verordnung des Mittels zur Behandlung einer interkurrenten Krankheit, wäre der Anwendungsbereich von § 1906 Abs.4 BGB n.F. nicht berührt.

Deshalb kann die Bedeutung einer sorgfältigen und detaillierten Dokumentation aller einschlägigen Medikationen[357] einschließlich ihrer Zwecke und Anlässe nicht oft genug - nicht zuletzt auch im eigenen Interesse von Einrichtung (Mitarbeiterschaft, Träger) und Betreuer - hervorgehoben werden, auch wenn eine Verpflichtung hierzu nicht ausdrücklich gesetzlich vorgeschrieben ist.[358]

c) Zeitliche Qualifikation

Von der Genehmigungspflicht des § 1906 Abs.4 BGB n.F. werden darüber hinaus nur solche Freiheitsentziehungen erfaßt, die "über einen längeren Zeitraum oder regelmäßig" stattfinden. Eine Maßnahme wird dabei regelmäßig angewandt, wenn sie entweder stets zur selben Zeit oder aufgrund eines bestimmten wiederkehrenden

354 Zur Problemsituation auch *Dodegge*, MDR 1992, 438; sowie schon *v.Eicken/Ernst/Zenz* (Fn.9), S.38.

355 Eingehend *Holzhauer*, FuR 1992, 256 f.; zudem *Erman-Holzhauer* (Fn.4), § 1906 Rdnr.44 f.; hingegen kritisch *Knittel* (Fn.2), § 1906 BGB Rdnr.35. Vgl. im übrigen auch *VGT e.V.* (Fn.165), AG XIII, S.142 f., wonach die Behandlung mit Psychopharmaka weniger durch die Bestimmung des § 1906 Abs.4 BGB n.F. geregelt werde, als vielmehr durch die Bestimmung des § 1904 BGB n.F.

356 Dazu näherhin bereits oben, Fn.251.

357 *VGT e.V.* (Fn.82), AG 4, S.76, These 5; näherhin zudem *Bienwald* (Fn.4), Teil 1, § 1906 BGB Rdnr.66, 77; *Gastiger* (Fn.121), S.74 f.; *Jürgens/Kröger/Marschner/Winterstein* (Fn.1), Rdnr.519; sowie *BMJ* (Fn.7), S.73 f.

358 Zum Vorschlag, die Pflege-Dokumentation für den institutionellen Bereich gesetzlich zu verankern, vgl. *Schumacher/Jürgens/Mahnkopf* (Fn.24), AG 1 A, S.45, 47, These 3; siehe darüber hinaus auch *Jensen/Röhlig* (Fn.47), S.59 ff.; sowie schon *LG Berlin*, R & P 1990, 178, 181.

Anlasses,[359] wozu bei Absehbarkeit auch ungeplante Wiederholungen zählen,[360] erfolgt. Denkbare Fälle sind etwa das tagtägliche Anbringen eines Bettgitters bzw. Verwenden eines Bauchgurtes zu Zeiten der Mittagsruhe oder das Abschließen von Zimmer oder Station während der Nachtstunden. Zu nennen wäre aber auch die Durchführung vorgenannter Maßnahmen (lediglich) jedesmal dann, wenn der Betroffene z.B. bei einem Mondwechsel in Unruhezustände verfallen würde.[361]

Nicht ausdrücklich geregelt ist auch, was unter einem "längeren Zeitraum" zu verstehen ist.[362] Im Interesse einer Flexibilisierung hat der Gesetzgeber bewußt auf die Festlegung bestimmter zeitlicher Grenzen verzichtet.[363] Jedoch liefert der *Regierungsentwurf*[364] mit dem Hinweis auf § 128 Abs.1 StPO[365] einen wichtigen Anhaltspunkt, wobei diese Zeitspanne unter Umständen auch geringfügig überschritten werden könne. Einer verbreiteten Meinung zufolge muß sich deshalb die Freiheitsbeeinträchtigung zumindest über einen Zeitraum von 24 Stunden erstrecken, um - mit anderen Worten gesprochen - dem Erfordernis einer länger andauernden Zeit im Sinne von § 1906 Abs.4 BGB n.F. zu genügen.[366]

---

359 BT-Drucks. 11/4528, S.149; *Palandt-Diederichsen* (Fn.45), § 1906 Rdnr.16; *Damrau/Zimmermann* (Fn.45), § 1906 BGB Rdnr.22; *Jürgens/Kröger/Marschner/Winterstein* (Fn.1), Rdnr.517.

360 So auch *VGT e.V.* (Fn.82), AG 4, S.76, These 4; *Bienwald* (Fn.4), Teil 1, § 1906 BGB Rdnr.75; und *MünchKomm-Schwab* (Fn.2), § 1906 Rdnr.26.

361 Vgl. *Knittel* (Fn.2), § 1906 BGB Rdnr.46; und *Dodegge*, MDR 1992, 438. Hierzu kritisch *Holzhauer* (Fn.5), S.77 f., der - bei unterstellter weiter Auslegung - vor allem Zweifel an der tatbestandsbegrenzenden Funktion des Merkmals "regelmäßig" äußert.

362 Nach *Knittel* (Fn.2), § 1906 BGB Rdnr.47, hat jedenfalls der in Rede stehende Begriff, der auf eine Empfehlung des Bundesrates (BT-Drucks. 11/4528, S.210) zurückgeht, nur Bedeutung für Freiheitsentziehungen, die sich nicht bereits als "regelmäßig" einstufen lassen.

363 In der Begründung zum BtG-DiskE I wurde allerdings für den ursprünglich vorgeschlagenen Begriff "ununterbrochen" ein Zeitraum von mehr als 3 Tagen veranschlagt, so *BMJ* (Fn.92), S.147; aber schon die amtliche Begründung zum *Regierungsentwurf* sah wiederum von der Erwähnung einer solchen Frist ab, vgl. BT-Drucks. 11/4528, S.149.

364 BT-Drucks. 11/4528, S.149.

365 Vorführung vor den Richter spätestens am Tage nach der Festnahme.

366 Mitunter wird auch auf die Frist des Art. 104 Abs.2 Satz 3 GG abgestellt, vgl. *VGT e.V.* (Fn.82), AG 4, S.76, These 4; *MünchKomm-Schwab* (Fn.2); § 1906 Rdnr.26; *Jürgens/Kröger/Marschner/Winterstein* (Fn.1), Rdnr.517; *Erman-Holzhauer* (Fn.4), § 1906 Rdnr.47; und ähnlich *Bienwald* (Fn.4), Teil 1, § 1906 BGB Rdnr.73 f. Für eine "3-Tages-Frist" als äußerste Grenze sprechen sich hingegen aus *BMJ* (Fn.7), S.72; *Ministerium für Arbeit, Gesundheit, Familie und Frauen Bad.-Württ.* (Fn.133), S.64; *Knittel* (Fn.2), § 1906 BGB Rdnr.47; *Damrau/Zimmermann* (Fn.45), § 1906 BGB Rdnr.22; ebenso *Rink*, FuR 1990, 262. Auf jeden Fall aber zu weitgehend *Dodegge*, MDR 1992, 438; sowie *Schmidt*, DRiZ 1992, 379 ("über eine Woche").

4. Persönlicher Geltungsbereich

a) Anwendung auf Betreute

Die Regelung des § 1906 Abs.4 BGB n.F. betrifft dem Wortlaut nach nur Personen, die unter Betreuung stehen. Deshalb muß der Aufgabenkreis des Betreuers die Befugnis enthalten, unterbringungsähnliche Maßnahmen zu veranlassen oder in diese einzuwilligen.[367] Hierbei bleibt allerdings - von der pauschalen Betrauung mit der Personensorge einmal abgesehen[368] - offen, ob die Maßnahmen des § 1906 Abs.4 BGB n.F. vom Aufgabenkreis der Aufenthaltsbestimmung umfaßt sind oder eher dem Aufgabenkreis der Gesundheitsfürsorge zuzurechnen sind bzw. gar eines gesonderten Aufgabenkreises bedürfen.[369] Als möglichen Ausweg aus diesem Dilemma könnte man hier im Hinblick auf die notwendige Umschreibung des Aufgabenkreises an den weiterreichenden Begriff "Aufenthaltsbetreuung" denken, der die in Rede stehende Befugnis dann fraglos miteinschließen würde.[370]

Wie ist es nun aber um die Fälle bestellt, in denen der Betroffene, der einer freiheitsentziehenden Maßnahme im Sinne von § 1906 Abs.4 BGB n.F. ausgesetzt werden soll, keinen oder jedenfalls keinen entsprechend befugten Betreuer hat? Bezüglich dieser Personengruppe hatte der Bundesrat in seiner Stellungnahme zum Regierungsentwurf[371] die Befürchtung geäußert, aus § 1906 Abs.4 BGB n.F. könne der Gegenschluß auf die Zulässigkeit der genannten Maßnahmen gegenüber Nichtbetreuten gezogen werden. Mit Recht hat die Bundesregierung in ihrer Gegenäußerung[372] diese Bedenken jedoch nicht geteilt und überdies angemerkt, daß § 1906 Abs.4 BGB n.F. insoweit die bisherige Rechtslage unberührt lasse, wonach solche

---

367 Vgl. auch *Knittel* (Fn.2), § 1906 BGB Rdnr.37; *MünchKomm-Schwab* (Fn.2), § 1906 Rdnr.27.

368 Oben, sub II 3 a.

369 Zur Problemstellung auch *VGT e. V.* (Fn.165), AG V, S.83 f.

370 Offensichtlich auch in diese Richtung weisend *MünchKomm-Schwab* (Fn.2), § 1896 Rdnr.38.

371 BT-Drucks. 11/4528, S.210.

372 BT-Drucks. 11/4528, S.229; sowie außerdem BT-Drucks. 11/6949, S.76; siehe im übrigen *Palandt-Diederichsen* (Fn.45), § 1906 Rdnr.18; *Bienwald* (Fn.4), Teil 1, § 1906 BGB Rdnr.20 f.; *Jürgens/Kröger/Marschner/Winterstein* (Fn.1), Rdnr.515; *Coester*, Jura 1991, 9.

Maßnahmen nur zulässig seien, wenn im Einzelfall eine wirksame Einwilligung oder ein anderer Rechtfertigungsgrund[373] vorliege.
Mithin kann die Notwendigkeit, unterbringungsähnliche Maßnahmen in rechtlich zulässiger Weise anzuwenden, Grund für die erstmalige Bestellung eines Betreuers oder die Erweiterung seines Aufgabenkreises sein,[374] sofern die Entscheidungsbefugnis bei freiheitsentziehenden Maßnahmen nach § 1906 Abs.4 BGB n.F. nicht bereits auf privatrechtlichem Wege durch eine wirksame Vollmachtserteilung seitens des Betroffenen[375] einem anderen übertragen worden ist.[376]

Eine ganz andere Frage ist ferner, ob die Problematik der unterbringungsähnlichen Maßnahmen auch bei Minderjährigen eine Rolle spielen kann. Dessenungeachtet, daß der Gesetzgeber - wie schon erwähnt - die Neuregelung auf das Betreuungsrecht beschränkt hat, sprechen hier - im Gegensatz zu den vermuteten Ausstrahlungen des § 1906 Abs.1 BGB n.F. auf die Handhabung der §§ 1631b (1705 Satz 2, 1800, 1915 Abs.1) BGB[377] - eindeutig Sachgründe gegen die Einbeziehung derartiger Maßnahmen in die für Kinder geltende Regelung.[378] So griffe die Anwendung des § 1906 Abs.4 BGB n.F. auf Minderjährige zu stark in das Erziehungsrecht ein, bedenkt man, daß streng genommen sogar schon das Gitterbett oder der Laufstall eines Kleinkindes dann der vormundschaftsgerichtlichen Genehmigung bedürften. Die Gerichtsentscheidungen, die unter der Geltung des vor dem BtG gültigen Rechts "unterbringungsähnliche Maßnahmen" unter den Begriff der freiheitsentziehenden Unterbringung subsumierten,[379] betrafen denn auch ausschließlich Maß-

---

373 Hierzu bereits näherhin *AG Recklinghausen*, FamRZ 1988, 653, 655; und *Holzhauer* (Fn.5), S.79 f. ("Vorrang für die Einwilligung").

374 Wie hier *Knittel* (Fn.2), § 1906 BGB Rdnr.37; *MünchKomm-Schwab* (Fn.2), § 1906 Rdnr.27; und *Bienwald* (Fn.4), Teil 1, § 1906 BGB Rdnr.80.

375 Was die Zulässigkeit einer solchen "Vorsorge-Vollmacht" anbelangt, gilt das oben (II 2 c) Gesagte sinngemäß. Lassen sich allerdings Betreiber oder Angestellte von Alten- und Pflegeheimen von den Heiminsassen routinemäßig "Vorsorge-Vollmachten" erteilen, dürften diese als Umgehung von § 1897 Abs.3 BGB n.F. gemäß § 134 BGB nichtig sein, ähnlich auch *Palandt-Diederichsen* (Fn.45), Einf. v. § 1896 Rdnr.8; und BT-Drucks. 11/4528, S.207.

376 Vgl. insoweit *LG Stuttgart*, Justiz 1994, 62 ff.; und mit Einschränkung *OLG Stuttgart*, Justiz 1994, 125, 126 f. (soweit die Vollmacht auch den Bereich der unterbringungsähnlichen Maßnahmen spezifisch betrifft); a.A. hingegen *Dodegge*, MDR 1992, 439; *LG Frankfurt/M.*, FamRZ 1994, 125.

377 Oben, sub II 2 b.

378 Vgl. BT-Drucks. 11/4528, S.82 f.

379 *LG Berlin*, R & P 1990, 178 ff.; *AG Frankfurt/M.*, FamRZ 1988, 1209 ff.

nahmen gegen Volljährige. Folglich bleiben didaktisch motivierte Freiheitsbeschränkungen[380] Minderjähriger nach wie vor genehmigungsfrei, selbst wenn sie begrifflich unter die Maßnahmen des § 1906 Abs.4 BGB n.F. fallen sollten.[381]

b) Aufenthalt in einer Einrichtung

Daneben werden unterbringungsähnliche Maßnahmen nur gegenüber einem Betroffenen erfaßt, "der sich in einer Anstalt, einem Heim oder einer sonstigen Einrichtung aufhält". Nach dem Willen des Gesetzgebers sollten damit vor allem derartige Maßnahmen im Bereich der privaten häuslichen Pflege[382] aus dem Anwendungsbereich des § 1906 Abs.4 BGB n.F. herausgehalten werden.[383] Der diese Einschränkung ursprünglich nicht vorsehende *Regierungsentwurf*[384] hatte die Kritik auf sich gezogen, daß besonders Angehörige, die ein Familienmitglied pflegen und versorgen, demotiviert werden könnten, wenn sie künftig bei einer der in § 1906 Abs.4 BGB n.F. bezeichneten Maßnahmen gehalten wären, das Vormundschaftsgericht einzuschalten.[385]

---

380 Im Rahmen der §§ 1631b (1705 Satz 2, 1800, 1915 Abs.1) BGB bleibt somit die Unterscheidung zwischen freiheitsentziehenden und (bloß) freiheitsbeschränkenden Maßnahmen als zentrales Abgrenzungsproblem bestehen.

381 Ausführlich *MünchKomm-Schwab* (Fn.2), § 1906 Rdnr.9 u. § 1800 Rdnr.28; sowie *Bienwald* (Fn.4), Einführung, Rdnr.43; *ders.*, RsDE 7/1989, 44 (dort Fn.98); *Gastiger* (Fn.121), S.96; *Zimmermann*, FamRZ 1990, 1309; und *LG Essen*, FamRZ 1993, 1347, 1348 m. krit. Anm. *Dodegge*, a.a.O., S.1348. Bei Mißbräuchen, insbesondere Verstößen gegen das Verbot entwürdigender Erziehungsmaßnahmen (§ 1631 Abs.2 BGB), können statt dessen §§ 1666, 1837 Abs.4 (n.F.), 1886, 1915 Abs.1 BGB einschlägig sein, vgl. dazu auch BT-Drucks. 11/4528, S.83.

382 Davon betroffen sind in erster Linie genannte Maßnahmen im Rahmen der Familienpflege, aber darüber hinaus auch solche durch Lebensgefährten, Freunde und ambulante sozialpflegerische Dienste innerhalb der eigenen Wohnung, vgl. *BMJ* (Fn.7), S.71; *Knittel* (Fn.2), § 1906 BGB Rdnr.39; und *Dodegge*, MDR 1992, 437; kritisch hingegen *Rink*, R & P 1991, 160, wonach der Gesetzgeber letztere Fälle schlicht übersehen habe.

383 Die vom Rechtsausschuß gefundene Gesetzesfassung (BT-Drucks. 11/6949, S.76) geht dabei auf einen - in der Stellungnahme zum Regierungsentwurf - enthaltenen Vorschlag des Bundesrates (BT-Drucks. 11/4528, S.210) zurück, dem auch die BReg in ihrer Gegenäußerung (BT-Drucks. 11/4528, S.228) mit dem Vorbehalt gefolgt ist, daß die Aufzählung der Einrichtungen - entsprechend der jetzigen gesetzlichen Regelung - an § 1897 Abs.3 BGB n.F. noch angeglichen würde. Siehe außerdem schon oben, Fn.307.

384 Vgl. BT-Drucks. 11/4528, S.148 f.

385 Dazu näherhin *Holzhauer* (Fn.15), B 104 f., B 116, These 26; *Schwab* (Fn.9), K 36 f.; sowie *Bruder*, NDV 1989, 47; und allgemeiner auch *Griesinger*, NDV 1989, 43.

Daß die gesetzliche Regelung jedenfalls in genanntem Sinne zu verstehen ist, entspricht einhelliger Auffassung in der Literatur.[386] Dennoch gibt es einige Stimmen, die den Ausschluß häuslicher Pflegeverhältnisse rechtspolitisch ablehnen[387] und hierin sogar einen Verstoß gegen die Freiheitsgarantien in Art. 2 Abs.2 Satz 2, 104 Abs.2 Satz 1 GG sehen.[388] Angesichts der vielfach beklagten Überlastung sowohl der öffentlichen als auch der privaten Einrichtungen und des Fehlens wissenschaftlicher Untersuchungen, die ein Versagen der Familien in relevantem Umfang belegen würden, dürfte das legislatorische Motiv jedoch richtig gewesen sein, in solchen Fällen von einer Genehmigungspflicht abzusehen.[389] Dies gilt umso mehr, als im Zeichen der Kostenersparnis im Gesundheitswesen die häusliche Pflege in der Zukunft einen noch breiteren Raum einnehmen wird,[390] so daß die Entscheidung des Gesetzgebers auch im Zusammenhang mit einer modernen Familienpolitik gesehen werden kann, deren Ziel es ist, die Familienstruktur zu festigen und weiteren Auflösungserscheinungen entgegenzuwirken.

Das bedeutet freilich nicht, daß unterbringungsähnliche Maßnahmen im Familienkreis oder innerhalb der eigenen Wohnung ohne weiteres rechtlich erlaubt wären. Freiheitsentziehungen sind insoweit auch nur bei wirksamer Einwilligung des Betreuten[391] oder bei Vorliegen eines der allgemeinen Rechtfertigungsgründe zulässig.[392]

---

386 Vgl. statt vieler: *Palandt-Diederichsen* (Fn.45), § 1906 Rdnr.18; *Damrau/Zimmermann* (Fn.45), § 1906 BGB Rdnr.20; *Bienwald* (Fn.4), Teil 1, § 1906 BGB Rdnr.80; *Jürgens/Kröger/Marschner/Winterstein* (Fn.1), Rdnr. 516; *Holzhauer*, FuR 1992, 252; *Stolz*, BWNotZ 1991, 165.

387 Wie etwa *Rink*, R & P 1990, 160; *Schumacher/Jürgens/Mahnkopf* (Fn.24), AG 1 A, S.46; *DJT* (Fn.66), K 194 f. (Diskussionsbeitrag von *Klie*); sowie auch schon *Zenz/ v.Eicken/Ernst/Hofmann* (Fn.24), S.33 f.

388 So vornehmlich *Schumacher*, FamRZ 1991, 282; und ähnlich *Pardey* (Fn.23), S.36, 137 f.; allerdings dagegen mit Recht *Holzhauer*, ZRP 1989, 453; und *LG Stuttgart*, Justiz 1994, 62, 65.

389 So auch *Erman-Holzhauer* (Fn.4), § 1906 Rdnr.54.

390 Insbesondere zur Bedeutung der Familienpflege als auch zu ihren Risiken: *Görres*, ZGerontol 26 (1993), 378 ff.; *Flöhr*, RsDE 17/1992, 1 ff.; *Bruder*, SozInf 4/1988, 8 ff.

391 Für den Fall, daß etwa der in der Familie versorgte Angehörige (noch) nicht unter entsprechender Betreuung steht, können die bereits oben (sub 4 a) gemachten Ausführungen herangezogen werden; vgl. dazu auch *Erman-Holzhauer* (Fn.4), § 1906 Rdnr.53, der allerdings die Möglichkeit einer "Vorsorge-Vollmacht" (vgl. § 1896 Rdnr. 40) in diesem Bereich ablehnt.

392 *Knittel* (Fn.2), § 1906 BGB Rdnr.39; *MünchKomm-Schwab* (Fn.2), § 1906 Rdnr.28; *Dodegge*, MDR 1992, 437; *Zimmermann/Damrau*, NJW 1991, 545; *Coester*, Jura 1991, 9;

Zu den im Gesetz angesprochenen Anstalten, Heimen und vergleichbaren Einrichtungen sind alle stationären Einrichtungen der Alten- und Behindertenhilfe sowie der Psychiatrie zu rechnen, wobei zu beachten ist, daß organisationsrechtliche Maßnahmen wie Ausgliederungen, Außenwohngruppen oder betreute Wohngruppen den Charakter der Gesamteinrichtung unberührt lassen.[393] Trotz weiter Auslegung des Einrichtungsbegriffs bleibt allerdings der institutionelle Rahmen Maßstab für die Anwendung des § 1906 Abs.4 BGB n.F., so daß selbst die (entgeltliche) Pflege in einer fremden Familie[394] nicht hierunter fällt.[395]

c) Ausschluß "förmlich" Untergebrachter?

Im übrigen gilt § 1906 Abs.4 BGB n.F. nur, wenn ein Betreuter, "ohne untergebracht zu sein", einer freiheitsentziehenden Maßnahme unterworfen werden soll.[396] Unstreitig sind damit zunächst die Fälle gemeint, die der Gesetzgeber primär berücksichtigen wollte, in denen gegenüber einem Betroffenen einer offenen Einrichtung Maßnahmen der zuvor dargestellten Art zum Einsatz gelangen sollen.[397] Zu § 1906 Abs.4 BGB n.F. gehört nach überwiegender Auffassung des weiteren auch der Fall, daß von den bezeichneten Maßnahmen jemand betroffen wird, der bisher "freiwillig", d.h. mit selbstverantworteter Zustimmung,[398] in einer geschlossenen Einrichtung gelebt hat, von einem bestimmten Zeitpunkt an jedoch so wie ein Untergebrachter behandelt werden soll.[399]

---

vgl. im übrigen zum Stichwort "Gewalt in der Familie" auch *Schreiber/Schreiber*, ZRP 1993, 146 ff.

393 Zu weiteren Einzelheiten *MünchKomm-Schwab* (Fn.2), § 1906 Rdnr.28; *Jürgens/Kröger/Marschner/Winterstein* (Fn.1), Rdnr.516; *Dodegge*, MDR 1992, 437; sowie auch *Peters* (Fn.45(, S.124 f.; und *v.Eicken/Ernst/Zenz* (Fn.9), S.14 f.

394 Dazu auch allgemein *Kregel*, SozInf 1/1990, 37 ff.

395 Wie hier *Knittel* (Fn.2), § 1906 BGB Rdnr.40; und näher *Bienwald* (Fn.4), Teil 1, § 1906 BGB Rdnr.81.

396 Auch wenn dieser Fragenkomplex an sich der Vollzugsproblematik zuzurechnen ist, dürfte es sachdienlicher sein, schon im Rahmen der eigentlichen Abhandlung des § 1906 Abs.4 BGB n.F. hierauf einzugehen.

397 Vgl. etwa *Knittel* (Fn.2), § 1906 BGB Rdnr.41; *Holzhauer*, FuR 1992, 255; sowie schon oben, Fn.6 und sub II 1 d.

398 Dazu näher bereits oben, sub II 1 e.

399 Insoweit auch *Damrau/Zimmermann* (Fn.45), § 1906 BGB Rdnr.21; siehe zudem *Holzhauer*, FuR 1992, 255.

Ungleich schwieriger gestaltet sich in der Folge aber die Antwort auf die Frage, ob der Genehmigungsvorbehalt gemäß § 1906 Abs.4 BGB n.F. auch dann greifen soll, wenn die genannten Maßnahmen eine bereits mit richterlicher Genehmigung untergebrachte (oder unterzubringende) Person betreffen.
Nach dem Wortlaut der Vorschrift scheint dies nicht der Fall zu sein. Zudem ist nicht davon auszugehen, daß die verwandte Formulierung allein der Umschreibung der betroffenen Einrichtungen dienen sollte.[400] Vielmehr hat der Gesetzgeber in Anbetracht der ihm im Vorfeld bekannten Diskussion über diese Frage[401] unterbringungsähnliche Maßnahmen durch Fixierungen, Sedierungen und ähnliche Eingriffe bewußt nur insoweit für genehmigungspflichtig erachtet, als sie an nicht schon freiheitsentziehend untergebrachten Personen vorgenommen werden.[402]

Diese gesetzliche Festlegung wird im allgemeinen auch nicht in Abrede gestellt,[403] allerdings werden hieraus inzwischen unterschiedliche Konsequenzen gezogen. So sei nach einer verbreiteten Ansicht in der Literatur[404] die bindende Entscheidung des Gesetzgebers zu akzeptieren und die abweichende Wertung der beschriebenen Maßnahmen an bereits "förmlich" Untergebrachten sachlich gerechtfertigt. Zwar werde nicht verkannt, daß eine innerhalb des Vollzugs einer geschlossenen Unterbringung durchgeführte Fixierungsmaßnahme einen eigenständigen Grundrechtseingriff darstelle, dennoch sei kein weiterer Fall von Art. 104 Abs.2 Satz 1 GG gegeben, da die genannte Freiheitsbeeinträchtigung von dem schon bestehenden Freiheitsentzug abgedeckt werde. Wie im übrigen auch der Vergleich mit entsprechenden Regelungen des Strafvollzugs (§§ 88 Abs.1 und 2 Nr.6, 91, 156

---

400 Das vermutet aber *Rink*, FuR 1990, 262.

401 Nicht zuletzt auf dem 57. DJT war beantragt worden: "Freiheitsbeschränkende Maßnahmen ..... bedürfen der besonderen Genehmigung des Vormundschaftsgerichts, auch wenn die Unterbringung bereits genehmigt ist". Der Antrag wurde mit 57 Ja-Stimmen, 8 Nein-Stimmen und 8 Enthaltungen deutlich angenommen, vgl. *DJT* (Fn.66), K 244 f., K 256 (Beschluß III.6.d)).

402 Ausführlich auch unter Hinweis auf die "zwiespältige" Gesetzgebungsgeschichte der Norm an dieser Stelle *Knittel* (Fn.2), § 1906 BGB Rdnr.42 f.

403 Zweifel äußert - soweit ersichtlich - nur *Rink*, R & P 1991, 160, wonach dem Gesetzgeber das fragliche Problem möglicherweise entgangen sei.

404 *Erman-Holzhauer* (Fn.4), § 1906 Rdnr.9,51; *Holzhauer*, FuR 1992, 252 ff.; *ders.*, BtPrax 1992, 55, These 5; *Klüsener/Rausch*, NJW 1993, 623; *Schmidt*, DRiZ 1992, 379; *Zimmermann/Damrau*, NJW 1991, 545; sowie neuerdings auch *Palandt-Diederichsen* (Fn.45), § 1906 Rdnr.18 (entgegen 52. Aufl. 1993, a.a.O.)

Abs.3 StVollzG) zeige, bedürften Einzelmaßnahmen während des Vollzugs keiner zusätzlichen richterlichen Genehmigung.[405]

Demgegenüber wird von einem Großteil des Schrifttums[406] als auch von der Rechtsprechung[407] die Verfassungsmäßigkeit dieser Unterscheidung angezweifelt und - von zahlreichen Varianten im einzelnen abgesehen - hierzu ausgeführt, daß es auch eine sog. "weitere" Freiheitsentziehung innerhalb einer geschlossenen Unterbringung geben könne, die eine richterliche Genehmigung erforderlich mache. Eine solche sei nun aber nicht bereits in der Entscheidung über die Zulässigkeit der Unterbringung in einer geschlossenen Einrichtung verankert, da diese Genehmigung - insbesondere auch im Hinblick auf § 70f Abs.1 Nr.2 FGG n.F.[408] - nur diejenigen Beschränkungen der körperlichen Bewegungsfreiheit legitimiere, die typischerweise mit einer derartigen Unterbringung verbunden sind, nicht aber weitergehende Beschränkungen wie etwa die Einschließung in einem besonderen Raum innerhalb der geschlossenen Anstalt oder die Fesselung bzw. die Bettfixierung.[409] Von daher seien in verfassungskonformer Auslegung des § 1906 Abs.4 BGB n.F. unterbringungsähnliche Maßnahmen selbst an Personen, die bereits freiheitsentziehend untergebracht sind, entgegen dem Wortlaut der Vorschrift genehmigungspflichtig.[410]

---

405 So insbesondere *Klüsener/Rausch*, NJW 1993, 623; kritisch hierzu *Knittel* (Fn.2), § 1906 BGB Rdnr.44.

406 Vgl. vor allem *Bienwald* (Fn.4), Teil 1, § 1906 BGB Rdnr.68; *Jürgens/Kröger/ Marschner/Winterstein* (Fn.1), Rdnr.516; *Schmidt/Böcker* (Fn.72), Rdnr.261a; *Schumacher*, FamRZ 1991, 281 f.; *VGT e.V.* (Fn.82), AG 4, S.77, These 10; *ders.* (Fn.165), AG XIII, S.140.

407 *BayObLG*, BtPrax 1993, 139, 140; *AG Hannover*, BtPrax 1992, 113, 114; vgl. im übrigen schon, wenn auch zur öffentlichrechtlichen Unterbringung *OLG Schleswig*, DAVorm 1991, 687, 688.

408 I.d.S.: *Jürgens/Kröger/Marschner/Winterstein* (Fn.1), Rdnr.516; *Dodegge*, MDR 1992, 437.

409 Dazu näher *Knittel* (Fn.2), § 1906 BGB Rdnr.45; *MünchKomm-Schwab* (Fn.2), § 1906 Rdnr.7; sowie *BayObLG*, BtPrax 1993, 139, 140; a.A. offensichtlich noch *AG Recklinghausen*, FamRZ 1988, 653, 658.

410 Nach *MünchKomm-Schwab* (Fn.2), § 1906 Rdnr.29, sollen dagegen die beschriebenen Maßnahmen gegenüber freiheitsentziehend Untergebrachten als "weitere Stufe oder Modalität der Unterbringung" dem erneuten Genehmigungsvorbehalt des § 1906 Abs.1 BGB n.F. unterfallen, wobei diese Erwägungen dann auch für Minderjährige entsprechend herangezogen werden könnten, dazu § 1906 Rdnr.9 u. § 1800 Rdnr.29; dem folgend *Dodegge*, MDR 1992, 437. Ähnlich außerdem *BMJ* (Fn.7), S.71, wonach im übrigen auch denkbar wäre, daß solche Maßnahmen eine Überprüfungspflicht des Gerichts gemäß § 1837 Abs.2 i.V.m. § 1908i Abs.1 Satz 1 BGB n.F. auslösen.

Der letztgenannten Auffassung wird im Gegenzug jedoch - meines Erachtens zu Recht - vorgehalten, daß ihre Argumentation in erster Linie fürsorglich Untergebrachten gilt und einzig diesen gegenüber auch paßt.[411] Zu denken ist deshalb eher an eine differenzierende Lösung, die an beiden Unterbringungstatbeständen des § 1906 Abs.1 BGB anknüpft. Demnach erschiene eine gesonderte Genehmigung von Maßnahmen nach § 1906 Abs.4 BGB n.F. nur im Rahmen einer geschlossenen Unterbringung nach § 1906 Abs.1 Nr.1 BGB n.F. angezeigt. Bei einer medizinischen Unterbringung gemäß § 1906 Abs.1 Nr.2 BGB n.F. wäre indes davon auszugehen, daß die Genehmigung des Mittels, nämlich der Unterbringung, die des Zieles, das ist die medizinische Maßnahme, auch in der Modifikation zwangsweiser Durchführung umfaßt.[412]

5. Voraussetzungen der Genehmigung

Ist die beabsichtigte unterbringungsähnliche Maßnahme nach alledem genehmigungsbedürftig, so hängt ihre Zulässigkeit von der gerichtlichen Genehmigung ab, die ihrerseits wiederum nur erteilt werden darf, wenn die Gründe des § 1906 Abs.1 Nr.1 oder 2 BGB n.F. sinngemäß erfüllt sind. Grundsätzlich kann auf die dortigen Ausführungen[413] verwiesen werden. Angesichts des vom Krankheitsbild bzw. der Art der Behinderung prinzipiell anderen Kreises der Betreuten, die § 1906 Abs.4 BGB n.F. im Auge hat, sind jedoch gewisse Ergänzungen zu § 1906 Abs.1 BGB n.F. unumgänglich.

a) Heranziehung der Unterbringungsgründe von § 1906 Abs.1 Nr.1 und 2 BGB n.F.

Dabei legen sowohl die Art der genannten Maßnahmen als auch die Zielsetzung des § 1906 Abs.4 BGB n.F. es nahe, daß in erster Linie § 1906 Abs.1 Nr.1 BGB n.F.

---

411 So auch ausdrücklich *Erman-Holzhauer* (Fn.4), § 1906 Rdnr.33.

412 Im Fall der Einwilligungsunfähigkeit des Betroffenen wird ein solcher Behandlungszwang dann - von § 1904 BGB n.F. einmal abgesehen - allein durch die Einwilligung des Betreuers gerechtfertigt, sofern sich dessen Aufgabenkreis auch auf die ärztliche Behandlung erstreckt, vgl. dazu auch schon oben, Fn.201 f.; sowie allgemein zu Fragen der Zwangsbehandlung *Knittel* (Fn.2), § 1904 BGB Rdnr.5 f.; *MünchKomm-Schwab* (Fn.2), § 1904 Rdnr.8 unter Hinweis auf BT-Drucks. 11/4528, S.72, 141 f.; und *Frost* (Fn.156), S.66 ff.

413 Sub II 4.

als materielle Rechtsgrundlage zur Anwendung gelangen wird.[414] Dem Gesetzgeber schwebten hier besonders Fälle der Selbstgefährdung altersverwirrter Betreuter dadurch vor, daß sie ohne auf den Straßenverkehr zu achten oder Vorsorge gegen Hunger, Durst oder Kälte zu treffen, planlos herumirren.[415] Zulässiges Ziel solcher Maßnahmen kann daneben aber oftmals auch sein, den Betroffenen beim freien Umhergehen außerhalb von Bett oder Rollstuhl vor Stürzen und daraus resultierenden Verletzungen zu bewahren.[416]

Mittlerweile ist allerdings Streit darüber entstanden, ob unterbringungsähnliche Maßnahmen - anders als die Unterbringung selbst[417] - auch zur Abwendung von Fremdgefährdungen zuzulassen sind. Überwiegend wird dies verneint.[418] Dagegen möchte vor allem *Damrau*[419] auch unter Berufung auf die amtliche Begründung[420] die entsprechende Anwendung so verstehen, daß die angesprochenen Maßnahmen sogar im Drittinteresse zulässig sein sollen. Andernfalls könnte z.B. massiven nächtlichen Störungen durch nicht untergebrachte Personen nicht Einhalt geboten werden.

So begrüßenswert der in diesem Vorschlag steckende Schutzgedanke auch sein mag, nämlich den Betroffenen als häufige Alternative die vorübergehende oder dauernde geschlossene (öffentlichrechtliche) Unterbringung in einer psychiatrischen Klinik zu ersparen,[421] so ist zur Erreichung dieses Zieles - jedenfalls in der deutlichen Mehrheit der Fälle - eine derartige Zweckerweiterung gar nicht vonnöten. Zwar kann meines Erachtens eine Rechtfertigung unterbringungsähnlicher Maßnah-

---

414 Ebenso *Bienwald* (Fn.4), Teil 1, § 1906 BGB Rdnr.69; *ders.*, RsDE 7/1989, 36 f.; *Dodegge*, MDR 1992, 439.

415 BT-Drucks. 11/4528, S.148 f.; dazu auch *Bienwald* (Fn.4), Teil 1, § 1906 Rdnr.70; sowie *Schmidt/Böcker* (Fn.72), Rdnr.260.

416 Vgl. *Knittel* (Fn.2), § 1906 BGB Rdnr.48; *Jürgens/Kröger/Marschner/Winterstein* (Fn.1), Rdnr.523.

417 Dazu oben, sub II 4 a ee.

418 Vgl. statt vieler: *MünchKomm-Schwab* (Fn.2), § 1906 Rdnr.31; *Erman-Holzhauer* (Fn.4), § 1906 Rdnr.59; *Bienwald* (Fn.4), Teil 1, § 1906 BGB Rdnr.69; *Jürgens/Kröger/Marschner/Winterstein* (Fn.1), Rdnr.523; *Schmidt/Böcker* (Fn.72), Rdnr.260; *Dodegge*, MDR 1992, 439; *VGT e.V.* (Fn.82), AG 4, S.77, These 7; *LG Hildesheim*, BtPrax 1994, 106.

419 *Damrau/Zimmermann* (Fn.45), § 1906 BGB Rdnr.23.

420 BT-Drucks. 11/4528, S.149 ("...wenn er die Nachtruhe stört").

421 I.d.S.: *Linnhoff u.a.*, BtPrax 1992, 57; *Gaedt/Lang*, BlWohlfPfl. 1992, 220 f.; und wohl auch *Jürgens/Kröger/Marschner/Winterstein* (Fn.1), Rdnr.523.

men allein kraft Hausrechts - wie mitunter vorgebracht[422] - nicht in Betracht kommen. Vielfach dürfte in den fraglichen Fällen aber auch eine Selbstgefährdung der Betroffenen vorliegen, sei es, daß sie krankheitsbedingt verletzungsanfällig durch Stürze o.ä. sind, sei es, daß aggressive Gegenreaktionen von Mitbewohnern zu erwarten sind.[423]

Was demgegenüber die Genehmigungsfähigkeit unterbringungsähnlicher Maßnahmen in entsprechender Anwendung des § 1906 Abs.1 Nr.2 BGB n.F. anbelangt, könnte beispielsweise an die Anlegung von Armfesseln zur Durchführung von Infusionen gedacht werden.[424] Allerdings dürfte es hierbei in der Regel an der zeitlichen Qualifikation fehlen. Es steht deshalb zu vermuten, daß § 1906 Abs.4 BGB n.F. i.V.m. § 1906 Abs.1 Nr.2 BGB n.F. insoweit in der Praxis kaum Wirkung entfalten wird.[425]

b) Verhältnismäßigkeitsgrundsatz

Bei der Frage, ob eine bestimmte unterbringungsähnliche Maßnahme wie etwa eine Fixierung durch Bauchgurt oder Betteingitterung genehmigt werden kann, stellt sich darüber hinaus die Frage der Verhältnismäßigkeit gegenüber anderen Interventionsmaßnahmen. Demnach darf jeweils nur das am wenigsten beeinträchtigende unter den geeigneten Mitteln zum Einsatz gelangen.[426] Das bedeutet, daß zunächst durch Heil- und Pflegemaßnahmen sowie Therapien der Versuch unternommen werden muß, solche Maßnahmen unter Umständen ganz zu vermeiden. Soweit möglich sind deshalb eine sachgerechte Medikation, gezieltes motorisches Ausagieren - etwa durch Beschäftigungstherapien oder Spaziergänge in Begleitung - bzw. ein vermehrtes Einbinden in den allgemeinen Tagesablauf der Einrichtung vorran-

---

422 So vornehmlich *Holzhauer*, FuR 1992, 257 f.; aber enger inzwischen *Erman-Holzhauer* (Fn.4), § 1906 Rdnr.59; vgl. dazu im übrigen auch *Knittel* (Fn.2), § 1906 BGB Rdnr.49.

423 Wie hier *Knittel* (Fn.2), § 1906 BGB Rdnr.49; siehe zudem schon oben, Fn.284.

424 Vgl. dazu *Dodegge*, MDR 1992, 439 f.; *Jürgens/Kröger/Marschner/Winterstein* (Fn.1), Rdnr.524; sowie auch *MünchKomm-Schwab* (Fn.2), § 1906 Rdnr.31.

425 Dies scheinen auch die ersten Gerichtsentscheidungen zu belegen, die allein zu § 1906 Abs.4 BGB n.F. i.V.m. § 1906 Abs.1 Nr.1 BGB n.F. ergangen sind, dazu oben, sub Fn.325.

426 So auch *Knittel* (Fn.2), § 1906 BGB Rdnr.51; *Palandt-Diederichsen* (Fn.45), § 1906 Rdnr.17; *Dodegge*, MDR 1992, 440; *OLG Hamm*, BtPrax 1993, 172, 174; sowie schon *LG Berlin*, R & P 1990, 178, 180; *AG Frankfurt/M.*, FamRZ 1988, 1209, 1210 f.; und bereits oben, Fn.42 u. 219.

gig.[427] Hinzu kommt, daß der Verhältnismäßigkeitsgrundsatz auch in der Stufenfolge angewandter freiheitsentziehender Mittel zu beachten ist. So haben z.B. Kontrollen und Rückführungen durch das Pflegepersonal Priorität vor der zeitweisen Anbringung von Bettgittern oder schließlich der Verwendung eines Bauchgurtes,[428] wobei für die Praxis anzuraten ist, alle vorausgegangenen Bemühungen genauestens zu dokumentieren,[429] um gegenüber dem Gericht ausreichende Tatsachen zur Verhältnismäßigkeit angestrebter Maßnahmen nach § 1906 Abs.4 BGB n.F. glaubhaft machen zu können.[430]

In diesen Kontext gehört auch die Frage, welchen Einfluß die sachliche und personelle Ausstattung der Einrichtung auf die Genehmigungsfähigkeit der unterbringungsähnlichen Maßnahme hat. So wird teilweise der rigorose Standpunkt vertreten, daß einer solchen Maßnahme die Genehmigung versagt werden müsse, solange die Abwendung der Gefahr alternativ durch eine Sitzwache möglich sei. Fiskalische Gründe seien grundsätzlich nicht geeignet, eine freiheitsentziehende Maßnahme wegen Selbstgefährdung zu rechtfertigen.[431] Hieran ist jedenfalls richtig, daß die richterliche Entscheidung nicht in eine Abhängigkeit vor allem von Personalschlüsseln geraten darf, die lediglich allgemein für die pflegerische Versorgung der in der Einrichtung Betreuten festgelegt werden.[432] Andererseits darf bei der Anwendung des Grundsatzes der Verhältnismäßigkeit nicht außer acht gelassen werden, welcher pflegerischer Aufwand tatsächlich realisierbar und von der sozia-

---

427 Näherhin *Lotze*, 1. VGT, 1989, S.50 f.; *AG Frankfurt/M.*, FamRZ 1988, 1209, 1211; und neuerdings *AG Marburg* BtPrax 1994, 106, 107 (ggf. unter Einbeziehung vorhandener Vermögenswerte der Betroffenen).

428 Vgl. dazu *Dodegge*, MDR 1992, 440; *BayObLG*, MDR 1994, 922; *AG Hannover*, BtPrax 1992, 113, 114 (zur Frage der Genehmigungsfähigkeit sog. "Personenortungsanlagen"); und auch *LG Frankfurt/M.*, FamRZ 1993, 601.

429 *Knittel* (Fn.2), § 1906 BGB Rdnr.51; *Dodegge*, MDR 1992, 440; außerdem schon oben, Fn.357 f.

430 Dabei muß der direkte Zwang nicht stets der stärkste Eingriff sein, vgl. *Jürgens/Kröger/Marschner/Winterstein* (Fn.1), Rdnr.520; siehe hierzu auch *LG Berlin*, R & P 1990, 178, 180 f. (insbesondere zu den Alternativen "Fixierung durch Bauchgurt und Betteingitterung"/"stärkere medikamentöse Sedierung").

431 So *Jürgens/Kröger/Marschner/Winterstein* (Fn.1), Rdnr.523; siehe zudem *AG Frankfurt/M.*, FamRZ 1988, 1209, 1211; *AG Hannover*, BtPrax 1992, 113, 115 (ggf. "Aufstockung des Personals"); und auch *OLG Schleswig*, DAVorm 1991, 687, 689.

432 So der Sache nach *Bienwald* (Fn.4), Teil 1, § 1906 BGB Rdnr.62; *VGT e.V.* (Fn.82), AG 4, S.77, These 8.

len Gemeinschaft getragen werden kann.[433] Im Einvernehmen mit der wohl herrschenden Auffassung[434] hat sich das Vormundschaftsgericht daher generell mit der vorgefundenen Personalsituation abzufinden.[435] Das heißt aber nicht, daß die beantragte Genehmigung einer Maßnahme nicht abgelehnt werden könnte, wenn sie durch einfache bauliche Veränderungen - wie etwa die Einfriedung des Heimgeländes mittels eines Zaunes gegen eine verkehrsreiche Straße[436] - überflüssig werden würde. Im übrigen bleibt zu berücksichtigen, daß sich bei Eintritt einer Verletzung eines Heimbewohners eine Haftung des Heimträgers nach § 823 BGB - unabhängig von finanziellen Zwängen - aus dem Gesichtspunkt des Organisationsverschuldens ergeben kann, sofern das Heim noch nicht einmal den im Personalschlüssel vorgesehenen Mitarbeiterstamm bereithält.[437]

Die Prüfung der Verhältnismäßigkeit als Rechtmäßigkeitskontrolle darf das Gericht außerdem nicht dazu verleiten, in die Ermessensentscheidung des Betreuers über Art und Weise der Freiheitsentziehung einzugreifen.[438] Damit nicht zu verwechseln ist freilich die Rechtsfrage, ob sich eine unterbringungsähnliche Maßnahme durch Wahl eines anderen Aufenthaltsortes vermeiden ließe. Dabei hilft es auch nicht weiter, in dem Aufenthalt auf einer geschlossenen Station "rein rechtlich"[439] den

---

433 *OLG Hamm*, BtPrax 1993, 172, 174, in sorgfältiger Auseinandersetzung mit der Literatur und den Materialien; siehe zudem *AG Marburg*, BtPrax 1994, 106, 107.

434 Vgl. u.a. *Palandt-Diederichsen* (Fn.45), § 1906 Rdnr.17; *Knittel* (Fn.2), § 1906 BGB Rdnr.52; *Schmidt/Böcker* (Fn.72), Rdnr.261; *MünchKomm-Schwab* (Fn.2), § 1906 Rdnr.31; *Holzhauer*, FuR 1992, 258 f.; *ders.*, BtPrax 1992, 55, These 9; sowie *OLG Frankfurt/M.*, BtPrax 1993, 138, 139; und wohl ebenfalls *LG Berlin*, R & P 1990, 178, 180.

435 Denkbar wäre in diesem Zusammenhang auch eine Genehmigung mit Auflagen, so insbesondere *MünchKomm-Schwab* (Fn.2), § 1906 Rdnr.31 unter Hinweis auf *VGT e.V.* (Fn.82), AG 4, S.77, These 8; und *BayObLG*, MDR 1994, 922 in Anlehnung an *BayObLG*, BtPrax 1993, 139, 140 (Fixierung nur nach ausdrücklicher Anordnung des behandelnden Arztes).

436 Dazu *AG Hannover*, BtPrax 1992, 113, 115.

437 *OLG Hamm*, R & P 1993, 203, 204. Zu den Sorgfaltspflichten eines psychiatrischen Krankenhauses gegenüber suizidgefährdeten Patienten vgl. auch *BGH*, VersR 1994, 50 ff.; *OLG Stuttgart*, VersR 1994, 731 f.(LSe); *OLG Frankfurt/M.*, VersR 1993, 1271 ff. m. zust. Anm. *Gaisbauer*, VersR 1994, S.483; sowie instruktiv m.z.w.N. *Gropp*, MedR 1994, 127 ff. Siehe außerdem *OLG Köln*, R & P 1993, 81, 82, wonach es ein zur Haftung führender Behandlungsfehler sei, einen manisch erregten Patienten, der nicht ausreichend sediert worden ist, im Bett zu fixieren, ohne ihn unter dauernder Sichtkontrolle zu halten.

438 *LG Köln*, FamRZ 1993, 110, 111; *Kern*, MedR 1993, 251; und allgemein *Maunz/Dürig-Dürig* (Fn.8), Art. 104 Rdnr.28; sowie auch oben, Fn.186 f.

439 Vgl. hierzu *LG Köln*, FamRZ 1993, 110, 111; *Knittel* (Fn.2), § 1906 BGB Rdnr.53; *Kern*, MedR 1993, 251; *Dodegge*, NJW 1993, 2359.

stärkeren Eingriff in die Rechte des Betroffenen zu sehen als in dem Aufenthalt in einem Heim, in dem lediglich Maßnahmen nach § 1906 Abs.4 BGB n.F. erforderlich sind. Sehr viel näher liegt doch, daß für einen betreuungsbedürftigen Menschen die verschlossene Stationstür eine weitaus geringere Freiheitsentziehung bedeutet als beispielsweise die Beschränkung durch enge Fixierungsmaßnahmen auf einen Stuhl oder das Bett.[440] Wenn es somit möglich ist, das Wohl des Betreuten durch eine geschlossene Unterbringung ohne tagtägliche Fixierung zu schützen, dann kann eine derartige beabsichtigte Maßnahme in einer offenen Einrichtung auch nicht genehmigungsfähig sein.[441]

6. Fehlen von Übergangsvorschriften

Der Vollständigkeit halber sei noch darauf hingewiesen, daß für die neu geschaffenen Genehmigungsvorbehalte[442] keine besonderen Übergangsregelungen vorgesehen sind. Die Vormundschaften und Pflegschaften, die seit 1.1.1992 gemäß Art. 9 § 1 BtG als Betreuungen weitergeführt werden,[443] unterliegen ab diesem Zeitpunkt den neuen Vorschriften. Das bedeutet vor allem in bezug auf § 1906 Abs.4 BGB n.F., daß für die Fortsetzung bisher (möglicherweise) nicht genehmigungsbedürftiger und daher nicht genehmigter Freiheitsbeeinträchtigungen nunmehr eine Genehmigung einzuholen ist.[444]

---

440 So auch *Palandt-Diederichsen* (Fn.45), § 1906 Rdnr.6 unter Hinweis auf *Ewers*, FamRZ 1993, 853 (Anm. zu *LG Köln*, FamRZ 1993, 110 f.); *Linnhoff u.a.*, BtPrax 1992, 56; *VGT e.V.* (Fn.165), AG XIII, S.140; außerdem schon oben, Fn.310.

441 *Ewers*, FamRZ 1993, 853 (Anm. zu *LG Köln*, FamRZ 1993, 110 f.); siehe außerdem *VGT e.V.* (Fn.165), AG XIII, S.142, These 1.

442 Dazu oben, sub I.

443 Umstritten sind allerdings die in Verbindung mit Art. 9 § 5 BtG stehenden Zuständigkeitsfragen, die zunächst die Obergerichte schwerpunktmäßig zum BtG beschäftigten, vgl. dazu im einzelnen m.z.N. der Rechtsprechung *Gernhuber/Coester-Waltjen* (Fn.100), § 76 I 3 (dort Fn.12); *Dodegge*, NJW 1993, 2354 f.; *Kemper*, FuR 1992, 262 ff.; *OLG Zweibrücken*, Rpfleger 1992, 483 m. Anm. *Meyer-Stolte*, a.a.O., S.484.

444 So auch *Schwab*, FamRZ 1992, 507.

7. Zusammenfassung

Als wesentlichste Ergebnisse sind herauszustellen:

- Sowohl die vor Einführung des BtG im Vordringen befindliche Rechtsprechung als auch der sich aus der Gesetzgebungsgeschichte abzuleitende Zweck können vorzugsweise dafür herangezogen werden, den § 1906 Abs.4 BGB n.F. extensiv anzuwenden.

- Stets ist zu prüfen, ob die angestrebte Maßnahme nicht bereits als Unterbringung nach § 1906 Abs.1 BGB n.F. zu qualifizieren ist; wird dies bejaht, so kommt es insoweit auf § 1906 Abs.4 BGB n.F. nicht mehr an.

- Freiheitsentziehende Maßnahmen im Sinne des § 1906 Abs.4 BGB n.F. liegen dann vor, wenn der Betroffene eine Behinderung seiner Bewegungsfreiheit nicht mit zumutbaren Mitteln überwinden kann, wobei im Rahmen dieser Vorschrift die erneute Unterscheidung zwischen Entziehung und Beschränkung der Freiheit keine Rolle mehr spielt. Freilich kann wiederum schon begrifflich von einer Freiheitsentziehung dann nicht die Rede sein, wenn die Maßnahme - außer bei der Gabe sedierender Medikamente - auf einer wirksamen Einwilligung des Betroffenen beruht.

- Der Genehmigungsvorbehalt nach § 1906 Abs.4 BGB n.F. gilt nicht für in der Familie lebende Betreute sowie für nichtbetreute Anstaltsinsassen. Für sie sind derartige Maßnahmen aber nicht schon deshalb ohne weiteres zulässig.

- Unterbringungsähnliche Maßnahmen gegenüber bereits freiheitsentziehend Untergebrachten bedürfen in verfassungskonformer Auslegung des § 1906 Abs.4 BGB n.F. (nur) dann einer zusätzlichen Genehmigung entgegen dem Wortlaut der Vorschrift, wenn eine fürsorgliche Unterbringung gemäß § 1906 Abs.1 Nr.1 BGB n.F. zugrunde liegt. Bei einer medizinischen Unterbringung nach § 1906 Abs.1 Nr.2 BGB n.F. bedarf hingegen der Untersuchungs- oder Behandlungszwang als solcher keiner weiteren gerichtlichen Genehmigung nach § 1906 Abs.4 BGB n.F.

- Mit Gefahren für Dritte oder die Allgemeinheit lassen sich unterbringungsähnliche Maßnahmen nicht rechtfertigen.

- Für die Auswahl der erforderlichen Maßnahme(n) ist der Grundsatz der Verhältnismäßigkeit zu berücksichtigen, wobei in diese Prüfung auch die Realität der Personalsituation der Einrichtung miteinzubeziehen ist.

IV. Verhältnis zu den Genehmigungsvorbehalten nach §§ 1904, 1907 Abs.1 BGB n.F.

Hauptsächlich in den Fällen des § 1906 Abs.1 Nr.2 BGB n.F. gilt es zu beachten, daß zugleich die Voraussetzungen der Genehmigungspflicht des § 1904 BGB n.F.[445] vorliegen können und zwar dann, wenn durch die beabsichtigte, mit Freiheitsentziehung verbundene ärztliche Behandlung[446] die begründete Gefahr besteht, daß der Betreute aufgrund der Maßnahme stirbt oder einen schweren und länger dauernden gesundheitlichen Schaden erleidet. Allerdings ist in einem solchen Fall die Genehmigung nach § 1904 BGB n.F. nicht automatisch mit der Genehmigung der freiheitsentziehenden Maßnahme nach § 1906 Abs.1 bzw. Abs.4 BGB n.F. verbunden; vielmehr ist eine eigenständige Genehmigung nach § 1904 BGB n.F. erforderlich, die zweckmäßigerweise (nur) im selben (Unterbringungs-)Verfahren eingeholt wird.[447]

In engem Zusammenhang mit einer Unterbringung allgemein steht im übrigen die gesonderte Entscheidung über die Aufgabe von Wohnraum des Betreuten. Während die Aufgabe von Wohneigentum des Betroffenen im Wege der Veräußerung bereits nach § 1821 Abs.1 Nr.1 BGB i.V.m. § 1908i Abs.1 Satz 1 BGB n.F. der Genehmigungspflicht unterliegt, bedarf der Betreuer nunmehr nach § 1907 Abs.1

---

445 Zu den einzelnen Tatbestandsmerkmalen vgl. etwa nur *Kern*, MedR 1993, 248 f.; *Frost* (Fn.156), S.106 ff.; sowie *Winkler-Wilfurth* (Fn.250), S.61 ff.

446 Bei der Verordnung von Medikamenten ist der Umfang der Genehmigungspflicht nach § 1904 BGB n.F. nicht unumstritten, zum Stand der Diskussion siehe *Knittel* (Fn.2), § 1904 BGB Rdnr.14; vgl. im übrigen auch *Jürgens/Kröger/Marschner/Winterstein* (Fn.1), Rdnr.519, 524; BT-Drucks. 11/6949, S.72; und *Stolz*, BtPrax 1994, 49 ff.

447 So u.a. *Knittel* (Fn.2), § 1906 BGB Rdnr.2; *Erman-Holzhauer* (Fn.4), § 1906 Rdnr.32; *Bienwald* (Fn.4), Teil 1, § 1906 BGB Rdnr.41; *MünchKomm-Schwab* (Fn.2), § 1906 Rdnr.32; *Frost* (Fn.156), S.71; und *Winkler-Wilfurth* (Fn.250), S.147, 161 unter Hinweis auf *Holzhauer* (Fn.15), B 107.

BGB n.F. auch für die Kündigung[448] oder Aufhebung eines Mietverhältnisses über Wohnraum, den der Betreute gemietet hat, der Genehmigung des Vormundschaftsgerichts.[449] Hierdurch soll verhindert werden, daß dem Betroffenen nach Beendigung der Unterbringung die Rückkehr in die bisherigen Lebensverhältnisse unmöglich gemacht wird.[450] Dabei dürfte im Zweifel die Genehmigung so lange zu verweigern sein, wie eine Rückkehr in die eigene Wohnung, wenn auch in häuslicher Pflege, möglich erscheint.[451]

---

448 Insbesondere hierbei ist inzwischen fraglich, für welchen Aufgabenkreis der Betreuer bestellt sein muß, wenn er diese Erklärung abgeben will, dazu näherhin *Knittel* (Fn.2), § 1907 BGB Rdnr.6; und *Bobenhausen*, Rpfleger 1994, 13 ff.

449 Siehe allgemein zum Schutz der eigengenutzten Wohnung: *LG Münster*, FamRZ 1994, 531.

450 Bisher war man davon ausgegangen, daß der Gebrechlichkeitspfleger die Wohnung des Pfleglings nach dessen endgültiger Unterbringung umgehend aufzulösen hatte. Solange nunmehr das Vormundschaftsgericht die notwendige Genehmigung nicht erteilt, ist der Betreuer vor einer entsprechenden Haftung geschützt, vgl. dazu *Jürgens/Kröger/Marschner/Winterstein* (Fn.1), Rdnr.228.

451 Vgl. zum Ganzen - mitunter auch zur ungeregelten Frage der Bezahlung der Wohnungskosten während der Unterbringung - u.a. *Deinert* (Fn.208), S.67 f.; *Wesche*, Rpfleger 1993, 228 f.; *Tschepe*, AnwBl 1993, 359 f.; *BMJ* (Fn.7), S.48 f.; BT-Drucks. 11/4528, S.83 f., 149 f.; und kritisch *Coeppicus*, FamRZ 1993, 1025 f.

Kapitel 3

Verfahren über Unterbringungsmaßnahmen

Im Rahmen der Neuregelung des Unterbringungsrechts kommt nun ebenso der Ausgestaltung des Unterbringungsverfahrens wesentliche Bedeutung zu, zumal sich hier entscheidet, ob die im materiellen Recht festgelegten Zielvorstellungen zum Schutz der Betroffenen verwirklicht werden.[1] Um dem eindeutigen Schwerpunkt dieser Abhandlung, nämlich der materiellrechtlichen Darstellung und Erläuterung der zivilrechtlichen Unterbringung durch einen Betreuer einschließlich der unterbringungsähnlichen Maßnahmen, jedoch keinen Abbruch zu tun, kann die nachfolgende Erörterung der verfahrensrechtlichen Vorschriften freilich nur Grundlagen[2] enthalten.

Insgesamt stellt das neue Unterbringungsverfahrensrecht eine Mischung aus den §§ 64a bis 64i FGG a.F., Vorschriften aus dem FEVG und den Landesunterbringungsgesetzen sowie kodifizierter Rechtsprechung dar,[3] wobei in den Grundzügen auch strukturelle Ähnlichkeiten mit den Betreuungssachen (§§ 65 ff. FGG n.F.) zu verzeichnen sind.[4]

---

1 So allgemein auch BT-Drucks. 11/4528, S.88; siehe zudem *Jürgens/Kröger/Marschner/Winterstein*, Das neue Betreuungsrecht, 2. Aufl. 1992, Rdnr.526.

2 Ausführliche Erläuterungen zu den einzelnen Bestimmungen, insbesondere der §§ 70 ff. FGG n.F., finden sich in den Kommentierungen von *Holzhauer/Reinicke*, Betreuungsrecht, 1993, Teil 2; *Bienwald*, Betreuungsrecht, 1992, Teil 3, B.; *Damrau/Zimmermann*, BtG, 1991; *Keidel/Kuntze/Winkler*, FG, Teil A, 13. Aufl. 1992; *Bassenge/Herbst*, FGG/RpflG, 6. Aufl. 1992; *Bumiller/Winkler*, FG, 5. Aufl. 1992.

3 Wie hier *Dodegge*, NJW 1993, 2355; *Rink*, R & P 1991, 160; und vor allem *Zimmermann*, FamRZ 1990, 1309.

4 So der Sache nach *Rink*, FuR 1990, 255.

I. Systematischer Gesamtüberblick zum Hauptverfahren

1. Anwendungsbereich

Der Anwendungsbereich des in den §§ 70 ff. FGG geregelten Verfahrens über "Unterbringungsmaßnahmen"[5] geht in zweifacher Hinsicht über den Regelungsbereich des § 1906 BGB n.F.[6] hinaus. So betrifft das neue Unterbringungsverfahren zugleich die Genehmigung der Unterbringung eines Kindes nach §§ 1631b, 1705 Satz 2, 1800, 1915 Abs.1 BGB,[7] da ein unterschiedliches Verfahrensrecht für die Genehmigung der Unterbringung Volljähriger und Minderjähriger keinen Sinn gegeben hätte; im Gegenteil ist es sogar notwendig, das Bewußtsein für die Rechte Minderjähriger im Unterbringungsverfahren zu schärfen. Daneben wurde insbesondere das gerichtliche Unterbringungsverfahren der landesgesetzlichen Unterbringung entgegen kritischen Stimmen in der Literatur[8] auf der Grundlage von Art. 74 Nr.1 GG in das neu geschaffene Verfahrensrecht einbezogen,[9] um für die Abgrenzung zwischen öffentlichrechtlicher und zivilrechtlicher Unterbringung allein sachliche Kriterien entscheiden zu lassen und nicht (mehr) den Ausweg über das weniger aufwendige Verfahren zu ermöglichen.[10] Bedauerlich ist nur, daß bisweilen der hohe Verfahrensstandard der fortschrittlichsten Psychisch-Kranken-Gesetze durch die Angleichung des Verfahrensrechts nicht erreicht wird.[11]

---

5 § 70 Abs.1 Satz 2 FGG n.F. bringt eine abschließende Legaldefinition der Unterbringungsmaßnahmen im Sinne der §§ 70 ff. FGG n.F., vgl. dazu etwa *MünchKomm-Schwab*, BGB, Bd.8, 3. Aufl. 1992, § 1906 Rdnr.34.

6 Vgl. hierzu §§ 70 Abs.1 Satz 2 Nr.1b, 70 Abs.1 Satz 2 Nr.2 FGG n.F. Was die Genehmigung der Unterbringung eines Betreuten anbelangt, ersetzen insoweit die §§ 70 ff. FGG n.F. die bisherigen §§ 64a bis 64h FGG a.F.

7 § 70 Abs.1 Satz 2 Nr.1a FGG n.F. (entsprechend § 64i FGG a.F.).

8 *Bürgle*, NJW 1988, 1882, 1887; *Richter*, FamRZ 1989, 914; dagegen mit Recht *Holzhauer*, ZRP 1989, 452; *Wolf*, ZRP 1988, 317; siehe zudem BT-Drucks. 11/4528, S.80.

9 § 70 Abs.1 Satz 2 Nr.3 FGG n.F.; zur notwendigen Anpassung der Landesgesetze über die Unterbringung psychisch Kranker an die neue Rechtslage siehe bereits oben, sub Kap.1, IV.

10 BT-Drucks. 11/4528, S.92; vgl. darüber hinaus *Jürgens/Kröger/Marschner/Winterstein* (Fn.1), Rdnr.527.

11 Näheres bei den einschlägigen Verfahrensbestimmungen.

2. Verfahrenseinleitung

Unbestritten jedenfalls ist, daß in Unterbringungsverfahren die Einleitung des Hauptverfahrens einen Antrag erfordert.[12] Falls demnach das Ersuchen des entscheidungsbefugten Betreuers (bzw. von Vormund, Pfleger oder Eltern(-teilen)) auf Erteilung der Genehmigung der Unterbringungsmaßnahme bei Gericht nicht bereits vorliegt, ist dieser gegebenenfalls zu benachrichtigen, damit er sich mit der - in bezug auf die Unterbringungsmaßnahme - "anregenden" Stelle (Krankenhaus, Arzt,[13] Heim, Angehörige) in Verbindung setzen und eine eigene Entscheidung treffen kann.[14]

Bezüglich der Einleitung des Verfahrens der öffentlichrechtlichen Unterbringung bleibt es hingegen bei den unterschiedlichen Regelungen in den Landesunterbringungsgesetzen,[15] da insoweit noch keine Fragen des gerichtlichen Verfahrens betroffen sind.

3. Zuständigkeit

Für alle in den Anwendungsbereich des § 70 Abs.1 Satz 2 FGG n.F. fallenden Unterbringungsmaßnahmen sind ausschließlich die Amtsgerichte - Abt. Vormund-

---

12 Vgl. insoweit nur *Schmidt/Böcker*, Betreuungsrecht, 2. Aufl. 1993, Rdnr.278; *Zimmermann*, FamRZ 1990, 1318. Allerdings bedarf es hierfür keines "förmlichen" Antrages, mit der Folge, daß das Gericht auch bis zur gesetzlichen Höchstdauer einen längeren Zeitraum genehmigen kann, vgl. dazu *BayObLG*, BtPrax 1994, 98, 99; a.A. *LG Hildesheim*, BtPrax 1993, 210. Siehe außerdem schon oben, sub Kap.2, II 3.

13 Zur Frage der Arzthaftung nach Veranlassung einer - möglicherweise unberechtigten - Unterbringung: *OLG Schleswig*, MedR 1994, 325 ff. m. Problemstellung *Alpers*, a.a.O., S.326.

14 So ausdrücklich *BMJ* (Hrsg.), Leitfaden, 1992, S.58; und auch *Schmidt/Böcker* (Fn.12), Rdnr.279.

15 So kann z.B. in Baden-Württemberg nach § 3 Abs.1 Satz 2 UBG n.F. (Kap.1, Fn.125) sowohl die untere Verwaltungsbehörde als auch der Leiter der anerkannten Einrichtung für den Fall, daß der Betroffene sich bereits dort befindet, als zuständige Behörde einen Unterbringungsantrag stellen. In Brandenburg ist bei Fortgeltung des DDR-EinwG noch das Gesundheitsamt als "Rechtsnachfolger" des früher zuständigen Kreisarztes antragsberechtigt, vgl. dazu *Schmidt/Böcker* (Fn.12), Rdnr.281; und zusätzlich oben, Kap.1, Fn.132.

schaftsgericht[16] nach §§ 70 Abs.1 Satz 3 FGG n.F. i.V.m. § 35 FGG sachlich zuständig,[17] um die nach bisherigem Recht bestehende Spaltung zwischen Vormundschaftsrichter und Unterbringungsrichter zu überwinden, die mit ein Grund für die nicht sachgerechte Entscheidung über den Unterbringungsweg sein konnte.

Funktionell zuständig ist stets der Richter, Art. 104 Abs.2 Satz 1 GG;[18] Unterbringungsangelegenheiten im Sinne des § 70 Abs.1 Satz 2 FGG n.F. sind auf den Rechtspfleger[19] nicht übertragen.

Bei der örtlichen Zuständigkeit ist zwischen zivilrechtlichen und öffentlichrechtlichen Unterbringungsmaßnahmen zu differenzieren. Wenn bereits eine Vormundschaft, Betreuung oder Pflegschaft, deren Aufgabenkreis die Unterbringung umfaßt, bei einem Gericht anhängig ist, so ist dieses auch für die Unterbringungsmaßnahme gemäß § 70 Abs.2 Satz 1 FGG n.F. örtlich zuständig. Anderenfalls richtet sich die Zuständigkeit nach den Regeln des Betreuungsverfahrens (§ 70 Abs.2 Satz 2 i.V.m. §§ 65 Abs.1 bis 3, 65a Abs.1 Satz 1, Abs.2 Satz 1 FGG n.F.).[20]
Bei einer öffentlichrechtlichen Unterbringung ist dagegen das Gericht zuständig, in dessen Bezirk das Bedürfnis der Unterbringung hervortritt, § 70 Abs.5 Satz 1 FGG n.F.[21]

---

16 In den neuen Bundesländern oblag diese Zuständigkeit bis zur entsprechenden Umwandlung der Gerichtsorganisation (am Beispiel Brandenburg: Stichtag 1.12.1993) den Kreisgerichten, vgl. Einigungsvertrag v. 31.8.1990 (BGBl. II S.889, 922), Anlage 1 Kap.III Sachgebiet A Abschnitt III Maßgabe(n) 1 a (1), b (1), e (1).

17 So auch im Landesteil Württemberg: Art. 147 EGBGB, § 36 LFGG i.V.m. § 37 Abs.1 Nr.19 LFGG n.F.

18 Trotz Aufhebung des § 14 Abs.1 Nr.10 RpflG a.F. ist weiterhin auch für die Unterbringung Minderjähriger ein Richtervorbehalt anzunehmen, dazu *MünchKomm-Schwab* (Fn.5), § 1800 Rdnr.33.

19 Siehe insoweit § 3 Nr.2a i.V.m. § 14 Abs.1 Nr.4 RpflG n.F. Fraglich ist allerdings, ob zugleich die sog. "Nebenentscheidungen" dem Richtervorbehalt unterliegen, vgl. dazu *Rink*, R & P 1991, 148; sowie allgemein zur Aufgabenverteilung Richter - Rechtspfleger *Klüsener*, 2. VGT, 1991, S.146 ff.

20 Vgl. im einzelnen *Jürgens/Kröger/Marschner/Winterstein* (Fn.1), Rdnr.530; *Dodegge*, MDR 1992, 440; *Zimmermann*, FamRZ 1990, 1309; und insbesondere zur Möglichkeit der Abgabe *Schmidt/Böcker* (Fn.12), Rdnr.290 ff.; *BMJ* (Fn.13), S.57.

21 Näherhin auch *Schmidt/Böcker* (Fn.12), Rdnr.287 ff.; *Jürgens/Kröger/Marschner/Winterstein* (Fn.1), Rdnr.531; *BMJ* (Fn.13), S.65.

4. Verfahrensfähigkeit

Ohne Rücksicht auf seine Geschäftsfähigkeit ist der Betroffene in allen Verfahren nach §§ 70 ff. FGG n.F. verfahrensfähig, sofern er das 14. Lebensjahr vollendet hat.[22] Daran ändert sich auch nichts, wenn dem Betroffenen ein Verfahrenspfleger bestellt wird.[23]

5. Verfahrenspfleger

Nach § 70b Abs.1 Satz 1 FGG n.F. ist dem Betroffenen ein Verfahrenspfleger zu bestellen, soweit dies zur Wahrnehmung seiner Interessen erforderlich ist.[24] Über diesen allgemeinen Grundsatz hinaus verweist § 70b Abs.1 Satz 2 FGG n.F. auf das Regelbeispiel des § 67 Abs.1 Satz 2 Nr.1 (i.V.m. § 68 Abs.2) FGG n.F., wonach die Bestellung eines Verfahrenspflegers für alle Unterbringungssachen zwingend vorgeschrieben ist, in denen das Gericht auf eine persönliche Anhörung des Betroffenen, sei es wegen Verständigungsunfähigkeit, sei es wegen der Gefahr gesundheitlicher Schäden, verzichtet.[25] Aber auch in sonstigen Fällen wird die Be-

---

22 § 70a FGG n.F.: Maßgebend für diese Regelung waren bestehende Vorschriften für bestimmte Beteiligungen (vgl. etwa §§ 50b, 59 FGG), entsprechende Regelungen in einzelnen Landesgesetzen (z.B. § 15 Abs.1 BlnPsychKG a.F. (Kap.1, Fn.30)) sowie die Linie der Rechtsprechung zur Verfahrensfähigkeit bei Freiheitsentziehungen (siehe beispielsweise *BayObLG*, NJW 1988, 2384 m.w.N.).

23 Dazu im einzelnen *Jürgens/Kröger/Marschner/Winterstein* (Fn.1), Rdnr.343 ff., 533; sowie kritisch *Bienwald*, FamRZ 1992, 1125 f.

24 Die Regelung lehnt sich an § 64b Abs.1 FGG a.F. sowie an § 5 Abs.2 Satz 2 FEVG an. Der *Regierungsentwurf* hatte ursprünglich sogar vorgeschlagen, nur in Ausnahmefällen von der Bestellung eines Verfahrenspflegers abzusehen (BT-Drucks. 11/4528, S.183), wenngleich auch dies schon eine Abschwächung gegenüber der entsprechenden Regelung des BtG-DisKE I beinhaltete, wo noch die "offensichtlich" fehlende Erforderlichkeit vorausgesetzt wurde, vgl. *BMJ* (Hrsg.), BtG-DiskE I, 1987, S.182. Der Gesetzgeber sah allerdings in der jetzigen Fassung der Vorschrift einen ausreichenden Rechtsschutz der Betroffenen, BT-Drucks. 11/4528, S.219, 233 f. und BT-Drucks. 11/6949, S.83 f. Kritisch allerdings *Schumacher*, FamRZ 1991, 282 f., der am Beispiel Bremens (§ 20 PsychKG a.F. (Kap.1, Fn.57)) zu bedenken gibt, daß § 70b Abs.1 FGG n.F. hinter fast allen Landesunterbringungsgesetzen im Hinblick auf die dort vorgesehene obligatorische Beiordnung eines Rechtsanwalts zurückbleibe; ähnlich auch *Jürgens/Kröger/Marschner/Winterstein* (Fn.1), Rdnr.553.

25 Auf der anderen Seite soll nach § 70b Abs.1 Satz 2 i.V.m. § 67 Abs.1 Satz 3 FGG n.F. die Pflegerbestellung unterbleiben oder aufgehoben werden, wenn der Betroffene von einem Rechtsanwalt oder einer anderen geeigneten Person vertreten wird, hierzu näher auch *Bienwald*, FamRZ 1992, 1129 f. Zur weiterführenden Frage, ob auch Fälle denkbar sind, in denen der Betroffene noch zusätzlich einen Verfahrenspfleger benötigt: *Zimmermann*, FamRZ 1990, 1310.

stellung eines Verfahrenspflegers sehr häufig[26] zu bejahen sein, insbesondere wenn der Betroffene angesichts seiner konkreten persönlichen Situation nicht imstande scheint, seine Interessen im Verfahren ausreichend wahrzunehmen.[27]

Für die Auswahl des Verfahrenspflegers dürften in Anbetracht der notwendigen Fachkenntnisse im Unterbringungsverfahren vor allem Rechtsanwälte in Betracht kommen,[28] wobei in der Zwischenzeit allerdings Streit darüber entstanden ist, wie eine solche anwaltliche (Verfahrenspfleger-)Tätigkeit zu vergüten ist. Die in der Literatur und Rechtsprechung vorherrschende Ansicht geht dahin, der sinngemäßen Anwendung des § 112 Abs.4 BRAGO (i.V.m. § 112 Abs.5 BRAGO n.F.) Bedeutung nur noch für die Beiordnung im Wege der Prozeßkostenhilfe (§ 14 FGG i.V.m. §§ 114 ff., 121 ZPO) beizumessen, so daß dem zum Verfahrenspfleger bestellten Rechtsanwalt lediglich Ansprüche auf Aufwendungsersatz oder Vergütung gemäß §§ 1835, 1836 BGB n.F. verbleiben.[29]

Wird die Bestellung des Verfahrenspflegers nicht aufgehoben, endet sie erst mit formeller Rechtskraft der verfahrensabschließenden Entscheidung (§ 70b Abs.3 Nr.1 FGG), d.h. die Pflegerbestellung erfolgt - anders als für die Bestellung des Betreuers (§ 67 Abs.2 FGG n.F.) - nicht für jeden Rechtszug gesondert.[30]

---

26 Daß die Bestellung eines Verfahrenspflegers nach dem Willen des Gesetzgebers auch in Unterbringungsangelegenheiten, in denen der Betroffene persönlich angehört wird, nicht die Ausnahme, sondern die Regel sei, ergebe sich zudem aus § 70b Abs.2 FGG n.F., so instruktiv *Pohl*, BtPrax 1992, 22 f. Zur Begründungspflicht bei Nichtbestellen des Pflegers: *LG Köln*, BtPrax 1992, 74, 75; fernerhin *OLG Schleswig*, FamRZ 1994, 781, 782.

27 Vgl. dazu *Schmidt/Böcker* (Fn.12), Rdnr.299; *Zimmermann*, FamRZ 1990, 1309; und BayObLG, NJW 1990, 774. Die Bestellung eines Verfahrenspflegers wird grds. auch dann erforderlich sein, wenn von der Bekanntgabe der Entscheidungsgründe an den Betroffenen gemäß § 70g Abs.1 Satz 2 FGG n.F. abgesehen werden soll, so auch *MünchKomm-Schwab* (Fn.5), § 1906 Rdnr.39 unter Berufung auf BT-Drucks. 11/4528, S.183; und *Jürgens/Kröger/Marschner/Winterstein* (Fn.1), Rdnr.553.

28 Wie hier *Knittel*, BtG, § 1906 BGB Rdnr.57; *Schmidt/Böcker* (Fn.12), Rdnr.299, 301a; *Jürgens/Kröger/Marschner/Winterstein* (Fn.1), Rdnr. 554; *LG Oldenburg*, BtPrax 1993, 34, 35.

29 Näher zum strittigen Gesamtkomplex: *Klüsener*, FamRZ 1994, 487 ff.; *Kirsch*, Rpfleger 1994, 242 ff.; *v.Eicken/Madert*, NJW 1994, 171; *Bühler*, BWNotZ 1993, 115; *Mümmler*, JurBüro 1993, 202 f.; *Schlöpke*, Rpfleger 1993, 435 ff.; *Dodegge*, NJW 1994, 2392; *ders.*, NJW 1993, 2360 f.; sowie mit ausführlicher Dokumentation des Streitstandes *LG Osnabrück*, Rpfleger 1993, 399 ff. Zur allgemeinen Stellung des Verfahrenspflegers und über das Verhältnis von Pfleger und Betreuer vgl. im übrigen *Zimmermann*, FamRZ 1990, 1310; und *Bienwald*, RsDE 7/1989, 33 ff.

30 Vgl. im einzelnen *Schmidt/Böcker* (Fn.12), Rdnr.301; *Pohl*, BtPrax 1992, 59 f.; *Zimmermann*, FamRZ 1990, 1310.

6. Anhörungen

a) Anhörung des Betroffenen

Die Anhörung des Betroffenen ist in überwiegender Anlehnung an § 68 FGG n.F. in § 70c FGG n.F. geregelt. Die Vorschrift will den Rechtsgarantien der Art. 103 Abs.1, 104 Abs.1 GG Rechnung tragen. Im Vordergrund stehen die Anhörung des Betroffenen und die Verpflichtung des Gerichts, sich vor Erlaß einer Unterbringungsmaßnahme einen unmittelbaren Eindruck von ihm zu verschaffen, und zwar regelmäßig in der üblichen Umgebung des Betroffenen (§ 70c Satz 1 und Satz 2 FGG n.F.).[31] Insbesondere letzteres stellt eine herausragende Neuerung des BtG dar. Sie fußt auf der Erfahrung, daß oft erst in der üblichen Umgebung des Betroffenen[32] wichtige Erkenntnisse zu erlangen sind.

Damit sich der erkennende Richter ein eigenes Bild machen kann, "sollen" des weiteren beide Verfahrenshandlungen nach § 70c Satz 4 FGG n.F. "nicht" durch einen ersuchten Richter erfolgen. Die verhältnismäßig unverbindliche Formulierung des Gesetzes gegenüber der Regelung des Betreuungsverfahrens in § 68 Abs.1 Satz 4 FGG n.F.[33] mutet allerdings unverständlich an, wenn man bedenkt, daß doch die Unterbringung eine viel einschneidendere Maßnahme als die Bestellung eines Betreuers ist. Hinzu kommt, daß der Gesetzgeber mit dieser Regelung sogar hinter derjenigen in § 64a Abs.1 Satz 3 FGG a.F. zurückbleibt, wonach bei der zivilrechtlichen Unterbringung Anhörungen nicht durch einen ersuchten Richter erfolgen durften.[34] Im Hinblick auf das Gebot der Sachaufklärung gemäß § 12 FGG wird man deshalb die persönliche Anhörung durch den Rechtshilfe-Richter unter

---

31 Ausführlich zu Ort und Inhalt der Anhörung sowie zur Hinzuziehung weiterer Personen: *Coeppicus*, FamRZ 1992, 16 ff.; *ders.*, FamRZ 1991, 892 ff., *Zimmermann*, FamRZ 1990, 1310 f.; sowie *MünchKomm-Schwab* (Fn.5), § 1906 Rdnr.44 ff.

32 Dies wird häufig auch die Einrichtung selbst sein, vgl. im einzelnen *Jürgens/Kröger/Marschner/Winterstein* (Fn.1), Rdnr.543; und allgemein BT-Drucks. 11/4528, S.172, 184.

33 Nach § 68 Abs.1 Satz 4 FGG n.F. können Anhörungen im Wege der Rechtshilfe nur in seltenen Ausnahmefällen für zulässig erachtet werden, vgl. auch dazu noch kritisch *Coeppicus*, FamRZ 1992, 22 f.

34 Vgl. insoweit auch noch die entsprechende Regelung im BtG-DiskE I (§ 70c Satz 2 i.V.m. § 68 Abs.1 Satz 4), *BMJ* (Fn.24), S.8, 13.

Berücksichtung der Schwere des bevorstehenden Eingriffs auf weniger gravierende Ausnahmefälle beschränken müssen.[35]

Wiederum als Fortschritt der früheren Gesetzeslage[36] ist zu begrüßen, daß sich das Gericht im Unterbringungsverfahren selbst dann einen persönlichen Eindruck von dem Betroffenen zu verschaffen hat, d.h. ihn sehen muß, wenn eine Anhörung nach § 70c Satz 5 i.V.m. § 68 Abs.2 FGG n.F. unterbleiben kann.[37] Nicht zuletzt damit soll das Gericht auch in die Lage versetzt werden, seine Kontrollfunktion gegenüber dem Sachverständigen und dem Betreuer wahrzunehmen.[38]

Wenn sich der Betroffene weigert, bei den Verfahrenshandlungen im Sinne von § 70c Satz 1 FGG n.F. mitzuwirken, kann das Gericht ihn zur Durchführung derselben durch die zuständige Behörde[39] - und nicht etwa mehr durch den Gerichtsvollzieher oder die Polizei (§ 64a Abs.3 FGG a.F.) - nach § 70c Satz 5 i.V.m. § 68 Abs.3 FGG n.F. vorführen lassen.

b) Beteiligung Dritter

Weitergehend als im Verfahren der Bestellung eines Betreuers ist das Gericht nach § 70d FGG n.F. gehalten, im Vorfeld einer Unterbringungsmaßnahme bestimmten Personen (ggf. Ehegatte, Eltern, Kinder, Betreuer, Vertrauensperson, Anstaltsleiter) bzw. Behörden[40] Gelegenheit zur Äußerung zu geben. Die Vorschrift dient insgesamt dem Zweck, wegen der Tragweite der Unterbringungsentscheidung möglichst umfassende Informationen als Entscheidungsgrundlage zu erhalten. An-

---

35 So auch *Knittel* (Fn.28), § 1906 BGB Rdnr.58; *MünchKomm-Schwab* (Fn.5), § 1906 Rdnr.43; sowie ähnlich *Schmidt/Böcker* (Fn.12), Rdnr.305; *Zimmermann*, FamRZ 1990, 1310.

36 § 64a Abs.4 FGG a.F., hierzu außerdem *Schumacher/Jürgens*, R & P 2/1988, 12.

37 Dies ergibt sich aus dem Zusammenhang mit § 68 Abs.1 FGG n.F. Kritisch allerdings zu dieser Möglichkeit überhaupt *Schumacher*, FamRZ 1991, 283 f.; und schon *Schumacher/Jürgens*, R & P 2/1988, 12.

38 Vgl. dazu *Jürgens/Kröger/Marschner/Winterstein* (Fn.1), Rdnr.544; *BMJ* (Fn.13), S.60; und allgemein zum hohen Stellenwert dieser Maxime *BVerfG*, R & P 1990, 173, 174.

39 Zuständige Behörde ist je nach Art der Unterbringung das Jugendamt bei Minderjährigen (§§ 50 Abs.1 KJHG, 49 Abs.1 Nr.1d FGG), die Betreuungsbehörde bei Betreuten (§ 1 Satz 2 BtBG) sowie für öffentlichrechtliche Unterbringungsmaßnahmen die jeweilige Behörde nach den Landesgesetzen über die Unterbringung psychisch Kranker, näheres bei *Zimmermann*, FamRZ 1990, 1311; sowie BT-Drucks. 11/4258, S.172 f., 184.

40 Siehe oben, Fn.39.

gesichts oft unzureichender Ermittlungen der Gerichte in der Vergangenheit dürfte es sich auch hier um eine wichtige Ergänzung im Verfahrensrecht handeln.[41]

7. Sachverständigengutachten

Hinsichtlich der Einholung eines Sachverständigengutachtens durch das Gericht ist zwischen der freiheitsentziehenden Unterbringung im Sinne von § 70 Abs.1 Satz 2 Nr.1 und 3 FGG n.F. einerseits und Unterbringungsmaßnahmen nach § 70 Abs.1 Satz 2 Nr.2 FGG n.F. andererseits zu differenzieren.

Vor der Entscheidung über eine Unterbringungsmaßnahme im erstgenannten Sinne ist es nach § 70e Abs.1 Satz 1 FGG n.F. unerläßlich, das Gutachten eines Sachverständigen einzuholen, der den Betroffenen persönlich untersucht oder befragt haben muß.[42] Dabei kann das Gericht anordnen, daß der Betroffene zur Vorbereitung eines solchen Gutachtens von der zuständigen Behörde[43] gemäß § 70e Abs.2 i.V.m. § 68b Abs.3 Satz 1 FGG n.F. zur Untersuchung vorgeführt wird, wenn er sich einer freiwilligen Begutachtung entzieht. Unter Umständen kann darüber hinaus auch nach Anhörung des Betroffenen und eines Sachverständigen für einen fest begrenzten Zeitraum eine Unterbringung und Beobachtung zur Vorbereitung eines Sachverständigengutachtens angeordnet werden.[44] Zur Qualifikation des auszuwählenden Sachverständigen bestimmt § 70e Abs.1 Satz 2 FGG n.F., daß es in der

---

41 Vgl. im einzelnen *Schmidt/Böcker* (Fn.12), Rdnr.302 ff.; *MünchKomm-Schwab* (Fn.5), § 1906 Rdnr.57 ff.; und *Zimmermann*, FamRZ 1990, 1311 f.

42 Damit sind Gutachten nach Aktenlage ausgeschlossen. Auch kann die Heranziehung des Sachverständigen bei der persönlichen Anörung des Betroffenen (§ 70c Satz 5 i.V.m. § 68 Abs.4 Satz 1 FGG n.F.) nicht die persönliche Untersuchung ersetzen. Zu den inhaltlichen Anforderungen bzw. den "Beweisthemen" des Gutachtens vgl. im einzelnen *Jürgens/Kröger/Marschner/Winterstein* (Fn.1), Rdnr.549; *MünchKomm-Schwab* (Fn.5), § 1906 Rdnr.51; *Zimmermann*, FamRZ 1990, 1312 f.; sowie auch *VGT e.V.* (Hrsg.), 2. VGT, 1991, AG 4, S.77, These 9. Siehe im übrigen zur Form der Bekanntgabe des Sachverständigengutachtens an den Betroffenen und Verfahrenspfleger *Knittel* (Fn.28), § 1906 BGB Rdnr.59; sowie *BayObLG*, FamRZ 1993, 998, 999.

43 Vgl. oben, sub Fn.39.

44 Rechtsgrundlage für diese sog. "Gutachtenunterbringung" ist § 70e Abs.2 i.V.m. § 68b Abs.4 FGG n.F. Mit der ausdrücklichen Pflicht zur Anhörung des Betroffenen wird dabei eine verfahrensrechtliche "Lücke", die der bisherigen Regelung in § 64c Abs.2 Satz 2 FGG a.F. anhaftete, geschlossen. Vgl. zum Ganzen auch *BMJ* (Fn.13), S.61; *MünchKomm-Schwab* (Fn.5), § 1906 Rdnr.52; sowie kritisch *Pardey*, Betreuung Volljähriger: Hilfe oder Eingriff, 1989, S.176 f.

Regel ein Facharzt für Psychiatrie sein soll, auf jeden Fall aber ein Arzt mit Erfahrung auf dem Gebiet der Psychiatrie.[45]

Geht es dagegen "nur" um eine unterbringungsähnliche Maßnahme nach § 1906 Abs.4 BGB n.F., genügt ein ärztliches Zeugnis gemäß § 70e Abs.1 Satz 3 FGG n.F.[46] Damit entfällt sowohl die obligatorische Festlegung auf den Arzt einer bestimmten Fachrichtung als auch die Pflicht zur persönlichen Untersuchung des Betroffenen durch den Sachverständigen.[47] Der Grundsatz der Amtsermittlung nach § 12 FGG kann allerdings das Gericht im Einzelfall dazu veranlassen, über den Gesetzeswortlaut hinausgehende Anforderungen an die Qualifikation des Arztes und an Art und Umfang seiner Äußerung[48] zu stellen.[49]

8. Die gerichtliche Unterbringungsentscheidung

Wie schon oben dargestellt,[50] handelt es sich bei der richterlichen Entscheidung über die zivilrechtliche Unterbringung um die Genehmigung einer vom Betreuer (bzw. Vormund, Pfleger oder Eltern(-teilen)) beabsichtigten Maßnahme kraft einer ihm zustehenden Befugnis zur Vornahme derselben. Im Regelfall ordnet der Rich-

---

45 Dies entspricht auch schon der bisherigen Rechtsprechung, vgl. nur *BayObLGZ*, 1986, 214, 217f. Aus § 12 FGG kann sich freilich ergeben, daß das Gericht weitere Sachverständige zu bestellen hat, wenn dies für die Unterbringungsentscheidung erforderlich ist, wie etwa ein Sozialgutachten bei der Unterbringung Suchtkranker, siehe hierzu *VGT e.V.* (Fn.42), AG 7, S.110, These 8; und allgemein *Jürgens/Kröger/Marschner/Winterstein* (Fn.1), Rdnr.550; *Marschner*, 1. VGT, 1989, S.80 f., These 9; *Konrad*, R & P 1992, 2; BT-Drucks. 11/4528, S.184.

46 Die jetzige Gesetzesfassung entspricht einem Vorschlag der BReg (BT-Drucks. 11/4528, S.234), durch den einem Anliegen des Bundesrates Rechnung getragen wurde (BT-Drucks. 11/4528, S.219). Der ursprüngliche *Regierungsentwurf* (BT-Drucks. 11/4528, S.184) hatte auch bei Maßnahmen nach § 1906 Abs.4 BGB n.F. noch die Einholung eines Sachverständigengutachtens vorgesehen. Der Antrag der Fraktion DIE GRÜNEN, die Fassung des *Regierungsentwurfes* wieder zu übernehmen, ist allerdings vom Rechtsausschuß nicht aufgegriffen worden: BT-Drucks. 11/6949, S.84.

47 Zu beidem kritisch *Schumacher*, FamRZ 1991, 284; und *MünchKomm-Schwab* (Fn.5), § 1906 Rdnr.53, 55.

48 Zu den Mindestanforderungen eines ärztlichen Zeugnisses: *VGT e.V.* (Fn.42), AG 4, S.74, 77, These 9 u. AG 10, S.164, 167, These 10; *LG Hildesheim*, BtPrax 1993, 210, 211.

49 Wie hier *Knittel* (Fn.28), § 1906 BGB Rdnr.59; *Schmidt/Böcker* (Fn.12), Rdnr.296; *Jürgens/Kröger/Marschner/Winterstein* (Fn.1), Rdnr.551; *Dodegge*, MDR 1992, 440; *Rink*, R & P 1991, 152.

50 Sub Kap.2, II 3.

ter die Unterbringung nicht selbst an.[51] Demgegenüber setzt die öffentlichrechtliche Unterbringung nicht voraus, daß für den Betroffenen ein gesetzlicher Vertreter bestellt ist. Folgerichtig ordnet sie der Richter unter bestimmten Voraussetzungen auch selbst an, er genehmigt sie nicht nur.

a) Inhalt

§ 70f FGG n.F. stellt nun bestimmte Anforderungen an den Inhalt der Entscheidung, durch die eine zivilrechtliche oder öffentlichrechtliche Maßnahme getroffen wird.

Für die zivilrechtliche Unterbringung bedeutet dies zunächst eine Verbesserung des Verfahrensstandards gegenüber § 64d FGG a.F., da nunmehr auch für die Unterbringungsentscheidung - abgesehen von Art. 19 Abs.4 Satz 1 GG - eine Rechtsmittelbelehrung gemäß § 70f Abs.1 Nr.4 FGG n.F. zwingend vorgeschrieben ist.[52] Darüber hinaus muß der Beschluß, mit dem die Unterbringung oder eine unterbringungsähnliche Maßnahme genehmigt wird, außer der Bezeichnung des Betroffenen (§ 70f Abs.1 Nr.1 FGG n.F.) die nähere Umschreibung der Unterbringungsmaßnahme enthalten (§ 70f Abs.1 Nr.2 FGG n.F.) und den Zeitpunkt bestimmen, an dem die Unterbringungsmaßnahme spätestens endet (§ 70f Abs.1 Nr.3 FGG n.F.). Bei freiheitsentziehenden Unterbringungen nach § 1906 Abs.1 BGB n.F. (bzw. §§ 1631b, 1705 Satz 2, 1800, 1915 Abs.1 BGB) hat sich allerdings die Genehmigung nur auf eine bestimmte Unterbringungsart (psychiatrisches Krankenhaus, Klinik für Suchtkranke etc.) zu beziehen, nicht dagegen auf eine konkrete Einrichtung, weil deren Auswahl allein dem Betreuer (Vormund, Pfleger oder den Eltern(-teilen)) obliegt.[53] Bei Fällen des § 1906 Abs.4 BGB n.F. ist die Maßnahme dagegen so genau wie möglich anzugeben, insbe-

---

51 Die Unterbringungsgenehmigung darf auch nicht als Druckmittel benutzt werden, vgl. dazu *BayObLG*, FamRZ 1993, 998, 999.

52 Siehe hierzu auch *Jürgens/Kröger/Marschner/Winterstein* (Fn.1), Rdnr.538; und *Zimmermann*, FamRZ 1990, 1314.

53 So auch *Palandt-Diederichsen*, BGB, 53. Aufl. 1994, § 1906 Rdnr.7; *MünchKomm-Schwab* (Fn.5), § 1906 Rdnr.64; *Zimmermann*, FamRZ 1990, 1313; *BayObLG*, FamRZ 1994, 320, 322; FamRZ 1993, 600; FamRZ 1992, 105, 106; und bereits oben, Kap.2, Fn.438.

sondere in örtlicher und zeitlicher Hinsicht.[54] Was die Dauer der Unterbringungsgenehmigung anbelangt, darf sie höchstens[55] für ein Jahr, bei "offensichtlich langer Dauer der Unterbringungsbedürftigkeit"[56] für zwei Jahre ausgesprochen werden. Dies entbindet den Richter freilich nicht von der Pflicht, im Einzelfall und unter Berücksichtigung der konkreten Umstände entprechend kürzere Zeiträume als Höchstdauer festzusetzen.[57]

Letzteres dürfte in besonderem Maße anläßlich einer öffentlichrechtlichen Unterbringungsmaßnahme zum Tragen kommen, wenn man sich hierbei den von der zivilrechtlichen Unterbringung unterschiedlichen Ansatzpunkt im Sinn von Gefahrenabwehr und Krisenintervention vor Augen hält.[58]

b) Bekanntmachung und Wirksamkeit

Eine spezielle Regelung, wem Entscheidungen in Unterbringungssachen bekanntzumachen sind, enthält § 70g FGG n.F. in Abs.1 und 2. Danach ist die vollständige Entscheidung dem Betroffenen stets selbst bekanntzumachen,[59] die stattgebende Entscheidung ferner den in § 70d FGG n.F. genannten Personen und Stellen sowie dem Leiter der Einrichtung, in welcher der Betroffene untergebracht werden soll.[60]

---

54 Dazu im einzelnen *Knittel* (Fn.28), § 1906 BGB Rdnr.61; *Bienwald* (Fn.2), Teil 1, § 1906 BGB Rdnr.77; *VGT e.V.* (Fn.42), AG 4, S.77, These 11; BT-Drucks. 11/4528, S.184 f.; und auch *BayObLG*, BtPrax 1993, 139, 140.

55 Zur Berechnung der Höchstdauer insbesondere *Zimmermann*, FamRZ 1990, 1313.

56 Zu derart schweren Fällen *Schmidt/Böcker* (Fn.12), Rdnr.311; *Dodegge*, MDR 1992, 441.

57 So ausdrücklich *Jürgens/Kröger/Marschner/Winterstein* (Fn.1), Rdnr.539.

58 Näheres bei *Jürgens/Kröger/Marschner/Winterstein* (Fn.1), Rdnr.540; *Kemper*, FuR 1992, 264 f.; *LG Berlin*, BtPrax 1992, 71, 73 m. Anm. *Marschner*, a.a.O. S.74. Empirische Belege zur tatsächlichen Verweildauer bei einer öffentlichrechtlichen Unterbringung finden sich bei *Waller* (Hrsg.), Zwangseinweisung in der Psychiatrie, 1982, S.145 ff.; und *Marschner*, Psychische Krankheit und Freiheitsentziehung, 1985, S.16 f.

59 Darüber hinaus ist die Enscheidung selbstverständlich auch stets dem Verfahrenspfleger bzw. dem Verfahrensbevollmächtigten bekanntzumachen, vgl. BT-Drucks. 11/4528, S.185. Zur Frage des Absehens der Bekanntgabe der Entscheidungsgründe an den Betroffenen: 70g Abs.1 Satz 2 FGG n.F. (vgl. insoweit auch schon § 64e Satz 1 und 2 FGG a.F.).

60 Zu weiteren Einzelheiten *Knittel* (Fn.28), § 1906 BGB Rdnr.62; *Schmidt/Böcker* (Fn.12), Rdnr.312; *MünchKomm-Schwab* (Fn.5), § 1906 Rdnr.65; *Jürgens/Kröger/Marschner/Winterstein* (Fn.1), Rdnr.541; und *Zimmermann*, FamRZ 1990, 1314.

Wirksam wird eine Entscheidung, durch die eine Unterbringungsmaßnahme getroffen oder abgelehnt wird, gemäß § 70g Abs.3 Satz 1 FGG n.F. grundsätzlich erst mit (formeller) Rechtskraft, d.h. mit fruchtlosem Ablauf der Beschwerdefrist für alle Beschwerdeberechtigten (§§ 70m FGG n.F., 22 FGG). In dringenden Fällen besteht für das Gericht jedoch die Möglichkeit, die sofortige Wirksamkeit anzuordnen; dann tritt die Wirksamkeit mit Übergabe der Entscheidung an die Geschäftsstelle des Gerichts zur Bekanntmachung ein, § 70g Abs.3 Satz 2 und 3 FGG n.F.[61] In diesem Fall dürfte es ferner zweckmäßig sein,[62] wenn nicht sogar die Pflicht für den Richter oder den Geschäftsstellenbeamten besteht,[63] den Zeitpunkt der Übergabe an die Geschäftsstelle auf der Entscheidung zu vermerken.

c) Durchführung der Unterbringung

Dem dringenden Bedürfnis der Praxis, daß der gesetzliche Vertreter bei der Durchführung der zivilrechtlichen Unterbringung im Sinne von § 70 Abs.1 Satz 2 Nr.1 FGG n.F. eine Anlaufstelle[64] erhält, an die er sich mit dem Wunsch um Unterstützung bei der Unterbringung wenden kann, trägt nunmehr § 70g Abs.5 Satz 1 FGG n.F. Rechnung,[65] der für solche Fälle eine Rechtsgrundlage auch im Hinblick auf die Ausübung von Gewalt (§ 70g Abs.5 Satz 2 und 3 FGG n.F. i.V.m. § 33 Abs.2 FGG) schafft.[66]

---

61 Die mündliche Bekanntgabe an den Betroffenen oder den Betreuer reicht noch nicht aus, vgl. dazu näher vor allem *Rink*, FamRZ 1992, 1011 ff.; kritisch hierzu *Coeppicus*, BtPrax 1994, 128 ff. Die Gesamtregelung des § 70g Abs.3 FGG n.F. wurde dabei anscheinend den §§ 64h Abs.1, 64f Abs.3 FGG a.F. inhaltlich nachgebildet, siehe allgemein auch *Knittel* (Fn.28), § 1906 BGB Rdnr.62.

62 So *BMJ* (Fn.13), S.62.

63 *Zimmermann*, FamRZ 1990, 1313, will insoweit § 69a Abs.3 Satz 3 FGG n.F. analog anwenden; dem folgend auch *Rink*, FamRZ 1992, 1013.

64 Zur zuständigen Behörde in ihrer Eigenschaft hier als Vollstreckungshilfebehörde siehe bereits oben, sub Fn.39.

65 Die Vollziehung der öffentlichrechtlichen Unterbringung richtet sich nach den Landesgesetzen, vgl. etwa Art. 8 BayUnterbrG n.F. (Kap.1, Fn.126) und § 9 SaarlUBG n.F. (Kap.1, Fn.127). Nicht anwendbar ist § 70g Abs.5 FGG n.F. auch für unterbringungsähnliche Maßnahmen nach § 1906 Abs.4 BGB n.F., da davon auszugehen ist, daß sich der Betroffene bereits in der Einrichtung befindet, so auch *Jürgens/Kröger/Marschner/Winterstein* (Fn.1), Rdnr.572.

66 Die Einschaltung des Gerichtsvollziehers kommt dabei nicht mehr in Betracht, vgl. im einzelnen *MünchKomm-Schwab* (Fn.5), § 1906 Rdnr.67; kritisch dagegen allgemein *Pardey* (Fn.44), S.178 f.

9. Beendigung und Verlängerung der Unterbringungsmaßnahme

Die Unterbringungsmaßnahme ist losgelöst vom Fristablauf[67] zu beenden, wenn die materiellrechtlichen Voraussetzungen für sie nicht mehr vorliegen, wobei dieser an sich selbstverständliche Grundsatz sowohl im materiellen Recht in § 1906 Abs.3 BGB n.F. als auch im Verfahrensrecht in § 70i Abs.1 FGG n.F. jetzt ausdrücklich festgeschrieben ist.[68]

Was freiheitsentziehende Maßnahmen nach § 1906 Abs.1 und Abs.4 BGB n.F. angeht, legt § 1906 Abs.3 Satz 1 BGB n.F. demnach die Verpflichtung des Betreuers[69] fest, die Entlassung des Betroffenen bzw. die Beendigung der Maßnahme zu betreiben, wenn die Voraussetzungen hierfür entfallen sind.[70] Ebenso hat das Vormundschaftsgericht die erteilte Genehmigung von Amts wegen - notfalls auch gegen den Willen des Betreuers - nach § 70i Abs.1 Satz 1 FGG n.F. aufzuheben. Ob eine Flucht oder ein sonstiges eigenmächtiges Verlassen der Einrichtung durch den Betroffenen zu einem Verbrauch der Genehmigung führt, wird nicht einhellig beantwortet.[71] Gleiches gilt für die Frage, ob auch eine probeweise oder vorläufige Entlassung in Anlehnung an einschlägige Bestimmungen des öffentlichrechtlichen

---

67 Zur Beendigung durch Fristablauf: *Jürgens/Kröger/Marschner/Winterstein* (Fn.1), Rdnr.573.

68 Im Gegensatz zu § 1906 Abs.3 BGB n.F. erstreckt sich dabei § 70i Abs.1 FGG n.F. auf alle Unterbringungsmaßnahmen nach § 70 Abs.1 Satz 2 FGG n.F., vgl. auch *LG Berlin*, BtPrax 1992, 71, 72.

69 Die Pflicht zur Beendigung trifft daneben in gleicher Weise die Einrichtung, BT-Drucks. 11/4528, S.148. Diese kann die Fortführung nicht erzwingen, sondern höchstens das Vormundschaftsgericht benachrichtigen, damit dieses sich im Wege der Aufsicht der Angelegenheit annimmt, § 1837 Abs.2 i.V.m. § 1908i Abs.1 Satz 1 BGB n.F. Siehe außerdem schon oben, Kap.2, Fn.281. Im übrigen steht zu erwarten, daß die Regelung des § 1906 Abs.3 BGB n.F. auch auf die zivilrechtliche Unterbringung Minderjähriger zurückstrahlt, dazu näher - in bezug auf § 1906 Abs.1 BGB n.F. - schon oben, Kap.2, II 2 b.

70 Einer Einschaltung des Gerichts bedarf es hierzu nicht, dem Betreuer obliegt lediglich eine Anzeigepflicht nach § 1906 Abs.3 Satz 2 BGB n.F. In diesem Fall kann aber auch eine ausdrückliche Aufhebung der Genehmigung sinnvoll sein, um dem Betreuer die Möglichkeit, erneut von dieser - ohne gerichtliche Überprüfung - Gebrauch machen zu können, abzuschneiden, dazu auch *Knittel* (Fn.28), § 1906 BGB Rdnr.30; *Palandt-Diederichsen* (Fn.53), § 1906 Rdnr.11; *Jürgens/Kröger/Marschner/Winterstein* (Fn.1), Rdnr.577; und BT-Drucks. 11/4528, S.148.

71 Kein Erlöschen der Genehmigung: *Knittel* (Fn.28), § 1906 BGB Rdnr.29; *Erman-Holzhauer*, BGB, 2.Bd., 9. Aufl. 1993, § 1906 Rdnr.85; *Jürgens/Kröger/Marschner/Winterstein* (Fn.1), Rdnr.577. Dagegen a.A. bei ungewisser Rückkehr des Betroffenen: *Keidel/Kuntze/Winkler* (Fn.2), § 70g Rdnr.14 m.w.N.

Unterbringungsrechts[72] im Rahmen einer zivilrechtlichen Unterbringung gehandhabt werden kann.[73]

Vor der amtswegigen Aufhebung einer Unterbringungsmaßnahme nach § 70 Abs.1 Satz 2 Nr.3 FGG n.F. ist der nach Landesrecht zuständigen Behörde grundsätzlich noch Gelegenheit zur Äußerung zu geben, § 70i Abs.1 Satz 2 FGG n.F.[74] Außerdem ist allein für die öffentlichrechtliche Unterbringung fortan bundeseinheitlich geregelt, daß das Gericht die Vollziehung der Unterbringung - u.U. verbunden mit Auflagen - gemäß § 70k Abs.1 FGG n.F. aussetzen kann.[75]

Soll eine Unterbringungsmaßnahme verlängert werden, gelten nach § 70i Abs.2 Satz 1 FGG n.F. die Verfahrensvorschriften der §§ 70 ff. FGG n.F. für die Verlängerung entsprechend. Als Modifikation - und gleichzeitig gedacht als Stärkung der Rechtsposition des Betroffenen - ist dabei zu beachten, daß längerfristig Untergebrachte in aller Regel nach Ablauf von 4 Jahren von einem neuen Sachverständigen zu begutachten sind.[76]

10. Rechtsmittelverfahren

Welche Rechtsmittel gegen Entscheidungen des Vormundschaftsgerichts in Unterbringungssachen statthaft sind, ergibt sich aus §§ 19, 22 FGG, 70m FGG n.F. Bezogen auf das Regelverfahren der Unterbringung bedeutet dies, daß Entscheidungen, durch die eine endgültige Unterbringungsmaßnahme getroffen oder abgelehnt

---

72 Vgl. etwa § 27 PsychKG LSA (Kap.1, Fn.128).

73 Befürwortend: *Knittel* (Fn.28), § 1906 BGB Rdnr.29; *Bienwald* (Fn.2), Teil 1, § 1906 BGB Rdnr.61; *Erman-Holzhauer* (Fn.71), § 1906 Rdnr.85. Ablehnend: *Jürgens/Kröger/Marschner/Winterstein* (Fn.1), Rdnr.577 unter Berufung auf BT-Drucks. 11/4528, S.148.

74 Dazu näher *Jürgens/Kröger/Marschner/Winterstein* (Fn.1), Rdnr.578; und *Schmidt/Böcker* (Fn.12), Rdnr.338.

75 Vgl. im einzelnen *Jürgens/Kröger/Marschner/Winterstein* (Fn.1), Rdnr.579; *Schmidt/Böcker* (Fn.12), Rdnr.339 ff.; sowie *BayObLGZ* 1993, 368 ff.; *OLG Frankfurt/M.*, FamRZ 1992, 1472, 1473.

76 § 70i Abs.2 Satz 2 FGG n.F., hierzu näherhin *Schmidt/Böcker* (Fn.12), Rdnr.334 ff.; *MünchKomm-Schwab* (Fn.5), § 1906 Rdnr.69; *Jürgens/Kröger/Marschner/Winterstein* (Fn.1), Rdnr.574; *Foerster*, MedR 1991, 183; und *BayObLG*, FamRZ 1994, 320, 321.

wird, mit der sofortigen Beschwerde anfechtbar sind.[77] Gleiches gilt für die Entscheidungen, durch die eine Unterbringungsmaßnahme verlängert oder dies abgelehnt wird.[78] Die übrigen Entscheidungen sind mit einfacher Beschwerde nach § 19 Abs.1 FGG anfechtbar,[79] vereinzelt auch unanfechtbar.[80] Das Verfahren der weiteren Beschwerde sowie weiteren sofortigen Beschwerde (§§ 27, 29 FGG) folgt allgemeinen Grundsätzen des FGG.[81]

Aus § 20 Abs.1 FGG ergibt sich die Beschwerdebefugnis des Betroffenen sowie einer jeden Person oder Stelle, deren Antrag oder Anregung mit der erlassenen Entscheidung nicht entsprochen wurde.[82] Nach § 70m Abs.2 FGG n.F. steht darüber hinaus ein Beschwerderecht den in § 70d FGG benannten Personen und Stellen zu.[83]

Für das Beschwerdeverfahren verweist § 70m Abs.3 auf die Vorschrift des § 69g Abs.5 FGG n.F., die klarstellt, daß die Verfahrensgarantien des ersten Rechtszuges auch im Beschwerdeverfahren zu beachten sind. Vor allem hat das Beschwerdegericht in aller Regel den Betroffenen erneut persönlich anzuhören und sich einen unmittelbaren Eindruck von ihm zu verschaffen.[84]

---

77 § 70m Abs.1 i.V.m. § 70g Abs.3 Satz 1 FGG n.F. Trotz Ablehnung einer Unterbringungsgenehmigung kann (auch) der Betroffene beschwerdeberechtigt sein, vgl. dazu *OLG Hamm*, BtPrax 1994, 32, 33.

78 § 70i Abs.2 Satz 1 i.V.m. §§ 70g Abs.3 Satz 1, 70m Abs.1 FGG n.F.

79 So etwa die Bestellung oder Ablehnung der Bestellung eines Verfahrenspflegers.

80 Wie z.B. die Anordnung der Vorführung beim Sachverständigen, § 70e Abs.2 i.V.m. § 68b Abs.3 Satz 2 und Abs.4 Satz 5 FGG n.F.

81 Siehe ausführlich zur Art des Rechtsmittels *Zimmermann*, FamRZ 1990, 1315 f., 1318. Zur Unzulässigkeit der sofortigen weiteren Beschwerde nach Erledigung der Hauptsache: *KG*, BtPrax 1993, 33 f. m.w.N.

82 Zum unabhängigen Beschwerderecht auch des Verfahrenspflegers: *MünchKomm-Schwab* (Fn.5), § 1906 Rdnr.79; *Zimmermann*, FamRZ 1990, 1316; BT-Drucks. 11/4528, S.187; sowie im übrigen *LG Berlin*, BtPrax 1992, 71 f.

83 Dazu im einzelnen *Jürgens/Kröger/Marschner/Winterstein* (Fn.1), Rdnr.569; *Knittel* (Fn.28), § 1906 BGB Rdnr.73; BT-Drucks. 11/4528, S.187.

84 Ausführlich zum Beschwerdeverfahren: *Zimmermann*, FamRZ 1990, 1316 ff.; *Knittel* (Fn.28), § 1906 BGB Rdnr.74 ff.; und *MünchKomm-Schwab* (Fn.5), § 1906 Rdnr.84 ff. Zur Möglichkeit des Absehens von der (wiederholten) persönlichen Anhörung nach § 70m Abs.3 i.V.m. § 69g Abs.5 Satz 3 FGG n.F. siehe auch *BayObLG*, FamRZ 1993, 998, 999; FamRZ 1993, 600.

II. Vorläufige Maßnahmen

In der Praxis wird es nicht selten vorkommen, daß ein Betroffener schnellstens untergebracht oder einer unterbringungsähnliche Maßnahme unterzogen werden muß, um eine Gefahr von ihm abzuwenden.[85] Dabei sollen in der Folge die verschiedenen Möglichkeiten aufgezeigt werden, die das Gesetz für Eilfälle zur Verfügung stellt.

1. Die vorläufigen gerichtlichen Unterbringungsmaßnahmen

a) Eilverfahren gemäß § 70h FGG n.F.

Nach § 70h FGG n.F. kann durch einstweilige Anordnung des Vormundschaftsgerichts sowohl eine zivilrechtliche als auch eine öffentlichrechtliche vorläufige Unterbringungsmaßnahme getroffen werden.[86] Abgelöst werden damit nicht nur die §§ 64f, 64g FGG a.F., sondern auch die entsprechenden Vorschriften über die vorläufigen gerichtlichen Unterbringungsmaßnahmen in den Landesgesetzen. Unberührt bleiben allerdings die in den Unterbringungsgesetzen der Bundesländer geregelten (und aufgrund der Gesetzgebungszuständigkeit nur dort regelbaren) behördlichen sowie polizeirechtlichen Eingriffsbefugnisse im Sinn einer sofortigen Unterbringung.[87]

Die Voraussetzungen für den Erlaß einer solchen Maßnahme werden gemäß § 70h Abs.1 Satz 2 FGG n.F. unter Bezugnahme auf 69f Abs.1 FGG n.F. geregelt. Dies setzt dringende Gründe für die Annahme voraus, daß eine endgültige Unterbringungsmaßnahme getroffen wird. Bei der zivilrechtlichen Unterbringung muß also bereits ein Betreuer für den Aufgabenkreis der Unterbringung bestellt sein oder gleichzeitig ein vorläufiger Betreuer nach 69f Abs.1 FGG n.F. bestellt

---

85 Vgl. etwa den von *Coeppicus*, FamRZ 1992, 19 f., geschilderten Beispielsfall (dort Fall 9).

86 Näheres zur Bedeutung in der Praxis: *Jürgens/Kröger/Marschner/Winterstein* (Fn.1), Rdnr.555.

87 *Holzhauer/Reinicke* (Fn.2), § 70 FGG Rdnr.5; *Jürgens/Kröger/Marschner/Winterstein* (Fn.1), Rdnr.528, 555; *BayObLG*, NJW 1992, 2709. Zu beachten ist in diesem Kontext auch die Sonderregelung des § 4 Bad.-Württ.UBG n.F. (Kap.1, Fn.125), wonach der Betroffene aus fürsorgerischen Gründen bis zu 3 Tagen nach Aufnahme in der anerkannten Einrichtung ohne richterliche Entscheidung zurückgehalten werden kann. Außerdem schon oben, Kap.1, Fn.60.

werden, der die Genehmigung der Unterbringungsmaßnahme beantragt.[88] Bei der öffentlichrechtlichen Unterbringung kann hingegen auch schon ohne Antrag der zuständigen Behörde eine vorläufige Unterbringungsmaßnahme ergehen.[89] Weiterhin muß zur Überzeugung des Gerichts mit dem Aufschub der Unterbringungsmaßnahme Gefahr verbunden sein, wobei sich der Gefahrbegriff an den jeweiligen materiellrechtlichen Voraussetzungen zu orientieren hat, aber enger als diese auszulegen ist.[90]

Grundsätzlich gelten für die vorläufige Unterbringung dieselben Verfahrensvorschriften wie bei der Genehmigung einer endgültigen Unterbringung. Hervorzuheben ist allein, daß insoweit die Vorlage eines ärztliches Zeugnisses genügt und die persönliche Anhörung des Betroffenen auch durch den ersuchten Richter erfolgen kann.[91]

Eine noch weitergehende Einschränkung der Verfahrensgarantien ist bei "Gefahr im Verzug" vorgesehen (§ 70h Abs.1 Satz 2 i.V.m. § 69f Abs.1 Satz 4 FGG n.F.), etwa wenn suizidale Handlungen des Betroffenen unmittelbar bevorstehen.[92] Hier kann die vorläufige Maßnahme bereits vor Anhörung des Betroffenen sowie vor Bestellung und Anhörung des Verfahrenspflegers erlassen werden;[93] die unterbliebenen Verfahrenshandlungen sind allerdings dann unverzüglich nachzuholen.[94] Allerdings herrscht über die Frage, was unter dem Rechtsbegriff "unverzüglich" zu

---

88 *Zimmermann/Damrau*, NJW 1991, 545; *Dodegge*, MDR 1992, 441.

89 So jedenfalls *OLG Frankfurt*, NJW 1992, 1395, 1396 unter Aufhebung der landgerichtlichen Entscheidung (*LG Frankfurt*, NJW 1992, 986); a.A. *Zimmermann*, FamRZ 1990, 1314; und den Meinungsstreit wiedergebend *Kemper*, FuR 1992, 265.

90 Vgl. im einzelnen *Jürgens/Kröger/Marschner/Winterstein* (Fn.1), Rdnr.557; *Knittel* (Fn.28), § 1906 BGB Rdnr.66; sowie auch *OLG Schleswig*, FamRZ 1994, 781, 782.

91 Dazu näher *Zimmermann*, FamRZ 1990, 1314; *MünchKomm-Schwab* (Fn.5), § 1906 Rdnr.72; und kritisch *Rink*, R & P 1991, 160 f.; vgl. außerdem auch *VGT e.V.* (Fn.42), AG 10, S.165.

92 Zu dieser Gefahrenlage auch *Jürgens/Kröger/Marschner/Winterstein* (Fn.1), Rdnr.561; und *Dodegge*, MDR 1992, 441; und *OLG Schleswig*, FamRZ 1994, 781, 782. *Zimmermann*, FamRZ 1990, 1314, hat hierfür den Begriff der "eiligen" einstweiligen Anordnung in Abgrenzung zur "gewöhnlichen" einstweiligen Anordnung vorgeschlagen.

93 Bedenken dagegen äußern *Schumacher*, FamRZ 1991, 283; und *Rink*, R & P 1991, 161; vgl. auch § 25 Abs.2 Satz 3 BlnPsychKG a.F. (Kap.1, Fn.30), wonach eine persönliche Anhörung des Betroffenen überhaupt nicht zurückgestellt werden konnte.

94 Vgl. insoweit auch *LG Frankfurt*, NJW 1992, 986 f.

verstehen ist, viel Unklarheit, insbesondere weil diese Regelung - im Gegensatz zum alten Recht[95] - keine Höchstfristen mehr normiert.[96]

Auch die vorläufige Unterbringungsmaßnahme ist zeitlich zu begrenzen. Nach § 70h Abs.2 Satz 1 FGG n.F. gilt eine gesetzliche Höchstdauer von sechs Wochen, wobei § 70h Abs.2 Satz 2 FGG n.F. für Ausnahmefälle eine Verlängerungsmöglichkeit bis zu einer Gesamtdauer von drei Monaten vorsieht.[97]

Für den Inhalt der Entscheidung, ihre Bekanntmachung und ihr Wirksamwerden gelten §§ 70f, 70g FGG n.F. entsprechend.[98] Das heißt insbesondere, daß die einstweilige Anordnung erst mit Ablauf der Frist für die sofortige Beschwerde[99] wirksam wird, weshalb im Regelfall die sofortige Wirksamkeit anzuordnen ist.[100]

b) Maßregeln nach § 1846 BGB n.F.

Die Notwendigkeit, einen Betreuer einzuschalten, kann allerdings dazu führen, daß in Eilfällen eine zivilrechtliche Unterbringung durch einstweilige Anordnung nach § 70h Abs.1 FGG n.F. nicht möglich ist, weil besonders an Feiertagen und Wochenenden ein geeigneter Betreuer nicht zur Verfügung steht, sei es, daß der vorhandene Betreuer nicht aufgefunden werden kann, oder sei es, daß ein entsprechend autorisierter Betreuer noch nicht bestellt ist. Hält das Gericht in diesen Fällen die Voraussetzungen einer öffentlichrechtlichen Unterbringung durch einstwei-

---

95 Für die zivilrechtliche Unterbringung galt nach § 64g Abs.2 Satz 2 FGG a.F. eine Frist von höchstens zwei Wochen, für die öffentlichrechtliche Unterbringung eine Frist von 10 Tagen (Art. 17 Abs.5 BayUnterbrG a.F. (Kap.1, Fn.62)) bzw. von einer Woche (§ 12 Abs.2 Satz 3 Bad.-Württ.UBG a.F. (Kap.1, Fn.57)).

96 Eine Zusammenfassung der Problematik gibt *Knittel* (Fn.28), § 1906 BGB Rdnr.69, in sorgfältiger Auseinandersetzung mit Literatur und Rechtsprechung sowie einem vermittelnden Lösungsvorschlag: Danach habe das Gericht eine unterbliebene Anhörung ggf. unter Zurückstellung anderer Dienstgeschäfte "alsbald", d.h. an einem der nächsten Werktage, die auf die vorläufige Entscheidung folgen, nachzuholen.

97 Dazu im einzelnen *Knittel* (Fn.28), § 1906 BGB Rdnr.70.

98 Für die einstweilige Anordnung ist bei einer zivilrechtlichen Unterbringungsmaßnahme auch das Gericht zuständig, in dessen Bezirk das Bedürfnis der Fürsorge hervortritt, § 70 Abs.2 Satz 3 i.V.m. § 65 Abs.5 FGG n.F. Weitere Zuständigkeitsfragen behandeln zudem *OLG Celle*, FamRZ 1993, 223 m. abl. Anm. *Giers*, a.a.O., S.991; und *LG Köln*, MDR 1992, 584 f.

99 § 70h Abs.1 Satz 2 FGG n.F. verweist (auch bzgl. ablehnender Entscheidungen) auf § 70g Abs.3 Satz 1 FGG n.F., der wiederum an § 70m Abs.1 FGG n.F. anknüpft.

100 Näheres bei *Rink*, FamRZ 1992, 1011 ff.; und *Coeppicus*, BtPrax 1994, 128 ff.

lige Anordnung für nicht gegeben, kann es gemäß §§ 1846 (i.V.m. § 1908i Abs.1 Satz 1) BGB n.F., 70h Abs.3 FGG n.F. durch Beschluß selbst eine vorläufige Unterbringungsmaßnahme anordnen.[101]

Die Frage, ob § 1846 BGB n.F. auch weiterhin im neuen Unterbringungsrecht gelten sollte, war im Gesetzgebungsverfahren höchst umstritten. Im *Regierungsentwurf* war ursprünglich die entsprechende Anwendung der in Rede stehenden Vorschrift auf die Unterbringung Volljähriger im Hinblick auf die schärferen Landesunterbringungsgesetze ausgeschlossen worden. Hiermit sollte der Gefahr begegnet werden, daß sich das Gericht bei der Wahl zwischen den beiden Unterbringungsmöglichkeiten zugunsten des weniger aufwendigen Verfahrens entscheidet. Auf Initiative des Bundesrates, der auf die in der Praxis beschriebenen Probleme hinwies, wurde jedoch § 1846 BGB n.F. wieder in die Rechtsgrundlagen der vorläufigen Unterbringung eingestellt.[102]

Das Gericht kann demnach eine vorläufige Unterbringungsmaßnahme anordnen, wenn dringende Gründe dafür vorliegen, daß künftig ein Betreuer bestellt und eine genehmigungsfähige Unterbringung beantragt wird. Dabei ist nach überwiegender Auffassung in Rechtsprechung und Literatur nicht Voraussetzung, daß ein - zumindest vorläufiger - Betreuer bestellt ist;[103] zulässig sind auch isolierte Unterbringungsmaßnahmen außerhalb eines anhängigen Betreuungsverfahrens, wenn ferner - bei Entscheidung ohne vorherige persönliche Anhörung des Betroffenen - Gefahr im Verzug besteht (§ 70h Abs.3 i.V.m. §§ 70h Abs.1 Satz 2, 69f Abs.1 Satz

---

101 Insoweit hat das Gericht dann nicht nur eine bloße "Organisations- und Kontrollfunktion", vgl. hierzu *Knittel* (Fn.28), § 1906 BGB Rdnr.71; *Jürgens/Kröger/Marschner/Winterstein* (Fn.1), Rdnr.563; *Zimmermann*, FamRZ 1990, 1315; *Schwab*, FamRZ 1990, 688.

102 Vgl. BT-Drucks. 11/4528, S.81, 160, 185, 211, 229. Im bisherigen Vormundschafts- und Pflegschaftsrecht war eine entsprechende Befugnis der Gerichte ganz überwiegend für zulässig gehalten worden, Nachweise dazu schon oben, sub Kap.1, I 2 d.

103 Vgl. statt vieler: *Palandt-Diederichsen* (Fn.53), § 1906 Rdnr.9; *Erman-Holzhauer* (Fn.71), § 1906 Rdnr.73; *MünchKomm-Schwab* (Fn.5), § 1906 Rdnr.76; *Knittel* (Fn.28), § 1906 BGB Rdnr.27, 71; *Kern*, MedR 1993, 251; *Krüger*, BtPrax 1992, 93; *Coeppicus*, FamRZ 1992, 19 f.; *OLG Schleswig*, NJW 1992, 2974; *LG Berlin*, BtPrax 1992, 43, 44; *LG Hamburg*, BtPrax 1992, 111. Für eine enge Auslegung des § 1846 BGB im Sinne der gleichzeitigen Bestellung wenigstens eines vorläufigen Betreuers treten dagegen ein: *Wiegand*, FamRZ 1991, 1022 ff.; ebenso *Rink*, FamRZ 1993, 514 f.; *Gernhuber/Coester-Waltjen*, Lehrbuch des Familienrechts, 4. Aufl. 1994, § 76 V 2; und *OLG Frankfurt/M.*, FamRZ 1993, 357, 358; *BezG Chemnitz*, BtPrax 1992, 111, 112. Zum Meinungsstreit vgl. auch *Dodegge*, NJW 1993, 2358 f.

4 FGG n.F.) und ein ärztliches Zeugnis über den Zustand des Betroffenen vorliegt (§ 70h Abs.3 i.V.m. §§ 70 Abs.1 Satz 2, 69f Abs.1 Satz 1 Nr.2 FGG n.F.).[104]

All dies darf aber nicht darüber hinwegtäuschen, daß das unmittelbare Handeln des Gerichts nach § 1846 i.V.m. § 1908i Abs.1 Satz 1 BGB n.F. eine absolute Ausnahme bleibt für Fälle der Verhinderung des Betreuers oder für Fälle, in denen ein Betreuer noch nicht bestellt ist.[105] Eine alle Unterbringungsfälle eines psychiatrischen Krankenhauses oder eines Gerichtsbezirks erfassende Regel - wie teilweise in der Praxis ausgeübt - läßt sich auf § 1846 BGB n.F. nicht stützen. Vielmehr ist für Fälle der Krisenintervention mit Gefährdungen für das Leben oder die Gesundheit des Betroffenen oder Dritter vom gesetzlichen Zweck her das öffentlichrechtliche Unterbringungsverfahren in die Wege zu leiten.[106]

Überdies ist zu beachten, daß die nach § 1846 i.V.m. § 1908i Abs.1 Satz 1 BGB n.F. durch das Vormundschaftsgericht getroffene vorläufige Unterbringung ihrem Ausnahme- und Eilcharakter gemäß ohnehin nach Ablauf eines angemessenen Zeitraumes, innerhalb dessen ein (zugleich mit der vorläufigen Unterbringung bestellter bzw. von der vorläufigen Unterbringung benachrichtigter) Betreuer sich kundig machen und gegebenenfalls einen Genehmigungsantrag stellen könnte, unzulässig wird. Insoweit wird die Geltungsdauer der Maßnahme auch deutlich unter der Höchstfrist von 6 Wochen angesiedelt sein.[107]

---

104 Im bisherigen Recht fehlten noch Verfahrensvorschriften für das Verfahren nach § 1846 BGB a.F. Rechtsprechung und Literatur verlangten aber die sinngemäße Anwendung der §§ 64f, 64g FGG a.F., vgl. dazu nur *BayObLG*, R & P 1/1987, 31, 32; und *Gastiger*, Freiheitsschutz und Haftungsrecht in der stationären und ambulanten Altenhilfe, 1988, S.55.

105 Fälle nach §§ 1846, 1906 Abs.1 Nr.2 BGB n.F. dürften von daher nahezu ausgeschlossen sein, so ähnlich auch *VGT e.V.* (Hrsg.), 3. VGT, 1993, AG IX, S.127, These 5. Auch Eilmaßnahmen nach §§ 1846, 1906 Abs.4 BGB n.F. werden dann wohl eher die Ausnahme bilden, wie hier *Knittel* (Fn.28), § 1906 BGB Rdnr.38; *Dodegge*, MDR 1992, 441; und *Jürgens/Kröger/Marschner/Winterstein* (Fn.1), Rdnr.515.

106 So überzeugend auch *Jürgens/Kröger/Marschner/Winterstein* (Fn.1), Rdnr.564.

107 Für eine Befristung auf zwei Wochen: *LG Hamburg*, BtPrax 1992, 111. Für eine Befristung auf einen Monat: *Jürgens/Kröger/Marschner/Winterstein* (Fn.1), Rdnr.564 unter Berufung auf *Bürgle*, NJW 1988, 1886.

2. Unterbringung ohne gerichtliche Entscheidung

a) Die vorläufige Unterbringung durch den Betreuer

Ohne Genehmigung des Vormundschaftsgerichts kann der Betreuer die Unterbringung oder unterbringungsähnliche Maßnahme bereits veranlassen, wenn mit dem Aufschub Gefahr verbunden ist. In diesem Fall ist die Genehmigung unverzüglich nachzuholen, § 1906 Abs.2 Satz 2 BGB n.F. Die Gefahr muß dabei so konkret sein, daß zu ihrer Verhinderung eine sofortige Maßnahme erforderlich ist, wobei die Dringlichkeit wenigstens durch ein ärztliches Zeugnis oder durch einen konkreten Vorfall belegt sein muß.[108]

Das Gebot der unverzüglichen Nachholung der Genehmigung entspricht der Regelung in § 1631b Satz 2 BGB, auf die in den Materialien ausdrücklich Bezug genommen ist.[109] Unverzüglich im Sinne von § 121 Abs.1 Satz 1 BGB bedeutet ohne schuldhaftes Zögern. Da es sich aber um eine Freiheitsentziehung handelt, wird diese Regelung von Art. 104 Abs.2 Satz 2 GG überlagert, wonach allein ein objektiver Maßstab zur Anwendung gelangt.[110]

b) Akute Notsituationen

Abschließend ließe sich fragen, wie die Fälle zu beurteilen sind, in denen aufgrund ihrer Dringlichkeit eine Befassung des Gerichts und des Betreuers überhaupt nicht mehr in Betracht kommt. Fest steht jedenfalls, daß die Einrichtung, in welcher der Betroffene untergebracht ist, nicht aus eigenem Recht und schon gar nicht - nach der eingangs dargelegten Rechtsprechung des *BVerfG*[111] - aus der Tatsache der Unterbringung zu Rechtseingriffen berechtigt ist.[112] Die Rechtmäßigkeit einer - etwa von Seiten des Pflegepersonals - durchgeführten kurzfristigen Zwangsmaß-

---

108 Näheres bei *Knittel* (Fn.28), § 1906 BGB Rdnr.23; *Schmidt/Böcker* (Fn.12), Rdnr.263; *Jürgens/Kröger/Marschner/Winterstein* (Fn.1), Rdnr.536; vgl. zudem auch *BMJ* (Fn.13), S.59, 72 f..

109 BT-Drucks. 11/4528, S.148; kritisch hierzu *Bienwald*, RsDE 7/1989, 32.

110 "Unverzüglich" im Sinne von Art. 104 Abs.2 Satz 2 GG bedeutet "ohne jede Verzögerung, die sich nicht aus sachlichen Gründen" rechtfertigen läßt, mögen diese tatsächlicher oder rechtlicher Natur sein, vgl. *Knittel* (Fn.28), § 1906 BGB Rdnr.24 m.w.N.

111 *BVerfGE* 33, 1, 10 f.

112 So ausdrücklich auch BT-Drucks. 11/4528, S.83.

nahme kann sich daher in den beschriebenen Eilfällen nur aus den Grundsätzen des Notstands (§ 34 StGB) ergeben.[113]

III. Kosten in Unterbringungssachen

Bei Anordnung bzw. Genehmigung einer Unterbringungsmaßnahme werden nach § 128b KostO n.F. - in Übereinstimmung bereits mit den meisten Unterbringungesetzen der Bundesländer - keine Gerichtskosten mehr erhoben. Bei Ablehnung einer zivilrechtlichen Unterbringungsmaßnahme können eventuell nach § 13a Abs.2 Satz 1 FGG n.G. die Auslagen des Betroffenen der Staatskasse auferlegt werden, die Kosten des Verfahrens (einschließlich der Gerichtskosten) unter den engen Voraussetzungen des § 13a Abs.2 Satz 2 FGG n.F. einem veranlassenden Dritten. Wird eine öffentlichrechtliche Unterbringungsmaßnahme abgelehnt, können unter Umständen gemäß § 13a Abs.2 Satz 3 FGG n.F. die Auslagen des Betroffenen der Gebietskörperschaft, der die antragstellende Behörde angehört, auferlegt werden.[114]

---

113 *BMJ* (Fn.13), S.73; *Erman-Holzhauer* (Fn.71), § 1906 Rdnr.67; *Jensen/Röhlig*, Das neue Betreuungsrecht, 1993, S.36; und näherhin *Gastiger* (Fn.104), S.88 f.; *ders.*, NDV 1989, 86; sowie *LG Hildesheim*, BtPrax 1994, 106.

114 Gegen die Auslagenentscheidung findet dann die sofortige Beschwerde statt, § 20a Abs.1 Satz 2 FGG n.F. Vgl. zum Ganzen *Schmidt/Böcker* (Fn.12), Rdnr.345; *Jürgens/Kröger/Marschner/Winterstein* (Fn.1), Rdnr.588, 590 f.; *Rink*, R & P 1991, 155; *Zimmermann*, FamRZ 1990, 1313, 1318; *Dodegge*, NJW 1993, 2357; *KG*, FamRZ 1993, 84, 85; und auch *OLG Schleswig*, FamRZ 1994, 781, 782.

Kapitel 4

Vollzug der Unterbringung

Wie mit den Betroffenen in der Einrichtung zu verfahren ist, richtet sich danach, ob die Unterbringung zivilrechtlich oder öffentlichrechtlich erfolgt ist.

Der Vollzug der öffentlichrechtlichen Unterbringung wird vom Regelungsbereich des BtG nicht erfaßt.[1] § 70k FGG n.F. regelt im Sinn der vorab gemachten Begriffsbestimmung[2] keine Vollzugsmaßnahme, sondern eine vorläufige Entlassungsmaßnahme, die vom Gesetzgeber dem Verfahrensrecht zugeordnet wurde. Die Vollzugsvorschriften der Unterbringungsgesetze und Psychisch-Kranken-Gesetze der Länder bleiben demnach bestehen.[3] Nur zu Fragen des Rechtsschutzes eröffnet § 70l FGG n.F. als bundeseinheitliche Sondervorschrift den Rechtsweg gegen Maßnahmen zur Regelung einzelner Angelegenheiten im Vollzug der öffentlichrechtlichen Unterbringung, wobei der Antrag auf gerichtliche Entscheidung an das zuständige Vormundschaftsgericht zu stellen ist.[4]

Anders verhält es sich nach den Regelungen des BtG bei der zivilrechtlichen Unterbringung. Hier hat der Gesetzgeber bewußt auf Vollzugsregelungen verzichtet.[5] Dies wird im wesentlichen damit begründet, daß auch die Durchführung der Unterbringung in der ausschließlichen Verantwortung des Betreuers liege, der für die Unterbringung lediglich der Genehmigung des Vormundschaftsgerichts bedürfe. Überdies würden gesetzliche Vollzugsregelungen im Bereich der zivilrechtlichen Unterbringung die Rechtsposition des Betroffenen eher noch verschlechtern, weil

---

1 Dazu BT-Drucks. 11/4528, S.83; und *Jürgens/Kröger/Marschner/Winterstein*, Das neue Betreuungsrecht, 2. Aufl. 1992, Rdnr.528, 581.

2 Oben, Kap.1, Fn.47.

3 Vgl. hierzu bereits oben, sub Kap.1, I 2 b.

4 Näheres bei *Jürgens/Kröger/Marschner/Winterstein* (Fn.1), Rdnr.586; *Schmidt/Böcker*, Betreuungsrecht, 2. Aufl. 1993, Rdnr.343 f.; und *Gastiger*, Freiheitsschutz und Haftungsrecht in der stationären und ambulanten Altenhilfe, 2. Aufl. 1993, S.77; siehe zudem *BMJ* (Hrsg.), Leitfaden, 1992, S.65 f.

5 BT-Drucks. 11/4528, S.83.

insbesondere der Einrichtung, in der der Betreute untergebracht ist,[6] dann eine eigene Rechtsmacht erwachsen würde, die nicht notwendig von einer - und sei es auch nur generellen - Einwilligung des Betreuers abhängig wäre.[7]

Ob der Verzicht auf Vollzugsregelungen vor dem Hintergrund der Rechtsprechung des *BVerfG*[8] zur öffentlichrechtlichen Überlagerung der zivilrechtlichen Unterbringung sowie zum besonderen Gewaltverhältnis den verfassungsrechtlichen Vorgaben entspricht, mag dahinstehen.[9] Unabhängig von dieser Fragestellung bleibt jedenfalls festzuhalten, daß überhaupt nur der Betreuer und dieser auch nur im Rahmen der angeordneten Aufgabenkreise zu eingreifenden Maßnahmen in die Rechte des Untergebrachten befugt sein kann. Zugleich muß sein Augenmerk für Maßnahmen während der Unterbringung besonders den richterlichen Genehmigungsvorbehalten gelten, bei denen die §§ 1904, 1906 Abs.4 BGB n.F. an erster Stelle zu nennen wären.[10]

Im übrigen fällt auf, daß die Begründung des Gesetzgebers für den Verzicht auf Vollzugsregelungen im Fall der Unterbringung nach § 1846 i.V.m. § 1908i Abs.1 Satz 1 BGB n.F. versagt. Denn in diesem Fall fehlt ja gerade der Betreuer, der die Eingriffsmaßnahme verantwortet. Es hätte also neben der verfahrensrechtlichen Absicherung der unmittelbaren Unterbringung durch das Gericht in § 70h Abs.3 BGB n.F. an sich auch einer vollzugsrechtlichen Regelung bedurft.[11] Allerdings ist in diesem Zusammenhang darauf hinzuweisen, daß das *BayObLG*[12] schon vor Geltung des BtG auch die Einwilligung in eine Zwangbehandlung des Betroffenen durch das Vormundschaftsgericht in engen Grenzen für möglich gehalten hat.[13]

---

6 Zur Rechtsnatur der Beziehungen zwischen Einrichtung und Betroffenem bei einer durch einen Betreuer veranlaßten Unterbringung vgl. auch *Helle*, MedR 1993, 134 f.; und *Fischer/Mann*, NJW 1992, 1542.

7 Siehe hierzu auch *Bienwald*, Betreuungsrecht, 1992, Teil 1, § 1906 BGB Rdnr.18 f.

8 *BVerfGE* 10, 302, 323 ff.; 33, 1, 10 f.;

9 Kritisch *Pardey*, Betreuung Volljähriger: Hilfe oder Eingriff, 1989, S.179.

10 Vgl. im einzelnen *Jürgens/Kröger/Marschner/Winterstein* (Fn.1), Rdnr.582 f.; und *Frost*, Arztrechtliche Probleme des neuen Betreuungrechtes, 1994, S.72 f.

11 So insbesondere *Jürgens/Kröger/Marschner/Winterstein* (Fn.1), Rdnr.584.

12 So zuletzt *BayObLG*, MedR 1990, 273 ff. m. Problemstellung *Kern*, a.a.O., S.273.

13 Zur Gesamtproblematik näherhin *Jürgens/Kröger/Marschner/Winterstein* (Fn.1), Rdnr. 585.

Was den Rechtsschutz im Vollzug angeht, fehlt eine § 701 FGG n.F. entsprechende Vorschrift für die zivilrechtliche Unterbringung. Sind Maßnahmen des Betreuers betroffen, besteht nur die allgemeine Möglichkeit, im Rahmen der Aufsichtspflicht des Vormundschaftsgerichts dieses nach § 1837 Abs.2 und 3 i.V.m. § 1908i Abs.1 Satz 1 BGB n.F. anzurufen. Im Fall einer gerichtlichen Maßnahme während der Unterbringung nach § 1846 i.V.m. § 1908i Abs.1 Satz 1 BGB n.F. bestehen die allgemeinen Rechtsmittel des FGG.[14]

---

14 Näheres bei *Jürgens/Kröger/Marschner/Winterstein* (Fn.1) Rdnr.587.

Schlußbemerkung

Wie sich gezeigt hat, beinhaltet das neue Unterbringungsrecht eine Fülle von Kontroversen und offenen Fragen, die zur Begründung von Rechtssicherheit einer raschen Klärung bedürfen.

In einem der neuralgischsten Punkte der Reform, nämlich der Abkoppelung der Betreuung sowie der Unterbringung von der Geschäfts(un)fähigkeit des Betroffenen, bleibt zu hoffen, daß die erheblichen Widerstände baldmöglichst abgebaut werden. Das neue Recht verlangt in der Praxis insoweit ein neues Denken.

Schließlich ist nochmals die neue gesetzliche Vorschrift über die vormundschaftsgerichtliche Genehmigungspflicht für unterbringungsähnliche Maßnahmen (§ 1906 Abs.4 BGB n.F.) herauszustellen. Der Rechtsschutz durch gerichtliche Verfahren wird hier für die Betroffenen vornehmlich darin bestehen, daß im Vorfeld gerichtlicher Verfahren durch von außen initiierte Reflexion der Zwangsmaßnahmen auf dieselben zumindest teilweise verzichtet werden kann.

Entscheidungsverzeichnis*

* Im Fall mehrerer Fundstellen wird die benutzte Quelle durch **Fettdruck** gekennzeichnet.

III. Bayerisches Oberstes Landesgericht

IV. Kammergericht

V. Andere Oberlandesgerichte

VI. Bezirksgerichte

VII. Landgerichte

VIII. Amtsgerichte

IX. Kreisgerichte

X. Sonstige Gerichte

1. Entscheidungen vor 1949

2. Entscheidungen nach 1949

Literaturverzeichnis

AMELUNG, Knut

Über die Einwilligungsfähigkeit
ZStW 104 (1992), 525-558 (Teil I)
ZStW 104 (1992), 821-833 (Teil II)

ARBEITSGRUPPE "FREIHEITSENTZIEHENDE MAßNAHMEN" NACH DEM BtG IM KREIS SOEST (Hrsg.)

Merkblatt "Freiheitsentziehende Maßnahmen für Angehörige, deren Verwandte in Heimen oder ähnlichen Einrichtungen wohnen"
BtPrax 1994, 13-14

BASSENGE, Peter / **HERBST**, Gerhard

Gesetz über die Angelegenheiten der freiwilligen Gerichtsbarkeit/Rechtspflegergesetz, Kommentar
(*Zitiert*: FGG/RpflG)

- 5. Auflage, Heidelberg 1990
- 6. Auflage, Heidelberg 1992

BAUER, M. / **BERGER**, H.

Rechtsprobleme bei der Einweisung und Behandlung von akut Kranken mit einem Anhang zu Pflegschaft und Entmündigung
In: Kisker, Karl Peter et al. (Hrsg.),
Psychiatrie der Gegenwart, Band 2
Kriseninterventíon, Suizid, Konsiliarpsychiatrie
(*Zitiert*: Psychiatrie der Gegenwart, Bd.2)
3. Auflage, Berlin/Heidelberg/New York/Tokyo 1986

BAUMANN, Jürgen

- Unterbringungsrecht
  Tübingen 1966
- Fehlende Rechtsgrundlage bei ärztlicher Zwangsbehandlung Untergebrachter
  NJW 1980, 1873-1879

BERGENER, M. / **BLÖINK**, M. / **CHRISTIANSEN**, U. / **HUSSER**, J. / **NELLER**, K. / **THEISOHN**, I. / **DRABER**, A. / **RADERMACHER**, P. / **WEBER**, E. / **WIEBE**, A.
(*Zitiert*: Bergener et al.)

Die Problematik der zwangsweisen Unterbringung psychisch Kranker aus der Sicht von Ärzten und Richtern - Beispiel der Anwendung des PsychKG Nordrhein-Westfalen
Psychiat. Prax. 13 (1986), 104-111

BERGMANN, Ernst Elmar

Das Unterbringungsrecht in den neuen Bundesländern
NJ 1991, 211-213

BERNARDI, Othmar

- Rechtliche Aspekte der Behandlung Suchtkranker
  SozInf 2/1991, 26-35

- Freiheitsentziehende Unterbringung - auf einer offenen Station?
  R & P 1994, 11-13

BIENWALD, Werner

- Empfiehlt es sich, die gesetzlichen Regelungen über Vormundschaft und Pflegschaft in der Bundesrepublik Deutschland grundlegend zu ändern?
  In: Hellmann, Ulrich (Hrsg.),
  Beiträge zur Reform des Vormundschafts- und Pflegschaftsrechts für Menschen mit geistiger Behinderung
  S.69-96
  Marburg/Lahn 1986

- Vormundschafts- und Pflegschaftsrecht in der sozialen Arbeit
  2. Auflage, Heidelberg 1987

- Zur Stellung des Betreuers nach dem "Entwurf eines Gesetzes zur Reform des Rechts der Vormundschaft und Pflegschaft für Volljährige (Betreuungsgesetz-BtG)"
  RsDE 7/1989, 1-46
  RsDE 8/1989, 35-55 (Fortsetzung)

- Ergänzende Bemerkungen zum Vormundschafts-, Pflegschafts- und Unterbringungsrecht
  In: Schwab, Dieter (Hrsg.),
  Familienrecht und deutsche Einigung -Dokumente und Erläuterungen-

(*Zitiert*: Familienrecht und deutsche Einigung)
S.147-148
Bielefeld 1991

- Untersuchungen zur Rechtsstellung des Gebrechlichkeitspflegers
Baden-Baden 1992

- Vormundschafts-, Pflegschafts- und Betreuungsrecht in der sozialen Arbeit
3. Auflage, Heidelberg 1992

- Betreuungsrecht
Bielefeld 1992

- Zur Umsetzung des Betreuungsgesetzes in der Praxis
FamRZ 1992, 1125-1131

- Hat das Betreuungsgesetz eine Zukunft?
BtPrax 1993, 79-84

- Welche Möglichkeiten gibt es, den Aufgabenkreis eines Betreuers einzugrenzen oder die Betreuerbestellung zu vermeiden? (Erforderlichkeitsgrundsatz)
Anlage zum Protokoll der Arbeitsgruppe
In: Vormundschaftsgerichtstag e.V. (Hrsg.),
3. Vormundschaftsgerichtstag vom 21. bis 24. Oktober 1992 in Bonn
Materialien und Ergebnisse
(*Zitiert*: 3. VGT)
S.86-90
Köln 1993

BISCHOF, Martin / **Wolff**, Stefan

Unterbringungsähnliche Maßnahmen und richterliche Intervention
BtPrax 1993, 192-198

BOBENHAUSEN, Dieter

Wohnungskündigung durch den Betreuer
Rpfleger 1994, 13-15

BOTTKE, Wilfried

Recht und Suizidprävention
R & P 1993, 174-182

BRUDER, Jens

- Empfiehlt es sich, das Entmündigungsrecht, das Recht der Vormundschaft und der Pflegschaft über Erwachsene sowie das Unterbringungsrecht neu zu ordnen?
Gutachten C (Medizinisches Teilgutachten) zum 57. Deutschen Juristentag in Mainz, Band I
(Hrsg.: DJT)
(*Zitiert*: Gutachten C zum 57. DJT)
München 1988

- Familienpflege - Herausforderung an die Solidarität
SozInf 4/1988, 8-13

- Vormundschaft und Pflegschaft über Volljährige - die Reformbedürftigkeit des geltenden Rechts und die geplanten Neuregelungen unter besonderer Berücksichtigung der Situation alter Menschen
NDV 1989, 45-48

BRÜGGEMANN-TOTTEN, Trude

Die gesetzlichen Grundlagen der Verwahrung Geisteskranker
Bonn 1959

BÜHLER, Martin

- Vorsorgevollmacht zur Vermeidung einer Gebrechlichkeitspflegschaft oder Betreuung
BWNotZ 1990, 1-5

- Aufwendungsersatz und Vergütung für Betreuer, Vormünder unf Pfleger
BWNotZ 1993, 108-116

BUMILLER, Ursula / **WINKLER**, Karl

Freiwillige Gerichtsbarkeit
Gesetz über die Angelegenheiten der freiwilligen Gerichtsbarkeit, Kurzkommentar
(*Zitiert*: FG)
5. Auflage, München 1992

BUNDESMINISTER DER JUSTIZ (Hrsg.)

- Bericht der Kommission für das Recht der freiwilligen Gerichtsbarkeit einschließlich des Beurkundungsrechtes
(*Zitiert*: Bericht der FGG-Kommission)
Köln 1977

- Gutachten zu einer Reform des Entmündigungs-, des Vormundschafts- und des Pflegschaftsrechts
  Köln 1985 (auf der Buchinnenseite: 1986)

- Diskussions-Teilentwurf
  Gesetz über die Betreuung Volljähriger
  (Betreuungsgesetz-BtG)
  (*Zitiert*: BtG-DiskE I)
  Köln 1987

- Diskussions-Teilentwurf eines Gesetzes über die Betreuung Volljähriger (Betreuungsgesetz-BtG)
  Teil 2
  (*Zitiert*: BtG-DiskE II)
  1988 (als Manuskript veröffentlicht)

- Das Betreuungsgesetz in der Praxis
  Ein Leitfaden
  (*Zitiert*: Leitfaden)
  Köln 1992

BUNDESVEREINIGUNG LEBENSHILFE FÜR GEISTIG BEHINDERTE E.V.

Stellungnahme zum Entwurf eines Gesetzes zur Reform des Rechts der Vormundschaft und Pflegschaft für Volljährige (Betreuungsgesetz - BtG) - Bundestagsdrucksache 11/4528 vom 11.05.1989
In: Anlage zum Protokoll der 61. Sitzung des Rechtsausschusses vom 15./16. November 1989 zum Entwurf eines Betreuungsgesetzes
(*Zitiert*: Stellungnahme zum Fragenkatalog des Rechtsausschusses)
S.128-150

BUNSE, J.

Indikation und Dauer geschlossener psychiatrischer Behandlung im Verhältnis zur richterlich festgesetzten Frist
Nervenarzt 60 (1989), 233-235

BÜRGLE, Helmut

- Auf dem Weg zu einem neuen Betreuungsrecht
  NJW 1988, 1881-1888

- Probleme des Vormundschaftsrechts
  AnwBl 1989, 507-511

BUSCH, Manfred

Begriff, Inhalt und Umfang der Inobhutnahme nach
§ 42 KJHG
ZfJ 1993, 129-135

COEPPICUS, Rolf

- Durchführung und Inhalt der Anhörung in Betreuungs- und Unterbringungssachen
  FamRZ 1991, 892-898

- Verschaffung des unmittelbaren Eindrucks vom Betroffenen, Anhörung in der üblichen Umgebung und Anhörung durch den ersuchten Richter nach dem BtG
  FamRZ 1992, 16-23
- Die Betreuung mit dem Aufgabenkreis der Aufenthaltsbestimmung, das Selbstbestimmungsrecht der Betroffenen und ihr Wohl
  FamRZ 1992, 741-753

- Das Betreuungsgesetz schützt Betroffene nicht
  FamRZ 1993, 1017-1026

- Aushöhlung des Rechtsschutzes in Unterbringungssachen durch Arbeitszeitregelungen und durch die Regelung des Wirksamwerdens nach § 70g III S.3 FGG
  BtPrax 1994, 126-130

COESTER, Michael

- Von anonymer Verwaltung zu persönlicher Betreuung - Zur Reform des Vormund- und Pflegschaftsrechts für Volljährige -
  Jura 1991, 1-9

- Die Bedeutung des Kinder- und Jugendhilfegesetzes (KJHG) für das Familienrecht
  FamRZ 1991, 253-263

CREFELD, Wolf

- Der Sachverständige im Betreuungsverfahren
  FuR 1990, 272-281

- Was müssen Sozialarbeit und Medizin zu einer besseren Anwendungspraxis des Betreuungsrechts beitragen?
  BtPrax 1993, 3-9

CREFELD, Wolf / **SCHULTE**, Bernd (Hrsg.)

Das Recht der Hilfen und Zwangsmaßnahmen für psychisch Kranke
Bonn 1987

CYPIONKA, Bertram

Fortfall der Entmündigung Volljähriger
- Auswirkungen auf den Rechtsverkehr
NJW 1992, 207-211

DAMRAU, Jürgen

Stellungnahme zu DIV-Gutachten vom 18.3.1983 und 19.7.1983 - J 2.125
Vormundschaften und Pflegschaften für Volljährige; §§ 1897, 1631b, 1800 BGB (ZfJ 1983, 540-542)
ZfJ 1984, 83

DAMRAU, Jürgen / **ZIMMERMANN**, Walter

Betreuungsgesetz
Gesetz zur Reform des Rechts der Vormundschaft und Pflegschaft für Volljährige, Kommentar
(*Zitiert*: BtG)
Stuttgart/Berlin/Köln 1991

DEINERT, Horst

- Die Ausführung des Betreuungsgesetzes durch die Bundesländer
  DAVorm 1992, 133-140

- Die Aufgaben der Betreuungsbehörde (Teil 3)
  DAVorm 1992, 631-650

- Handbuch der Betreuungsbehörde
  Leitfaden für behördliche Aufgaben im neuen Betreuungsrecht
  (*Zitiert*: Handbuch der Betreuuungsbehörde)
  Köln/Berlin/Bonn/München 1993

- Fundstellen für das Landesrecht zum Betreuungsrecht:
  BtPrax 1993, 130-131

DEINERT, Horst / **SCHREIBAUER**, Marcus

Haftung und Haftungsübernahme im Betreuungsverhältnis
BtPrax 1993, 185-192

DEUTSCHER JURISTENTAG (Hrsg.)

Verhandlungen des 57. Deutschen Juristentages in Mainz, Band II (Sitzungsberichte),
Teil K, Abteilung Vormundschaftsrecht
Referate, Diskussion, Beschlußfassung, Beschlüsse
(*Zitiert*: Sitzungsbericht K zum 57. DJT)
München 1988

DEUTSCHER STÄDTETAG (Hrsg.)

Hinweise und Empfehlungen zum neuen Betreuungsgesetz
DST-Beiträge zur Sozialpolitik, Reihe D, Heft 25
(*Zitiert*: Hinweise und Empfehlungen zum BtG)
Köln 1991

DIECKMANN, Albrecht

Empfiehlt es sich, das Entmündigungsrecht, das Recht der Vormundschaft und der Pflegschaft über Erwachsene sowie das Unterbringungsrecht neu zu ordnen?
JZ 1988, 789-800

DIEDERICHSEN, Uwe

Zur Reform des Vormundschafts- und Entmündigungsrechts in der Bundesrepublik Deutschland
In: Forstmoser, Peter et al. (Hrsg.),
Festschrift für Max Keller zum 65. Geburtstag
(*Zitiert*: FS für Max Keller)
S.3-18
Zürich 1989

DODEGGE, Georg

- Freiheitsentziehende Maßnahmen nach § 1906 IV BGB
  MDR 1992, 437-441

- Das Betreuungsbehördengesetz und die Landesausführungsgesetze
  NJW 1992, 1936-1938

- Erste Entwicklungen des Betreuungsrechtes
  NJW 1993, 2353-2361

- Weitere Entwicklungen des Betreuungsrechts
  NJW 1994, 2383-2392

DOKUMENTE

Familiengesetzbuch der Deutschen Demokratischen Republik
In: Schwab, Dieter (Hrsg.),
Familienrecht und deutsche Einigung -Dokumente und Erläuterungen-
S.19-35
Bielefeld 1991

DRUCKSACHEN DES DEUTSCHEN BUNDESRATES

- 59/89 vom 10.03.1989 (Beschluß)
- 316/90 vom 01.06.1990

DRUCKSACHEN DES DEUTSCHEN BUNDESTAGES

- V/3515 vom 18.11.1968
- 7/4200 vom 25.11.1975
- 8/2565 vom 13.02.1979
- 8/2788 vom 27.04.1979
- 10/4271 vom 18.11.1985
- 10/5911 vom 06.08.1986
- 10/5970 vom 04.09.1986
- 11/ 669 vom 06.08.1987
- 11/4528 vom 11.05.1989
- 11/5948 vom 01.12.1989
- 11/6949 vom 24.04.1990
- 11/6969 vom 25.04.1990
- 11/6975 vom 25.04.1990
- 11/7817 vom 10.09.1990

EHRHARDT, Helmut E.

Der zivilrechtliche Schutz psychisch Kranker und Behinderter
ArchSozArb 1979, 171-187

EICKEN, Barbara von

Pflegeroutine und Selbstbestimmungsrecht von Heimbewohner/innen und Patient/innen
- Thesen zur Anwendung "fürsorglichen Zwangs" in Pflege- und Betreuungseinrichtungen -
In: Schumacher, U. / Jürgens, H.-E. / Mahnkopf, U. (Hrsg.),

Vormundschaftsgerichtstag, Materialien und Ergebnisse des 1. Vormundschaftsgerichtstages vom 26. bis 29. Oktober 1988 in Bad Bevensen
(*Zitiert*: 1. VGT)
S.64-65
München 1989

EICKEN, Barbara von / **ERNST**, Ellen / **ZENZ**, Gisela

Fürsorglicher Zwang
Eine Untersuchung zur Legitimation von Freiheitsbeschränkung und Heilbehandlung in Einrichtungen für psychisch kranke, für geistig behinderte und für alte Menschen
(Hrsg.: BMJ)
(*Zitiert*: Fürsorglicher Zwang)
Köln 1990

EICKEN, Kurt von / **MADERT**, Wolfgang

Die Entwicklung des Anwaltsgebührenrechts seit 1989
NJW 1994, 169-171

EPPLE, Dieter

Die Betreuungsverfügung
BWNotZ 1992, 27-31

ERMAN, Walter

Handkommentar zum Bürgerlichen Gesetzbuch
(*Zitiert*: Erman-Bearbeiter)

2. Band (§§ 854-2385)
9. Auflage, Münster 1993

EVERTZ, Albert

Altersverwirrte Menschen in Heimen
Die Einwilligung in die Verletzung der körperlichen Unversehrtheit und der Freiheit der Person bei der Heimaufnahme von altersverwirrten Menschen
NDV 1983, 200-204

FISCHER, Lothar / **MANN**, Horst

Die Natur der Rechtsbeziehungen zwischen Psychiatrischen Landeskrankenhäusern und ihren Patienten
NJW 1992, 1539-1543

FLÖHR, Andreas

Zur Rechtsstellung pflegender Angehöriger
RsDE 17/1992, 1-35

FLUME, Werner

Allgemeiner Teil des Bürgerlichen Rechts
Zweiter Band, Das Rechtsgeschäft
(*Zitiert*: AT-BGB, Bd.2)
3. Auflage, Heidelberg/New York 1979

FOERSTER, Klaus

Das neue Betreuungsgesetz - Gedanken aus psychiatrischer Sicht
MedR 1991, 180-184

FRIEDRICHS, Hans Joachim

Das neue Betreuungsgesetz
MDR 1992, 5-9

FROMMANN, Matthias

Keine oder kleine Reform?
Unorthodoxe Betrachtungen zum neuen Betreuungsrecht
NDV 1992, 2-9

FROST, Andreas

Arztrechtliche Probleme des neuen Betreuungsrechtes
Eine Betrachtung der §§ 1901, 1904 und 1905 BGB unter besonderer Berücksichtigung der Einwilligung in ärztliche Maßnahmen
(*Zitiert*: Arztrechtliche Probleme des neuen Betreuungsrechtes)
Berlin/Heidelberg/New York et al. 1994

FÜLLMICH, Reiner

Zur Ablehnung künstlich lebensverlängernder medizinischer Maßnahmen durch nicht entscheidungsfähige Patienten
NJW 1990, 2301-2303

GAEDT, Christian / **LANG**, Jörg

Enttäuschte Hoffnungen
Schwierigkeiten mit dem Betreuungsgesetz bei ärztlichen Behandlungen und freiheitsentziehenden Maßnahmen
BlWohlfPfl. 1992, 218-221

GASTIGER, Sigmund

- Freiheitsschutz und Haftungsrecht in der stationären und ambulanten Altenhilfe

  * Freiburg 1988

  * 2. Auflage, Freiburg 1993

- Die freiheitsbeeinträchtigenden Betreuungsmaßnahmen im Alten(pflege)heim
  Zur Problematik ihrer Rechtfertigung ohne richterliche Genehmigung
  NDV 1989, 83-87

GERNHUBER, Joachim

- Der Senior und sein Zwangsvermögenspfleger
  FamRZ 1976, 189-197

- Lehrbuch des Familienrechts
  3. Auflage, München 1980

GERNHUBER, Joachim / **COESTER-WALTJEN**, Dagmar

Lehrbuch des Familienrechts
4. Auflage, München 1994

GIESE, Dieter

Reform des Vormundschaftsrechts und soziale Dienste
RsDE 2/1988, 25-43

GÖPPINGER, Horst

Betrachtungen zur Unterbringung psychisch Kranker
FamRZ 1980, 856-864

GÖRRES, S.

Familienpflege und Angehörigenkarrieren
ZGerontol 26 (1993), 378-385

GOTTWALD, Peter

Das Zivilverfahrensrecht im Einigungsvertrag
FamRZ 1990, 1177-1188

GRIESINGER, Annemarie

Vormundschaft und Pflegschaft über Volljährige - die Reformbedürftigkeit des geltenden Rechts und die geplanten Neuregelungen unter besonderer Berücksichtigung der Situation behinderter Menschen
NDV 1989, 41-45

GROPP, Walter

Zur rechtlichen Verantwortlichkeit des Klinikpersonals bei Suizidhandlungen hospitalisierter Psychiatriepatienten
MedR 1994, 127-134

GROTEFEND, Georg August

Preußisch≈Deutsche Gesetz≈Sammlung 1806-1899
Band 1 (1806-1859)
3. Auflage, Düsseldorf 1900

GUSY, Christoph

Freiheitsentziehung und Grundgesetz
NJW 1992, 457-463

HAMPEL, Herbert

Rechtliche Probleme der Heim- und Anstaltsunterbringung Minderjähriger in der freiwilligen Gerichtsbarkeit
FamRZ 1963, 537-551

HANTEL, Peter

Der Begriff der Freiheitsentziehung in Art. 104 Abs.2 GG
Berlin 1988

HARTMANN, Gunther

Die Entmündigung als Mittel der Verbrechensverhütung unter besonderer Berücksichtigung ihres Verhältnisses zu den übrigen Sicherungsmaßregeln des neuen Staates
Bonn 1937

HELLE, Jürgen

- Zwangsbefugnisse des Vormundes Erwachsener
  FamRZ 1984, 639-643

- Zur Kompetenz des Landesgesetzgebers im Vormundschaftsrecht - Kritische Anmerkung zum Berliner Gesetz für psychisch Kranke vom 8. März 1985 -
  JR 1986, 180-184

- Freiheitsbeschränkende Zwangsmaßnahmen gegenüber untergebrachten psychisch Kranken
  MedR 1989, 7-10

- Patienteneinwilligung und Zwang bei der Heilbehandlung untergebrachter psychisch Kranker
  MedR 1993, 134-139

HELLMANN, Ulrich

Betreuungsgesetz und Betreuungsvereine aus der Sicht der Bundesvereinigung Lebenshilfe für Geistig Behinderte
In: Jaspert, Bernd (Hrsg.),
Betreuungsgesetz und Betreuungsvereine
Vormundschaft und Pflegschaft in der Zukunft
Hofgeismarer Protokolle 292
(*Zitiert*: Betreuungsgesetz und Betreuungsvereine)
S.91-112
Hofgeismar 1991

HERDE, Klaus-D.

Probleme der Anordnung und des Vollzugs der Zwangseinweisung
DAVorm 1985, 523-534

HOFFMANN, Peter / **FERBER**, Christian von

Betreuungsgesetz - Zwei Jahre Bewährungsprobe in der Praxis
BtPrax 1994, 38-42

HOFMANN, Rüdiger

Demographische und soziale Entwicklungen für Fragen der Betreuung alter Menschen
BtPrax 1993, 153-155

HOLZHAUER, Heinz

- Empfiehlt es sich, das Entmündigungsrecht, das Recht der Vormundschaft und der Pflegschaft über Erwachsene sowie das Unterbringungsrecht neu zu ordnen?
Gutachten B (Juristisches Teilgutachten) zum 57. Deutschen Juristentag in Mainz, Band I
(Hrsg.: DJT)
(*Zitiert*: Gutachten B zum 57. DJT)
München 1988

- Verfassungsrechtliche Beurteilung des Entwurfs eines Betreuungsgesetzes
ZRP 1989, 451-457

- Rechtsprobleme der Betreuung
In: Jaspert, Bernd (Hrsg.),
Betreuungsgesetz und Betreuungsvereine
Vormundschaft und Pflegschaft in der Zukunft
Hofgeismarer Protokolle 292
(*Zitiert*: Betreuungsgesetz und Betreuungsvereine)
S.59-90
Hofgeismar 1991

- Für ein enges Verständnis des § 1906 Abs.4 BGB
Elf Thesen zum Ausmaß richterlicher Kontrolle
BtPrax 1992, 54-56

- Der Umfang gerichtlicher Kontrolle privatrechtlicher Unterbringung nach § 1906 BGB i.d.F. des Betreuungsgesetzes
FuR 1992, 249-261

- Zur klinischen Prüfung von Medikamenten an Betreuten
NJW 1992, 2325-2331

HOLZHAUER, Heinz / **REINICKE**, Michael

Betreuungsrecht
Eine Kommentierung der bürgerlich-rechtlichen und der verfahrensrechtlichen Vorschriften des neuen Betreuungsrechts
(*Zitiert*: Betreuungsrecht)
Münster 1993

HUNDT, Hans-Wilhelm

Medizinische Fürsorge für Alkoholabhängige
In: Vormundschaftsgerichtstag e.V. (Hrsg.),
Vormundschaftsgerichtstag, Materialien und Ergebnisse des 2. Vormundschaftsgerichtstages vom
31. Oktober bis 3. November 1990 in Bad Bevensen
(*Zitiert*: 2. VGT)
S.111-118
München 1991

JENSEN, Rita / **RÖHLIG**, Hans-Werner

- Das neue Betreuungsrecht
  Ein Leitfaden für Krankenhaus, Heim und Sozialstation
  (*Zitiert*: Das neue Betreuungsrecht)
  Hannover 1993

- Rechtsschutz und Betreuungsrecht
  FamRZ 1994, 617-619

JOCHUM, Günter / **POHL**, Kay-Thomas

Pflegschaft
Vormundschaft und Nachlaß
(*Zitiert*: Pflegschaft)
Heidelberg 1989

JUCHART, Klaus

- Kurzkommentierung UBG
  - Unterbringungsgesetz Baden-Württemberg -
  (*Zitiert*: UBG)
  Stuttgart/Berlin/Köln/Mainz 1983

- Die Besonderheiten des Baden-Württembergischen Unterbringungsgesetzes
  NJW 1987, 3165-3166

JÜRGENS, Andreas

- Das obskure Objekt der Betreuung - Behinderte zwischen Fremd- und Selbstbestimmung
  In: Vormundschaftsgerichtstag e.V. (Hrsg.),
  Vormundschaftsgerichtstag, Materialien und Ergebnisse des 2. Vormundschaftsgerichtstages vom
  31. Oktober bis 3. November 1990 in Bad Bevensen
  (*Zitiert*: 2. VGT)
  S.15-27
  München 1991

- Betreuung wider Willen
  Eine Frage richterlicher Wertentscheidung
  BtPrax 1992, 47-49

- Vertretung des Betreuers?
  BtPrax 1994, 10-11

JÜRGENS, Andreas / **KRÖGER**, Detlef / **MARSCHNER**, Rolf / **WINTERSTEIN**, Peter

Das neue Betreuungsrecht
2. Auflage, München 1992

KEIDEL, Theodor / **KUNTZE**, Joachim / **WINKLER**, Karl

- Freiwillige Gerichtsbarkeit, Teil A,
  FGG mit Erläuterungen, Handausgabe
  (*Zitiert*: FG, Teil A)
  12. Auflage, München 1987

- Freiwillige Gerichtsbarkeit, Teil A,
  Kommentar zum FGG, Handausgabe
  (*Zitiert*: FG, Teil A)
  13. Auflage, München 1992

KEMPER, Rainer

Probleme des Betreuungsrechts in der gerichtlichen Praxis
FuR 1992, 261-265

KERN, Bernd-Rüdiger

- Die Bedeutung des Betreuungsgesetzes für das Arztrecht
  MedR 1991, 66-71

- Arzt und Betreuungsrecht
  MedR 1993, 245-251

- Fremdbestimmung bei der Einwilligung in ärztliche Eingriffe
  NJW 1994, 753-759

KERN, Bernd-Rüdiger / **LAUFS**, Adolf

Die ärztliche Aufklärungspflicht
Unter besonderer Berücksichtigung der richterlichen Spruchpraxis
(*Zitiert*: Die ärztliche Aufklärungspflicht)
Berlin/Heidelberg/New York 1983

KIRSCH, Matthias

Vergütung in Betreuungsverfahren
Rpfleger 1994, 240-244

KLIE, Thomas

- Heimaufsicht
  Praxis - Probleme - Perspektiven
  Eine rechtstatsächliche Untersuchung zur Aufgabenwahrnehmung der Heimaufsicht nach dem Heimgesetz
  (*Zitiert*: Heimaufsicht)
  Hannover 1988

- Recht auf Verwirrtheit?
  In: Schumacher, U. / Jürgens, H.-E. / Mahnkopf, U. (Hrsg.),
  Vormundschaftsgerichtstag, Materialien und Ergebnisse des 1. Vormundschaftsgerichtstages vom 26. bis 29. Oktober 1988 in Bad Bevensen
  (*Zitiert*: 1. VGT)
  S.23-30
  München 1989

- Freiheitsbeschränkende Maßnahmen in der Altenpflege
  Rechtsfragen - Rechtspraxis - Rechtsschutz
  RsDE 6/1989, 67-82

- Heimaufsicht als Ritual
  Von Kontrolle zu Kooperation
  Altenheim 1991, 420-424

- Das neue Betreuungsgesetz - Teil I
  Altenheim 1992, 20-28

- Welches Richterbild entspricht dem Betreuungsgesetz?
  BtPrax 1993, 38-41

KLÜSENER, Bernd

- Leitgedanken zur Reform des Vormundschafts- und Pflegschaftsrechts
  Rpfleger 1989, 217-224

- Der Rechtspfleger im Betreuungsrecht
  Rpfleger 1991, 225-233

- Die Tätigkeit des Vormundschaftsgerichts nach altem und neuem Recht - Ein Überblick aus der Sicht des Rechtspflegers
  In: Vormundschaftsgerichtstag e.V. (Hrsg.), Vormundschaftsgerichtstag, Materialien und Ergebnisse des 2. Vormundschaftsgerichtstages vom 31. Oktober bis 3. November 1990 in Bad Bevensen
  (*Zitiert*: 2. VGT)
  S.146-154
  München 1991

- Die Anwaltsbeiordnung im Unterbringungsverfahren
  FamRZ 1994, 487-489

KLÜSENER, Bernd / **RAUSCH**, Hans

Praktische Probleme bei der Umsetzung des neuen Betreuungsrechts
NJW 1993, 617-624

KNITTEL, Bernhard

Betreuungsgesetz
Gesetz zur Reform des Rechts der Vormundschaft und Pflegschaft für Volljährige, Kommentar
Loseblattausgabe (Stand: 1. August 1993)
(*Zitiert*: BtG)
Starnberg-Percha

KOCH, Christian Friedrich

Allgemeines Landrecht für die preußischen Staaten
Teil 2, Band 2, Abteilung 1
3. Auflage, Berlin 1863

KOCH, Hans-Jörg

Probleme der Praxis des Unterbringungsrechts
NJW 1973, 544-546

KOHTE, Wolfhard

Die rechtfertigende Einwilligung
AcP 185 (1985), 105-161

KOLLMER, Norbert

- Selbstbestimmung im Betreuungsrecht
  München 1992

- Die Durchführung der Betreuung, § 1901 BGB
  FuR 1993, 325-331

KONRAD, Norbert

Aufgaben des psychowissenschaftlichen Sachverständigen
im neuen Betreuungsrecht
R & P 1992, 2-10

KOWERK, Hans

Die ärztliche Entscheidungssituation bei Zwangsein-
weisungen
R & P 4/1985, 138-149

KREGEL, Klaus

Die neue psychiatrische Familienpflege
SozInf 1/1990, 37-40

KRÜGER, Rolf

Bürgerlich-rechtliche, öffentlich-rechtliche und
strafrechtliche Zwangsunterbringung
BtPrax 1992, 92-95

KUNTZE, Joachim

Stellungnahme zu DIV-Gutachten vom 18.3.1983 und
19.7.1983 - J 2.125
Vormundschaften und Pflegschaften für Volljährige;
§§ 1897, 1631b, 1800 BGB (ZfJ 1983, 540-542)
ZfJ 1984, S.196-197

LABUHN, Günther

Vormundschaftsgerichtliche Genehmigung
München 1991

LACHWITZ, Klaus

Das Vormundschaftsrecht ist veraltet
Fachverbände für geistig behinderte Menschen stellen ihre Überlegungen zur geplanten Reform vor
ZRP 1987, 364-366

LEHMANN, Peter

Selbstbestimmungsrecht oder therapeutische Gewalt im Betreuungsgesetz?
In: Schumacher, U. / Jürgens, H.-E. / Mahnkopf, U. (Hrsg.),
Vormundschaftsgerichtstag, Materialien und Ergebnisse des 1. Vormundschaftsgerichtstages vom 26. bis 29. Oktober 1988 in Bad Bevensen
(*Zitiert*: 1. VGT)
S.82-93
München 1989

LESS, Steven

Die Unterbringung von Geisteskranken
Freiburg 1989

LINNHOFF, Bettina u.a.

Stellungnahme zu den Fixierungsrichtlinien des Landesbetriebes Pflegen & Wohnen, Hamburg
(siehe Betreuungspraxis 1/92)
BtPrax 1993, 56-57

LINZBACH, Moritz

Einwilligung in Maßnahmen gegenüber altersverwirrten Menschen in Heimen
Eine Erwiderung auf den Beitrag von A. Evertz im NDV 7/1983
NDV 1984, 199-200

LIPPERT, Hans-Dieter / **KERN**, Bernd-Rüdiger

Arbeits- und Dienstrecht der Krankenhausärzte von A-Z
Berlin/Heidelberg/New York et al. 1991

LORENZEN, Dirk

Zur Problematik der Unterbringung psychisch Kranker
in psychiatrischen Krankenhäusern
In: Bergener, Manfred (Hrsg.),
Psychiatrie und Rechtsstaat
S.130-150
Neuwied und Darmstadt 1981

LOTZE, Jürgen

Gutachten zur Zulässigkeit von Fixierungen
In: Schumacher, U. / Jürgens, H.-E. / Mahnkopf, U.
(Hrsg.),
Vormundschaftsgerichtstag, Materialien und Ergebnisse des 1. Vormundschaftsgerichtstages vom 26. bis
29. Oktober 1988 in Bad Bevensen
(*Zitiert*: 1. VGT)
S. 48-52
München 1989

MARSCHNER, Rolf

- Rechtsgrundlagen der Zwangsbehandlung
  R & P 1/1985, 3-6

- Psychische Krankheit und Freiheitsentziehung
  München und Florentz 1985

- Plädoyer für die Abschaffung der zivilrechtlichen
  Unterbringung
  R & P 2/1986, 47-52

- Stufen der Zwangsbehandlung
  R & P 1/1988, 19-23

- Thesen zur Praxis und zur Reform des Unterbringungsrechts
  In: Schumacher, U. / Jürgens, H.-E. / Mahnkopf, U.
  (Hrsg.),
  Vormundschaftsgerichtstag, Materialien und Ergebnisse des 1. Vormundschaftsgerichtstages vom 26. bis
  29. Oktober 1988 in Bad Bevensen
  (*Zitiert*: 1. VGT)
  S.79-81
  München 1989

- Das Unterbringungsrecht der Bundesländer
  In: Brill, Karl-Ernst (Hrsg.),
  Zum Wohle der Betreuten
  S.91-102
  Bonn 1990

- "Gesetz über die Einweisung in stationäre Einrichtungen für psychisch Kranke" vom 11.6.68
  Einweisungsgesetz der DDR mit einer Anmerkung von Rolf Marschner
  R & P 1991, 85-90

MARSCHNER, Rolf / **VOLCKART**, Bernd

Musterentwurf eines Gesetzes für psychisch Kranke
R & P 1992, 54-60

MATERN, W.

Wer trägt die Kosten für Zwangseinweisung und Entmündigung?
Psychiat. Prax. 1 (1974), 135-137

MAUNZ, Theodor / **DÜRIG**, Günter

Grundgesetz, Kommentar
(*Zitiert*: Maunz/Dürig-Bearbeiter)

- Bd. III (Art. 38-86)

- Bd.IV (Art. 87-146)

Loseblattsammlung (Stand: Dezember 1992)
München

MAURER, Hartmut

Das privatrechtliche Unterbringungsrecht und Art. 104 des Grundgesetzes
FamRZ 1960, 468-474

MEES-JACOBI, Jutta / **STOLZ**, Konrad

Rechtliche und psychologische Aspekte einer Betreuung entsprechend den Wünschen und Vorstellungen des Betreuten
BtPrax 1994, 83-87

MENDE, Werner

Psychiatrische Implikationen zur Vorbereitung einer Neuordnung des Rechts der Entmündigung, der Vormundschaft und Pflegschaft für geistig Behinderte sowie der Unterbringung nach Bürgerlichem Recht

In: BMJ (Hrsg.),
Gutachten zu einer Reform des Entmündigungs-, des Vormundschafts- und des Pflegschaftsrechts
(*Zitiert*: Gutachten zu einer Reform des Entmündigungs-, des Vormundschafts- und des Pflegschaftsrechts)
S.7-49
Köln 1985 (auf der Buchinnenseite: 1986)

MINISTERIUM FÜR ARBEIT, GESUNDHEIT, FAMILIE UND FRAUEN BADEN-WÜRTTEMBERG (Hrsg.)

Pflegerische Aspekte und rechtliche Anforderungen beim Umgang mit verwirrten und psychisch kranken Menschen im Heim
Arbeitshilfe
Freiheitsbeschränkende und -entziehende Maßnahmen
(*Zitiert*: Arbeitshilfe)
Stuttgart 1991

MÖLLHOFF, G.

Die "Unterbringung" alternder und alter psychisch Kranker - rechtliche und psychiatrische Aspekte -
ZGerontol 14 (1981), 416-429

MROZYNSKI, Peter

- Strafrechtliche Maßregeln und private Vormundschaft im Gesamtzusammenhang des Unterbringungsrechts
  In: Finzen, Asmus et al. (Hrsg.),
  Recht und Psychiatrie
  S.58-85
  Rehburg-Loccum 1983
- Vormundschafts- und Psychischkrankenrecht
  R & P 2/1984, 87-94

MULKE, Jürgen

Einflüsse und Folgen des Gesetzes über die Betreuung Volljähriger auf die Gruppe psychiatrisch kranker Menschen
Kiel 1990

MÜLLER-FREIENFELS, Wolfram

- Die Altersvorsorge-Vollmacht
  Studie zur Vollmachtserteilung über Minderungen der Geschäftsfähigkeit hinaus

In: Horn, Norbert (Hrsg.),
Festschrift für Helmut Coing zum 70. Geburtstag, Bd.II
(*Zitiert*: FS für Helmut Coing, Bd.II)
S.395-422
München 1982

- Privatfürsorge und Staatsfürsorge im Altenrecht
  In: Forstmoser, Peter et al. (Hrsg.),
  Festschrift für Max Keller zum 65. Geburtstag
  (*Zitiert*: FS für Max Keller)
  S.35-63
  Zürich 1989

MÜMMLER, Alfred

Nochmals: Vergütung des Rechtsanwalts als Verfahrenspfleger
JurBüro 1993, 202-203

MÜNCHENER KOMMENTAR zum Bürgerlichen Gesetzbuch
(*Zitiert*: MünchKomm-Bearbeiter)

- Band 1: Allgemeiner Teil (§§ 1-240 und AGBG)
  3. Auflage, München 1993

- Band 5, 2.Halbband: Familienrecht (§§ 1589-1921)
  2. Auflage, München 1987

- Band 8: Familienrecht II (§§ 1589-1921 und KJHG)
  3. Auflage, München 1992

NEUMANN, Volker

Freiheitssicherung und Fürsorge im Unterbringungsrecht
NJW 1982, 2588-2592

OBERLOSKAMP, Helga

Die rechtliche Stellung von Kindern und Jugendlichen nach dem Regierungsentwurf eines Gesetzes zur Neuordnung des Kinder- und Jugendhilferechts
ZfJ 1990, 260-269

OBERLOSKAMP, Helga / **SCHMIDT-KODDENBERG**, Angelika / **ZIERIS**, Ernst

Hauptamtliche Betreuer und Sachverständige
Ausbildungs- bzw. Anforderungsprofil im neuen Betreuungsrecht
(Hrsg.: BMJ)
(*Zitiert*: Hauptamtliche Betreuer und Sachverständige)
Köln 1992

OESTERREICH, Klaus

Aspekte der Versorgung psychisch kranker Älterer
ArchSozArb 1992, 3-11

PALANDT, Otto

Bürgerliches Gesetzbuch, Kurzkommentar
(*Zitiert*: Palandt-Bearbeiter)

- 50. Auflage, München 1991
- 52. Auflage, München 1993
- 53. Auflage, München 1994

PANKOKE-SCHENK, Monika

Vormundschaft und Pflegschaft über Volljährige - die Reformbedürftigkeit des geltenden Rechts und die geplanten Neuregelungen aus der Sicht freigemeinnütziger Vormundschafts-/Pflegschaftsarbeit
NDV 1989, 49-53

PARDEY, Karl-Dieter

- Betreuung Volljähriger: Hilfe oder Eingriff
  Sarstedt 1989
- Zumutbare Betreuung?
  -Verfassungsrechtliche Aspekte einer Betreuung nach dem Betreuungsgesetz vom 12. September 1990-
  RsDE 15/1991, 25-42
- Kinder-Eltern-Vormundschaftsgericht-Freiheit durch Eingrenzung?
  Rpfleger 1994, 149-151

PARENSEN, Günther

Die Unterbringung Geistes- und Suchtkranker
München 1972

PETERS, Bernd

Die Betreuung Volljähriger
Bayreuth 1992

POHL, Kay-Thomas

Verfahrenspflegschaft
BtPrax 1992, 19-26 und BtPrax 1992, 56-60

PRINZ von SACHSEN GESSAPHE, Karl August

Die vergessene Vormundschaft und Pflegschaft über Volljährige
FamRZ 1991, 1151-1152

RAUSCH, Hans / **RAUSCH**, Jens

Betreuung Geschäftsfähiger gegen ihren Willen?
NJW 1992, 274-278

REICHEL, Herbert

Zum Unterbringungsrecht in den neuen Bundesländern
FamRZ 1990, 1318-1320

RGRK - Das Bürgerliche Gesetzbuch

Kommentar, herausgegeben von Reichgerichtsräten und Bundesrichtern
(*Zitiert*: RGRK-Bearbeiter)

IV.Band, 2.Teil (§§ 1589-1921)
10./11. Auflage, Berlin 1964

RICHTER, Gerhard

Das Betreuungsgesetz
-Stand der Reformüberlegungen-
FamRZ 1989, 909-915

RIEDEL, R.-R. / **SEIDL**, H. / **HOFF**, P. / **KURTZ**, G. / **GÜNTHER**, W. / **LAAKMANN**, G.
(*Zitiert*: Riedel/Seidl et al.)

Zwangsbehandlung gegen den Willen des Patienten in der Psychiatrie
MMW 134 (1992), 33-37

RINK, Jürgen

- Anforderungen an das Vormundschaftsgericht und die Vormundschaftsrichter aufgrund des Betreuungsgesetzes
FuR 1990, 253-265

- Kritische Anmerkungen zum Verfahren in Betreuungs- und Unterbringungssachen
R & P 1991, 148-162

- Die Wirksamkeit von Entscheidungen in Betreuungs- und Unterbringungssachen
FamRZ 1992, 1011-1013

- Die Unterbringung Erwachsener durch Maßregel nach § 1846 BGB
FamRZ 1993, 512-516

RINK, Jürgen / **BAUER**, Axel

Richterliche Erfahrungen mit den Grundsätzen des neuen Betreuungsrechtes in der Praxis des geltenden Pflegschafts-/Entmündigungsrechtes
FamRZ 1988, 1229-1237

ROßNER, Hans-Jürgen

Verzicht des Patienten auf eine Aufklärung durch den Arzt
NJW 1990, 2291-2296

SAAGE, Erwin / **GÖPPINGER**, Horst

Freiheitsentziehung und Unterbringung
2. Auflage, München 1975

SACK, Hans-Jürgen / **DENGER**, Burkhart

Freiheitsberaubung bei ungenehmigter Unterbringung von Kindern in jugendpsychiatrischen Kliniken?
MDR 1982, 972-974

SCHLÖPKE, Stephen

Vergütung von Verfahrenspflegern in Unterbringungs-
sachen
Rpfleger 1993, 435-438

SCHLÜTER, W. / **LIEDMEIER**, N.

Die Reform des Vormundschafts- und Pflegschafts-
rechts - Ein Beitrag des Gesetzgebers zum Schutz
älterer Menschen
ZGerontol 23 (1990), 68-78

SCHMIDT, Gerd

Das neue Betreuungsrecht
DRiZ 1992, 373-381

SCHMIDT, Gerd / **BÖCKER**, Felix

Betreuungsrecht
Eine systematische Einführung aus juristischer und
psychiatrischer Sicht
(*Zitiert*: Betreuungsrecht)
2. Auflage, München 1993

SCHMIDT-BLEIBTREU, Bruno / **KLEIN**, Franz

Kommentar zum Grundgesetz
(*Zitiert*: GG)
7. Auflage, Neuwied 1990

SCHOLLE, Manfred

Vormundschaft und Pflegschaft über Volljährige - die
Reformbedürftigkeit des geltenden Rechts und die ge-
planten Neuregelungen aus der Sicht behördlicher
Vormundschafts-/Pflegschaftsarbeit
NDV 1989, 54-58

SCHÖNKE, Adolf / **SCHRÖDER**, Horst

Strafgesetzbuch, Kommentar
(*Zitiert*: Schönke/Schröder-Bearbeiter)
24. Auflage, München 1991

SCHREIBER, Lothar Hans

Die medikamentöse Versorgung als Heilbehandlung gemäß § 1904 BGB n.F. im zukünftigen Betreuungsgesetz
FamRZ 1991, 1014-1022

SCHREIBER, Lothar Hans / **SCHREIBER**, Christiane

Alte Menschen als Ziel krimineller Handlungen in der Familie
ZRP 1993, 146-149

SCHULTE, Bernd

- Die Rechte der psychisch Kranken: das Unterbringungs- bzw. Psychischkrankenrecht
  In: Finzen, Asmus et al. (Hrsg.),
  Recht und Psychiatrie
  S.17-57
  Rehburg-Loccum 1983

- Reformvorstellungen unter besonderer Berücksichtigung der ausländischen Regelungen und Erfahrungen
  In: Hellmann, Ulrich (Hrsg.),
  Beiträge zur Reform des Vormundschafts- und Pflegschaftsrechts für Menschen mit geistiger Behinderung
  S.97-131
  Marburg/Lahn 1986

SCHUMACHER, Ulrich

Rechtsstaatliche Defizite im neuen Unterbringungsrecht
FamRZ 1991, 280-284

SCHUMACHER, Ulrich / **JÜRGENS**, Andreas

Anmerkungen zum Betreuungsgesetzentwurf
R & P 2/1988, 2-14

SCHUMACHER, Ulrich / **JÜRGENS**, Hans-Erich / **MAHNKOPF**, Ulrike
(Hrsg.)
Vormundschaftsgerichtstag, Materialien und Ergebnisse des 1. Vormundschaftsgerichtstages vom 26. bis 29. Oktober 1988 in Bad Bevensen
(*Zitiert*: 1. VGT)
München 1989

SCHWAB, Dieter

- Referat anläßlich des 57. Deutschen Juristentages in Mainz zu dem Thema: Empfiehlt es sich das Entmündigungsrecht, das Recht der Vormundschaft und der Pflegschaft sowie das Unterbringungsrecht neu zu ordnen?
  (Hrsg.: DJT), Band II
  (*Zitiert*: Referat zum 57. DJT)
  K 8 - K 46
  München 1988

- Strukturfragen des geplanten Betreuungsrechts
  In: Schwab, Dieter (Hrsg.),
  Festschrift zum 65. Geburtstag von Paul Mikat
  (*Zitiert*: FS für Paul Mikat)
  S.881-896
  Berlin 1989

- Das neue Betreuungsrecht
  FamRZ 1990, 681-693

- Vormundschaft und Pflegschaft in den neuen Bundesländern
  In: Schwab, Dieter (Hrsg.),
  Familienrecht und deutsche Einigung -Dokumente und Erläuterungen-
  (*Zitiert*: Familienrecht und deutsche Einigung)
  S.128-132
  Bielefeld 1991

- Probleme des materiellen Betreuungsrechts
  FamRZ 1992, 493-507

- Betreuung und private Fürsorge
  In: Lange, H. / Nörr, K.W. / Westermann, H.P. (Hrsg.),
  Festschrift für Joachim Gernhuber zum 70. Geburtstag
  (*Zitiert*: FS für Joachim Gernhuber)
  S.815-824
  Tübingen 1993

SCHWARZHAUPT, Elisabeth

Das Familienrechtsänderungsgesetz von 1961, Teil II: Änderungen von Nebengesetzen und verfahrensrechtlichen Bestimmungen
FamRZ 1962, 49-52

SOERGEL, Hans Theodor

Kommentar zum Bürgerlichen Gesetzbuch
(*Zitiert*: Soergel-Bearbeiter)

Band 8: Familienrecht II (§§ 1589-1921)
12. Auflage, Stuttgart/Berlin/Köln/Mainz 1987

STAUDINGER, Julius von

Kommentar zum Bürgerlichen Gesetzbuch
(*Zitiert*: Staudinger-Bearbeiter)

IV.Band, Familienrecht, Teil 3b (§§ 1705-1921)
10./11. Auflage, Berlin 1969

STEIN, Ekkehart

Staatsrecht
14. Auflage, Tübingen 1993

STERN, Klaus

Das Staatsrecht der Bundesrepublik Deutschland,
Band I, Grundbegriffe und Grundlagen des Staatsrechts, Strukturprinzipien der Verfassung
(*Zitiert*: Staatsrecht, Bd.I)
2. Auflage, München 1984

STOLZ, Konrad

- Einführung in das Betreuungsgesetz für Amtsrichter im württembergischen Landesteil
  BWNotZ 1991, 164-170

- Betreuungsgesetz: Umsetzungsdefizite im Bereich Heilbehandlung und freiheitsentziehende Maßnahmen bei Heimbewohnern
  FamRZ 1993, 642-645

- Medikamentöse Versorgung von Heimbewohnern nach dem Betreuungsgesetz
  BtPrax 1994, 49-52

TAUPITZ, Jochen

Von der entrechtenden Bevormundung zur helfenden Betreuung: Das neue Betreuungsgesetz
JuS 1992, 9-13

TSCHEPE, Axel

Aktuelle Probleme des Betreuungsrechts im Notariat
AnwBl 1993, 357-361

UHLENBRUCH, Silke

Die Ausführungsgesetze der Länder zum Betreuungsgesetz - ein Überblick
BtPrax 1993, 150-153

UHLENBRUCK, Wilhelm

Vorab-Einwilligung und Stellvertretung bei der Einwilligung in einen Heileingriff
MedR 1992, 134-141

UKENA, Gert

Aufklärung und Einwilligung beim ärztlichen Heileingriff an untergebrachten Patienten
MedR 1992, 202-205

VORMUNDSCHAFTSGERICHTSTAG e.V. (Hrsg.)

- Vormundschaftsgerichtstag, Materialien und Ergebnisse des 2. Vormundschaftsgerichtstages vom 31. Oktober bis 3. November 1990 in Bad Bevensen
  (*Zitiert*: 2. VGT)
  München 1991

- 3. Vormundschaftsgerichtstag vom 21. bis 24. Oktober 1992 in Bonn
  Materialien und Ergebnisse
  (*Zitiert*: 3. VGT)
  Köln 1993

WALLER, Heiko (Hrsg.)

Zwangseinweisung in der Psychiatrie
Zur Situation in der Bundesrepublik Deutschland, in Österreich und in der Schweiz
(*Zitiert*: Zwangseinweisung in der Psychiatrie)
Bern/Stuttgart/Wien 1982

WEIßLER, Adolf

Preußisches Landesprivatrecht
Band 1
Band 2
Leipzig 1901

WERLE, Gerhard

Unterbringung im Dritten Reich: Die Bekämpfung der "Asozialen"
Jura 1991, 10-16

WESCHE, Otto

Gedanken zum Umgang mit dem neuen Betreuungsrecht
Zum Nebeneinander von Rechtspfleger und Richter beim Betreuungsgericht
Rpfleger 1993, 227-230

WESER, Hans-Herrmann

Die Auswirkungen des Betreuungsgesetzes auf die notarielle Praxis
MittBayNot 1992, 161-171

WIEBE, Arnold

Familienrechtliche Unterbringung - eine Alternative zu den Psychisch-Kranken-Hilfe-Gesetzen
In: Bergener, Manfred (Hrsg.),
Psychiatrie und Rechtsstaat
S.116-129
Neuwied und Darmstadt 1981

WIEGAND, Ernst

§ 1846 BGB als allgemeine Ermächtigungsgrundlage des Vormundschaftsrichters für eine zivilrechtliche geschlossene Unterbringung hilfloser Erwachsener?
FamRZ 1991, 1022-1024

WIENAND, Manfred

- Die Landesausführungsgesetze zum Betreuungsgesetz
FuR 1992, 266-269

- Betreuungsrecht
  Textausgabe des Betreuungsgesetzes (BtG) und der Landesausführungsgesetze (AGBtG) mit einer systematischen Darstellung
  Stand 1.10.1992
  (*Zitiert*: Betreuungsrecht)
  2. Auflage, Neuwied/Berlin/Kriftel 1993

WINKLER-WILFURTH, Andrea

Betreuung und Heilbehandlung
Regensburg 1992

WOJNAR, Jan

- Der Betreute - ein unbekanntes Wesen?
  BtPrax 1992, 16-19

- Freiheitsentziehende Maßnahmen (insbesondere Medikamentengabe) im Rahmen der Pflege
  Anlage 2 zur Arbeitsgruppe XIII
  In: Vormundschaftsgerichtstag e.V. (Hrsg.),
  3. Vormundschaftsgerichtstag vom 21. bis 24. Oktober 1992 in Bonn
  Materialien und Ergebnisse
  (*Zitiert*: 3. VGT)
  S.143-146
  Köln 1993

WOLF, Alfred

Personenbezogene Entscheidungen im Diskussionsentwurf eines Betreuungsgesetzes
ZRP 1988, 313-318

ZENZ, Gisela

Reformbedarf und Reformentwürfe zur Neuregelung des Vormundschafts- und Pflegschaftsrechts über Volljährige
NDV 1989, 33-39

ZENZ, Gisela / **EICKEN**, Barbara von / **ERNST**, Ellen / **HOFMANN**, Cornelia

Vormundschaft und Pflegschaft für Volljährige
Eine Untersuchung zur Praxis und Kritik des geltenden Rechts
(Hrsg.: BMJ)

(*Zitiert*: Vormundschaft und Pflegschaft für Volljährige)
Köln 1987

ZIMMERMANN, Walter

- Das neue Verfahren in Unterbringungssachen
  FamRZ 1990, 1308-1318

- Das neue Thüringer PsychKG
  FamRZ 1994, 677-678

ZIMMERMANN, Walter / **DAMRAU**, Jürgen

Das neue Betreuungs- und Unterbringungsrecht
NJW 1991, 538-546

GPSR Compliance

The European Union's (EU) General Product Safety Regulation (GPSR) is a set of rules that requires consumer products to be safe and our obligations to ensure this.

If you have any concerns about our products, you can contact us on ProductSafety@springernature.com

In case Publisher is established outside the EU, the EU authorized representative is:

Springer Nature Customer Service Center GmbH
Europaplatz 3
69115 Heidelberg, Germany

Batch number: 10844675

Printed by Printforce, the Netherlands